2023

- **KOMMENTARE**
- **ANREGUNGEN**
- **FRAGEN**
- **IMPULSE**

BRUNNEN
Verlag GmbH · Giessen

Impressum

Herausgeber:
Hansjörg Kopp, Generalsekretär CVJM Deutschland e.V.

Redaktion:
Klaus Jürgen Diehl (NT-Texte), Uwe Bertelmann (AT-Texte)

Erstellung des Bibelleseplans:
Ökumenische Arbeitsgemeinschaft für Bibellesen
Ev. Werk für Diakonie und Entwicklung
Caroline-Michaelis-Str. 1
10115 Berlin

Bibelzitate folgen, wenn nicht anders vermerkt, der Lutherbibel,
revidiert 2017, © 2016 Deutsche Bibelgesellschaft, Stuttgart.

Weitere verwendete Übersetzungen:
GNB: Gute Nachricht Bibel, revidierte Fassung, durchgesehene Ausgabe,
© 2000 Deutsche Bibelgesellschaft, Stuttgart.

BasisBibel. Altes und Neues Testament,
© 2021 Deutsche Bibelgesellschaft, Stuttgart.

Quellennachweis: 15. August: Gerhard Maier, Das Evangelium des Matthäus,
Kapitel 1–14, © 2015 SCM R.Brockhaus in der SCM Verlagsgruppe GmbH,
D-71088 Holzgerlingen (www.scm-brockhaus.de)

© 2022 Brunnen Verlag GmbH und CVJM Gesamtverband in Deutschland e.V.
Umschlagfoto: Adobe Stock
Umschlaggestaltung: Jonathan Maul
Satz: Uhl + Massopust, Aalen
Druck: GGP Media GmbH, Pößneck
ISBN Buch 978-3-7655-0643-7
ISBN E-Book 978-3-7655-7657-7

www.brunnen-verlag.de

Inhalt

Vorwort (Uwe Bertelmann) 5

Bibl. Einführungen

Das erste Buch Mose 8

Der Brief des Paulus an die Römer 53

Das Evangelium nach Matthäus 97

Die Sprüche Salomos 129

Der Brief des Paulus an die Philipper 149

Der Brief des Jakobus 304

Das Buch Hiob 319

Der Brief des Judas 342

Der Prophet Jesaja (Kap. 40–55) 354

Mitarbeiterinnen und Mitarbeiter 2023 387

Bibelstellen-Verzeichnis 2015–2023 391

Vorwort

Liebe Leserinnen und Leser von *Bibel für heute*,

während wir dieses Vorwort schreiben, rollen in der Ukraine seit einer Woche die Panzer. Viele flüchten. Andere kämpfen, basteln Molotowcocktails. Verzweifelt versuchen Sie, sich gegen eine übermächtige Armee zu verteidigen. Wir wissen nicht, was Anfang des Jahres 2023 sein wird, wenn Sie diese Zeilen lesen. Lediglich die Jahreslosung für das Jahr steht fest: „Du bist ein Gott, der mich sieht" (1Mose 16,13). Gesprochen von einer Frau auf der Flucht! Der Satz gilt für jeden Menschen. Für den, der den Angriff befiehlt, genauso wie für die, die davor fliehen, und für die, die den Geflohenen helfen. Für jeden von ihnen bedeutet er natürlich etwas ganz anderes. Was wird Gott wohl einmal zu jedem von ihnen sagen? Der Satz ist ein reales Bedrohungsszenario für den, an dessen Händen Blut klebt. Für die Geflüchtete heißt er: Sie ist nicht allein. Gott sieht sie. ER sieht ihr Schicksal, wird ihr Recht schaffen. Jesus selbst war Flüchtlingskind.

Gott ist nicht nur der Gott, der sieht – sondern der Gott, der durch die Weltgeschichte mitgeht. In diesem Jahr wird ausführlich das erste Buch Mose gelesen, das den Anfang der Geschichte Gottes mit der Menschheit beschreibt und seinen Weg mit den Erzvätern und -müttern. Besonders die Josefsgeschichte macht deutlich, dass Gott es ist, der auf manchmal undurchschaubaren Wegen die Geschichte lenkt. Ein weiterer Schwerpunkt liegt auf dem Matthäusevangelium: Gott kommt zu seinem Volk. Er schafft Heil für die ganze Welt – und zwar gerade am Kreuz, wo das Unrecht und die Grausamkeit zu triumphieren scheinen. Die Lektüre der Bibel hilft, gerade in schweren Zeiten nicht aus den Augen zu verlieren, dass Gott uns sieht und dass er die Weltgeschichte zu einem guten Ziel bringen wird. Wir wünschen Ihnen Gottes Segen beim Lesen der Bibel im Jahr 2023.

Klaus Jürgen Diehl (Redaktion der Auslegungen des NT)
Uwe Bertelmann (Redaktion der Auslegungen des AT)

Neujahr, 1. Januar   Psalm 8

Was für ein wunderbarer Psalm, der uns als Wort Gottes zum neuen Jahr begrüßt!

● Psalmen haben oft nicht nur eine Lesespur vom Anfang zum Ende, sondern zugleich eine betonte Mitte und darum herumgelegte, aufeinander bezogene Ringe (einer Zwiebel vergleichbar). So ist dies auch bei Psalm 8.

● Die Teile des äußeren Rings (Rahmen) sind gleich (V 2a.10): Der **Lobpreis Gottes** bestimmt alles andere, ist Anfang und Ende – in diesem Psalm, und er darf es auch für dieses Jahr 2023 sein.

● Gehen wir ins **Zentrum** (V 4-7) des Gebets. Es ist sternenklare Nacht; der Beter schaut zum Himmel. Mit ihm staunen wir über die Größe von Gottes Schöpfung. **Das größte Schöpfungswunder aber sind wir kleine Menschlein**: vergänglich, bedürftig und doch von Gott angenommen. Es ist dies eine großartige Aussage über Wert und Würde von uns Menschen: Nur „wenig niedriger" als Gott selbst, sein Ebenbild (1Mose 1,27). Von Gott selbst werden wir zu Königen gekrönt und mit „Ehre und Herrlichkeit" versehen. Dem entspricht, dass Gott dem Menschen die Verantwortung für seine Schöpfung überträgt.

> *Nehmen Sie sich Zeit, über diesen Psalm nachzusinnen und Gott zu danken und lobpreisen! Gegen alle Abwertung und Entwürdigung wird uns Menschen (auch mir selbst) diese Ehre zuteil. Wir sind Gottes Königskinder und sollen es auch sein. Was entnehme ich daraus? Wie soll das meine Einstellung und mein Verhalten in diesem Jahr bestimmen?*

● Zum **inneren Ring** (V 2b-3.8f): Mit „Säuglingen" und „Feinden" wird ein Gegensatz ausgedrückt: **Gott macht aus dem Schreien und Stammeln der Kleinen und Hilflosen ein Bollwerk („Macht") gegen die Bösen und Starken**. Er vermag das! Die dem Menschen zu Füßen gelegte Tierwelt wird aufgezählt (siehe 1Mose 1,20-26): Tiere des Landes (Nutz- und Wildtiere), der Luft und des Wassers.

Das erste Buch Mose

Wo kommen wir her? Wo gehen wir hin? – Von allen Lebewesen auf der Erde stellt nur der Mensch solche Fragen. Und er tat es schon immer. Die Bibel erzählt deshalb die Geschichte der Welt von Anfang bis Ende, von der Schöpfung bis zum himmlischen Jerusalem. 1Mose nimmt uns mit auf die Reise zum Anfang der Welt (daher der hebräische Name „Bereschith", „Am Anfang", oder der griechische, „Genesis", „Entstehung"). Wie hat Gott diese Welt eigentlich gemacht und wie hat er sie sich gedacht? Warum ist sie nicht mehr so, wie sie sein sollte? Welche Rolle und welchen Auftrag hat der Mensch? Und wie ist das Volk Israel entstanden – und warum? Die Antwort gibt die „Genesis" in zwei großen Teilen: **1. Die Urgeschichte (Kap. 1–11), 2. Die Geschichte der Entstehung des Volkes Israel.**

Die Urgeschichte

Die Urgeschichte berichtet, wie Gott die Welt – sehr gut (!) – erschaffen hat und den Menschen zum Bewahrer der **Schöpfung** ernannt hat (1–2). Doch dann passiert die Katastrophe: Das Böse taucht auf, der Mensch kündigt Gott die Treue und will sein wie Gott – der Sündenfall (Kap. 3)! Seitdem der Mensch vom Baum der Erkenntnis von Gut und Böse gegessen hat, weiß er nicht nur, was böse ist. Er ist auch fähig und willens, es zu tun – mit drastischen Folgen: Neid und Mord, abgrundtiefe Bosheit, die Gott dazu bringt, die Menschheit durch die **Sintflut** zu zerstören und mit der Familie Noahs noch einmal neu zu beginnen (6,5-9). Das Problem des Menschen ist damit aber nicht gelöst. Er will immer noch sein wie Gott und baut den **Turm zu Babel** (Kap. 11). In diese Geschichte verwoben erklärt die Urgeschichte, wie die Welt so wurde, wie sie ist: Die Entstehung der Landwirtschaft, das Entstehen der Völker, die Entstehung der verschiedenen Sprachen und die Entwicklung urbaner Kulturen. Am Ende muss Gott eingreifen, um die Macht der Menschen zur (Selbst-)Zerstörung zu begrenzen. Die Urgeschichte endet im Desaster. Der Mensch ist ein scheinbar hoffnungsloser Fall.

Die Geschichte der Entstehung des Volkes Israel

Gott startet eine neue Geschichte! Von der prähistorischen Zeit kommen wir ins frühe 2. Jt. v. Chr. und finden eine lokalisierbare Geografie und Kulturen, deren Hinterlassenschaften wir heute in Museen anschauen können. Diese neue Geschichte ist die der Heilung der Beziehung zwischen Gott und dem Menschen, der Erneuerung und Erlösung – Gottes Heilsgeschichte. Der Rest der Bibel erzählt diese beiden Geschichten zu Ende. Brennpunkt beider Geschichten ist die Kreuzigung und Auferstehung Jesu Christi, Zielpunkt das himmlische Jerusalem. Aus dem, was der Mensch vermurkst hat, wird Gott noch etwas viel größeres machen, als wir uns überhaupt vorstellen können.

Aber diese zweite Geschichte fängt klein an, mit der Berufung eines einzelnen Menschen: Abraham, dessen Vater sich schon entschied, aus Ur in Chaldäa (südliches Mesopotamien) auszuwandern und nach Kanaan zu ziehen. Über vier Generationen hinweg wird die Familiengeschichte in drei großen Erzähleinheiten ausführlich berichtet: die Abrahamsgeschichte (Kap. 12–23), die Isaak-Jakob-Berichte (Kap. 24–36) und die Josefs-Geschichte (Kap. 37–50).

Gottes Mittel gegen die Sünde ist der Segen. Schon von Anfang an ist Segen der Zentralbegriff im 1. Buch Mose (1,28: „Und Gott segnete sie und sprach zu ihnen: Seid fruchtbar und mehret euch und füllet die Erde ...") – der Mensch soll mit zahlreichen Nachkommen und der Herrschaft über die Erde gesegnet sein. Gegenüber Noah wiederholt Gott diesen Segen wortwörtlich (9,1). Nun wird Abraham dieser Segen – Nachkommen und Land – verheißen. Gott schließt mit ihm einen Bund (12,1-3; 13,14-18; 15). Die Weitergabe dieses Segens an die kommenden Generationen wird das große Thema der Isaak- und Jakobserzählung sein.

Abraham wird zum „Vater des Glaubens" (vgl. 1. Mose 15,6) – auch für Paulus (Röm 4; Gal 3,6ff; 4,21ff) und zum Vorbild, wie dieser Glaube sich praktisch in seinem Leben auswirkte (Röm 4,18ff; vgl.

Hebr 11,8ff). Die Geschichte dieser Erzväter und -mütter zeigt allerdings, dass auch dieser neue Versuch Gottes mit ganz „normalen", d.h. sündigen, versagenden Menschen geschieht. Dennoch: Nun hält Gott um seiner Treue willen fest an seinem Bund und lässt sich durch die Untreue der Väter nicht von seinem Heilsweg abbringen.

Die Josefsgeschichte zeigt schließlich, warum sich die Israeliten in Ägypten niederlassen und später von dort befreit werden müssen – sie bildet damit den Übergang zu 2. Mose. Und sie zeigt, wie Gott verborgen, aber zielgerichtet die Geschichte lenkt, und wie er auch aus dem „Bösesten Gutes entstehen lassen kann und will" (D. Bonhoeffer).

Montag, 2. Januar 1. Mose 1,1–13

Auffallend ist die Schlichtheit der Sprache, die Kraft der Bilder und die Struktur des Textes. Hier schreibt einer, der die Schöpfung der Reihe nach strukturiert erzählen will. Dabei wählt er Sprache und Bilder, die von allen Menschen zu allen Zeiten verstanden werden können. Was zeichnet den Schöpfungsbericht aus?

- **Gott spricht.** Insgesamt acht Mal heißt es im ersten Schöpfungsbericht (1Mose 1,1–2,4a) *Gott sprach.* Gott bleibt nicht stumm. Er redet und kommuniziert. Durch sein Reden erschafft er diese Welt. In seinem Reden begegnet er uns Menschen. Am Anfang war weder die Tat noch der Gedanke, sondern das Wort. Wir können Gottes Wort nicht hoch genug achten!
- **Gott erschafft aus dem Nichts.** Um etwas zu erschaffen, benötigen wir Menschen einen Grundstoff. Wer eine Vase töpfern will, braucht als Grundstoff Tonerde. Gottes Schaffen aber geschieht aus dem Nichts. Das hier verwendete hebräische Wort *bara* bezeichnet ein Schaffen, das allein Gott vorbehalten ist.
- **Gott arbeitet gegen das Chaos.** Am Anfang herrschte ein lebensfeindliches, finsteres Durcheinander (Tohuwabohu). Gottes Geist aber schwebt schützend über der bedrohlichen Finsternis. *Wasser* steht hier als Synonym für das Bedrohliche, Chaotische.
- **Das Licht kommt von Gott.** Die Sterne geben das empfangene Licht nur weiter. Hier ist neben dem natürlichen Licht auch an die geistliche Bedeutung von Licht zu denken. Das göttliche Licht erleuchtet die Menschen, damit sie ihn erkennen.
- **Gott ordnet.** Licht und Finsternis, Tag und Nacht, Wasser oberhalb und unterhalb, Land und Meer werden voneinander geschieden. Gott sei Dank! Unsere Welt versinkt nicht im Chaos. Sie besitzt eine Ordnung, die Gott erhält.
- **Alles ist gut.** Gottes Wohlgefallen ruht auf dem Licht, nicht auf der Finsternis. *Gut* lässt sich auch mit *schön* übersetzen. Die ganze Schöpfung ist von großer Schönheit!

Dienstag, 3. Januar   **1. Mose 1,14-25**

Gott gestaltet die Welt aus. Am vierten Tag werden die Himmelskörper erschaffen. Am fünften Tag die Tiere des Landes, der Luft und des Meeres.

● Der Schöpfungsbericht spricht hinein in eine Welt voll von Aberglauben und Sternenglauben. Die Babylonier und Assyrer, aber auch schon die Ägypter sahen in den Sternen Götter, die das Schicksal der Menschen beeinflussten. Dagegen protestiert der biblische Bericht. Für ihn sind die Sterne nichts weiter als Geschöpfe, die eine bestimmte Funktion zu erfüllen haben und die auch erforscht werden können. Sie besitzen keine eigene Macht. Schon gar nicht sind sie Götter, die die Menschen lenken. Sie sind Lampen am Himmel. Mehr nicht. **Die Bibel erteilt Horoskopen und Sternenglauben eine klare Absage.** Wer lenkt mein Leben? Die Sterne oder der Herr, der Himmel und Erde gemacht hat (Ps 121,2)?

● **Gott gestaltet die Erde mit einer atemberaubenden Vielfalt und Schönheit aus.** In der ganzen Schöpfung wimmelt, wuselt und zwitschert es. Selbst das Seeungeheuer, das vermutlich nichts anderes als ein Walfisch ist, zählt zu den Geschöpfen Gottes. Das Bild einer reich ausgestatteten und vielfältigen Schöpfung wird uns vor Augen gemalt.

● Gott liebt die Artenvielfalt. Die dreimal vorkommende Formulierung, dass jedes Tier *nach seiner Art* geschaffen wurde, ist ein deutlicher Hinweis, dass Gott die Verschiedenheit in der Tierwelt liebt. Ein Alarmsignal ist es, dass diese Vielfalt durch den Menschen bedroht ist. Der Erhalt artenreicher Naturräume für Tiere und Pflanzen dient dem Erhalt unserer eigenen Lebensgrundlagen.

● **Gott segnet die Tiere und verleiht ihnen damit Lebenskraft und die Fähigkeit zur Fortpflanzung.** Diese dient dem Erhalt der Artenvielfalt. Wie arm wäre diese Welt ohne Tiere? Im Gesang der Vögel, dem Wiehern eines Pferdes oder dem Röhren eines Hirsches erklingt das Schöpferlob.

Mittwoch, 4. Januar   1. Mose 1,26–2,4a

Tiere und Pflanzen, Wasser und Land, Sonne und Mond sind da. Nun kann der Mensch in das gemachte Nest einziehen.

● Lasset uns Menschen machen! Wille und Leidenschaft sprechen sich hier aus. Gott fordert sich selbst zur Erschaffung des Menschen auf. Er will ihn jetzt unbedingt.

● Das hebräische Wort für Ebenbild heißt so viel wie *plastisches Abbild*. In Ägypten gab es Statuen, die den Pharao abbildeten und repräsentierten. **Der Mensch ist der Repräsentant Gottes auf Erden. Das verleiht ihm seine unverlierbare Würde.**

● Den Menschen gibt es in zwei unterschiedlichen Exemplaren. Mann und Frau repräsentieren jeweils für sich das Ebenbild Gottes. Sie repräsentieren ihn aber auch gemeinsam. Gerade in ihrer Unterschiedlichkeit sind sie ein Hinweis auf den dreieinigen Gott, der selbst in Beziehung existiert. **Die Ehe von Mann und Frau bildet daher das Wesen Gottes in unserer Welt ab.**

● Gott verleiht dem Menschen seinen Segen, der in der Kraft zur Fortpflanzung besteht. In der Zeugung von Nachkommen wird dieser Segen weitergegeben. Wenn Kinder geboren werden und eine Familie entsteht, ist das Ausdruck von Gottes Segenskraft.

● Dem Menschen wird die Herrschaft über die Schöpfung aufgetragen. Wir sind heute dafür sensibilisiert, dass man die Schöpfung nicht schinden und ausbeuten darf. Dies liegt auch nicht in der Absicht des Textes. In den Kulturen Ägyptens oder Babyloniens lag die Bestimmung des Menschen darin, den Göttern die Arbeit abzunehmen und sie zu versorgen. Anders die biblische Schöpfungserzählung. Es geht darum, die Welt zu gestalten und die Tiere dabei zu nutzen.

● *Und siehe, es war sehr gut!* Die Welt ist komplett. Nichts fehlt. Gott freut sich an der Schönheit seiner Welt und gönnt sich Ruhe. Dass die Ruhe von Gott gesegnet ist, d. h. zum Kraftempfang von Gott eingerichtet ist, sollte uns betriebsamen Menschen zu denken geben.

Donnerstag, 5. Januar 1. Mose 2,4b-17

Unter Eden verstehen wir das paradiesische Zuhause, in dem Gott und Mensch ungetrübt zusammen sind.

● Die Tatsache, dass der Mensch aus Staub und nicht aus Tonerde geformt, wird, lässt staunen. Staub stellt eigentlich kein Material dar, aus dem man etwas formen kann. Das Wunder der Erschaffung des Menschen kommt damit zum Ausdruck. Aber auch die Erfahrung, dass der Mensch am Ende wieder zu Staub zerfallen wird, steht im Hintergrund. Staub ist nicht nur Ausdruck der Wertlosigkeit, sondern auch der Vergänglichkeit des Menschen.

● Die Belebung des Menschen erfolgt durch Gott selbst. Er bläst ihm den Odem des Lebens in die Nase. Die Erfahrung, dass man in der Nase den Atem spüren kann, spielt hier eine Rolle. **Jeder Atemzug ist ein Grund, Gott zu danken.** Luther hat dies im Kleinen Katechismus so zum Ausdruck gebracht: *Ich glaube, dass mich Gott geschaffen hat ... Mir Leib und Seele, Augen, Ohren und alle Glieder gegeben hat und noch erhält.* Das Bewusstsein, von Gott geschaffen zu sein, soll uns zur Dankbarkeit führen.

● Gott versorgt den Menschen, indem er ihn in einen Garten setzt. Auch hier spielt eine menschliche Grunderfahrung eine Rolle. Die Schönheit unserer Gärten lässt uns noch etwas von der ursprünglichen Schönheit und Fülle der Schöpfung ahnen.

● Der Baum des Lebens steht für das Leben, auch das ewige Leben, das Gott spendet. Gott selbst ist die Quelle des Lebens. Der Baum der Erkenntnis des Guten und des Bösen markiert dagegen eine Grenze, die vom Menschen her nicht überschritten werden darf. Durch das Essen der Frucht dieses Baumes verliert der Mensch seine Unschuld. Er wird Gott, sich selbst und am Ende auch dem Mitmenschen fremd.

● Der Strom, der aus dem Garten fließt und sich dann vierfach verzweigt, erinnert an ein Flussnetz, das die ganze Welt umspannt. Geistlich gesehen sind es der Segen und das Heil Gottes, die sich aus seinem himmlischen Heiligtum in alle Welt verströmen.

Freitag, 6. Januar — Psalm 72

- Wie die Überschrift (V 1, auch zu lesen als: „*für* Salomo") und Unterschrift (V 20) des Psalms anzeigen, ist dieser Königspsalm als **Fürbitte und Anweisung Davids an Salomo zum Antritt von dessen Königsherrschaft** zu verstehen.
- Am Anfang steht ein Gebet (V 1-3). **Recht und Gerechtigkeit** des Himmelskönigs sind Maßstab für das Handeln des Zionkönigs. Sie sollen ihn leiten; das will erbeten sein.
- Daran schließt sich das **Regierungsprogramm** an (V 4-14). Es dient als Leitlinie, wie die Königsherrschaft nach innen (Gerechtigkeit, Schutz der Armen, Bestrafung der Frevler) und nach außen (Abwehr der Feinde) gestaltet werden soll. Gerechtigkeit und Friede sollen bestimmend sein, sodass auch umliegende Könige und Völker kommen, um ihm zu huldigen.
- Den Abschluss bilden **Glück- und Segenswünsche** (V 15-19). Sie schließen die Aufforderung ein, regelmäßig für den König zu beten und ihn zu segnen, und enden mit dem Gotteslob. Dabei sollen durch ihn alle Völker gesegnet sein (wie bei Abraham: 1Mose 12,3) und ihn preisen.
- Über den Antritt des Jerusalemer Königs hinaus ist dieser Psalm auf die **Ankunft und das Handeln des Messias** (Jesus Christus) bezogen worden. Der Psalm enthält denn auch Aussagen, die über irdische Verhältnisse hinausweisen, wie V 11: „Alle Könige sollen vor ihm niederfallen und alle Völker ihm dienen." Insofern wird Psalm 72 auf Advent, Weihnachten, Epiphanias, aber auch die Wiederkunft Jesu Christi und die Aufrichtung des Reiches Gottes bezogen. Jesus Christus feiern wir, seine Gemeinde, als Retter, Herrscher und dann einmal Vollender dieser Welt.

Am 6. Januar, dem Tag der Erscheinung des Herrn (Epiphanias), wird in manchen Ostkirchen die Geburt Jesu gefeiert. Bei uns wird er als Dreikönigstag und Abschluss der Weihnachtszeit begangen. Lesen Sie dazu Mt 2,1-12.

Samstag, 7. Januar   **1. Mose 2,18-25**

Gott kämpft gegen die Einsamkeit des Menschen

● Zum ersten Mal hören wir im Schöpfungsbericht, dass etwas **nicht gut** ist. Nicht gut ist die Einsamkeit des Menschen. Was er braucht, ist ein Gegenüber, eine Hilfe, die ihn ergänzt. Tiere können diese Hilfe nicht oder nur unvollkommen sein. Was er braucht, ist eine Hilfe auf Augenhöhe, die ihm gleich ist und doch anders.

● Wir sehen im weiteren Verlauf, wie Gott gegen die Einsamkeit des Menschen arbeitet. Dazu erschafft er dem Mann die Frau. Die Tatsache, dass diese aus der Rippe des Mannes geformt wird, lässt tief blicken. Dem Mann fehlt etwas. Ebenso der Frau. Hier haben die Sehnsucht der Geschlechter und das Verlangen nacheinander ihren Grund. Der Mann braucht die Frau und umgekehrt. **In der Gemeinschaft der Verschiedenen findet die Sehnsucht ihr Ziel.**

● Auch die Tatsache, dass Gott dem Mann die Frau zuführt, ist theologisch von großem Gewicht. So wird ausgedrückt, dass die Frau dem Mann zur Gabe wird. Die Ehe von Mann und Frau ist ein Geschenk und eine Stiftung Gottes. Bei jeder kirchlichen Hochzeit lautet die Traufrage: **Willst du deinen Mann/Frau als Gottes Gabe lieben und ehren?**

● Drei Merkmale kennzeichnen eine Ehe.

→ **Verlassen des Elternhauses.** Neues beginnt. Die Eltern treten nun in die zweite Reihe. Auch die öffentlich-rechtliche Dimension einer Ehe ist hier angedeutet.

→ **Anhangen.** Mann und Frau sind durch die Ehe wie aneinandergeklebt. Der Aspekt der Dauerhaftigkeit einer Ehe ist hier angedeutet. Ohne Schmerz und Verletzung lässt sich die Verbindung nicht lösen.

→ **Ein Fleisch sein.** Im Geschlechtsverkehr findet die Ehe ihren tiefsten Ausdruck. Mann und Frau verschmelzen miteinander und werden zu einer Person.

● Die Ehe ist eine Gabe Gottes. Sie versteht sich als eine ganzheitliche Verbindung von Mann und Frau, die das Soziale, das Körperliche, das Seelische und das Geistige umfasst.

Sonntag, 8. Januar Psalm 71

● Der Psalm hat zwei Hälften (V 1-13.14-24). Sie enden mit der Bitte und Gewissheit, dass „Schimpf und Schande" erfahren, „die mein Unglück suchen". Da auch am Anfang des Psalms von Schande („zuschanden werden") die Rede ist, bildet das Thema der Beschämung eine Klammer um den Psalm und zeigt die Bedrängnis an.
● Im ersten (Kindheit) und letzten Lebensabschnitt (Alter) ist der Mensch besonders angewiesen auf Fürsorge und Schutz vonseiten der Mitmenschen und von Gott. Aus dem Psalmgebet geht hervor, dass der Sprechende Gefährdungen ausgesetzt ist und bei Gott Schutz und Hilfe sucht. Es ist gut möglich, dass dies mit Alter und Schwachheit zu tun hat (man beachte die Hinweise in V 5f.9.17f).
● Mit dem Älterwerden verbinden sich auch Schönes und Chancen: der dankbare Blick zurück und das Bewusstsein, von Gott durchgetragen worden zu sein; das vertiefte Wissen um Abhängigkeit und „Armseligkeit" vor Gott als Glückserfahrung (vgl. die erste Seligpreisung in Mt 5,3); das Erzählen und Besingen der Erfahrungen von Gottes Macht und Hilfe gegenüber den nachfolgenden Generationen.
● Eine Aussage der Feinde, die im Psalm zitiert wird, ist besonders perfide: „Gott hat ihn verlassen; jagt ihm nach und ergreift ihn, denn da ist kein Erretter!" (V 11). Das sind „Killer-Worte"! Sie können wie hier von außen kommen. Manchmal sind es auch innere Stimmen, die Menschen abwerten, als hoffnungslose Fälle hinstellen. Sie sagen: Du bist ein Versager, mit dieser Sünde hast du keine Chance bei Gott, er hilft dir nicht ... Dies sind gefährliche „Lügen", die uns von Gott wegtreiben wollen. Der Psalm lehrt, solche Stimmen und Ängste im Gebet vor Gott zu bringen, damit der Herr selbst ihr Gift entziehe, sie unschädlich mache. Der Beter bittet um Nähe und Hilfe (V 12), harrt aus und befiehlt sein Leben Gott an. In der „Kraft Gottes" will er leben und den Herrn allein lobpreisen (V 14-16).

Montag, 9. Januar   1. Mose 3,1-13

- Warum ausgerechnet die Schlange zum bösen Wesen wird, wird uns nicht berichtet. Wir erfahren allein, dass sie listig ist. Sie zitiert das Gebot Gottes und verdreht es zugleich. Hatte Gott ursprünglich gesagt, dass die Menschen mit einer Ausnahme von allen Bäumen im Garten essen dürfen, so verbiegt die Schlange nun den Sinn dieser Aussage und zieht Gottes Güte in Zweifel: **„Dürft ihr etwa nicht von allen Bäumen im Garten essen?"**
- Noch kann Eva dem Angriff der Schlange standhalten. Dann aber geht die Schlange zum Frontalangriff über und widerspricht dem Gebot Gottes ganz offen: **„Ihr werdet keineswegs des Todes sterben."** Dazu stellt sie Eva Gottgleichheit und das Wissen um Gut und Böse in Aussicht. Letztlich geht es hier um menschliche Anmaßung, Größenwahn und Grenzüberschreitung. Kannte der Mensch bisher nur das Gute, nämlich Gott und seine Großzügigkeit, so wird mit dieser Erkenntnis eine Türe zum Bösen hin geöffnet. Das Böse wird nun zur täglichen Möglichkeit und auch zur Wirklichkeit.

> *Das raffinierte System der Versuchung funktioniert seit Adam und Eva bis heute. Immer geht es um die Frage: „Wem höre ich zu?" – Binde ich mein Ohr an die Worte der Schlange oder an das Wort Gottes?*

- Was macht eigentlich Adam die ganze Zeit? Hätte er nicht eingreifen und seine Frau warnen müssen?
- Adam und Eva sind am Ende die Betrogenen. Sie finden sich in einer dreifachen Entfremdung wieder. Das **Verhältnis zu Gott** ist zerbrochen. Statt von Liebe und Vertrauen ist dieses von Angst und Furcht geprägt. Auch das **Verhältnis zum eigenen Selbst** ist zerbrochen. Die Scham ist Ausdruck dessen, dass man sich seiner selbst nicht gewiss ist. Zuletzt zerbricht auch die **Beziehung zwischen beiden**. Sie schieben sich gegenseitig die Schuld zu.

Montag, 16. Januar   1. Mose 7,1-16

• **Gottes Rettungsprogramm** ermöglicht das Überleben von Noah mit seiner Familie als Grundstamm der Menschheit nach der Flut. Ebenso das der Tiere, die in der Arche aufgenommen werden. Auch ausreichend pflanzliche Nahrung gehört dazu.

• Wie beim **Sündenfall** (3,11ff) reagiert Gott mit dem Vernichtungsbeschluss auf das Verhalten des Menschen. Der Mensch ist vom Schöpfer in Verantwortung genommen und muss für sein Tun geradestehen. Und wie beim Sündenfall bleibt Gott beim Gericht nicht stehen (3,15.21.24). Dass Noah Gnade bei Gott findet (6,8), öffnet eine Zukunftsperspektive, von der der Mensch bis heute lebt.

• Das hebräische Wort für **Sintflut** kommt zwölf Mal in 1Mose 6–11 vor, sonst nur noch in Ps 29,10. Es meint massiven Starkregen. Hier geht es um einen mehrwöchigen Dauerregen mit vielen 100 Litern pro Quadratmeter und Stunde.

• Die Beschreibung in V 11f gibt die Vorstellung der Antike wieder, wonach die Erde eine Scheibe ist, die auf mächtigen Felssäulen über dem Urwasser („Tiefe" 1,2; 7,11) ruht und von den Wasserfluten des Himmels darüber durch das Firmament („Feste" 1,7), das sich über sie spannt, geschützt ist. Jetzt öffnen sich die Quellen von unten und die Schleusen von oben. Die Schutzfunktion des Firmaments und damit die von Gott geschaffene kosmische Ordnung werden so vorübergehend aufgehoben.

• Die **Tierpaare,** die in die Arche aufgenommen werden (V 2), ermöglichen die Fortpflanzung der jeweiligen Gattung. Die je sieben Paare der reinen Tiere erlauben es dem Menschen, diese Tiere nach der Flut als Opfertiere zu nutzen (8,20; vgl. 3Mose 11; 5Mose 14,4ff).

• Im Unterschied zu parallelen Erzählungen aus dem mesopotamischen Raum (z.B. das Gilgamesch-Epos) ist bei Noah nicht der Mensch der entscheidend Handelnde, sondern **Gott selbst.** Sein Beschluss zur Vernichtung geht Hand in Hand mit der Rettung. Er schließt die rettende Tür (V 16).

Dienstag, 17. Januar   **1. Mose 7,17-24**

● Diese wenigen Verse beschreiben **die alles vernichtende Wucht der Flut**.

→ Der Flutregen von oben hält 40 Tage an (V 12). 40 kann dabei als Symbol für nahezu Endlosigkeit verstanden werden. Genauer zog sich die Ausbreitung des Wassers fünf Monate hin (V 24). Erst dann sank der Pegel wieder (8,3).

→ Der Pegelhöchststand übersteigt die Berggipfel um ca. sieben Meter. Das reichte, um die Arche mit einem errechneten Tiefgang von ca. fünf Meter darüber zu halten.

→ Die Flut bedeutete das Ende aller atmenden Lebewesen (das „Getier", die beseelten Wesen von 1,21). Die Ordnung des zweiten und dritten Schöpfungstages wird damit zurückgenommen (1,6ff).

→ Aus den Lebensdaten Noahs in V 11 und 8,13f ist ersichtlich, dass die Flut sich insgesamt über ein Jahr hinzog.

> *Noah blieb „übrig" (V 23): Dieses Bildwort meint negativ die totale Vernichtung. Positiv beschreibt es das gnädige Überleben auch des Gerichtes Gottes. Vergleichen Sie dazu 5Mose 28,62; Esra 9,15; Jes 4,3; Jer 50,20; Mi 2,12; Zef 3,12; Röm 11,5.*

● Umstritten ist, ob die Flut **den ganzen Globus** bedeckt hat oder sich **auf eine Region beschränkte**. Für beide Standpunkte gibt es Argumente für und wider. Die parallelen mesopotamischen Fluterzählungen beziehen sich wie die Noah-Geschichte jedenfalls auf den mesopotamischen Raum. Darauf deutet auch das zu 7,11f beschriebene antike Weltbild, das der biblische Bericht voraussetzt. So konnte die Flut durchaus universal gesehen werden (vgl. 9,19b).

● Die biblischen Aussagen stellen **kein wissenschaftliches Lehrbuch** dar. Sie zeigen vielmehr, wie die Menschen in dieser frühen Zeit mit dem umgingen, was sie erlebten und wahrnahmen, und wie sie ihren Glauben damit verbanden. Wir heute machen das genauso auf der Grundlage heutiger Einsichten. **Der Schöpfergott ist dabei derselbe.**

Mittwoch, 18. Januar   1. Mose 8,1-12

- Gottes barmherziges sich Erinnern („gedachte", V 1) markiert den Wendepunkt der Flutgeschichte. Das Wort zählt zu den biblischen Schlüsselbegriffen und kennzeichnet die bewusste Verbundenheit zwischen Gott und Mensch – auch in der Rückerinnerung des Menschen an das, was Gott früher getan hat (vgl. 5Mose 5,15; 7,18; 8,2 u.ö.). Hier tritt es erstmals auf.
- Der „Wind" (dasselbe Wort wie Geist), den Gott schickt (V 1), erinnert an den Geist zu Beginn der Schöpfung, der über dem Wasser schwebt (1,2): Die Schöpfung wird erneuert, indem der Urgewalt der Fluten wiederum gewehrt und die Erde wieder bewohnbar wird.
- Die Verse schildern anschaulich, wie lange es brauchte, bis die Wasser sich alle verlaufen hatten und die Menschen den Erdboden wieder betreten, besiedeln, bepflanzen und sich darauf vermehren konnten.
- Auffällig ist, dass in der ganzen Sintflutgeschichte kein Wort von Noah zitiert wird. Es ist Gott, der redet, und Noah wird als derjenige dargestellt, der hört, gehorcht und tut, was Gott ihm aufgetragen hat. Noahs Charakterisierung in 6,9 wird damit bestätigt.
- Mit der Flut hat Gott das Leben auf der Erde vernichtet. Zugleich jedoch durch die Erwählung Noahs und seiner Familie mit den Tieren in der Arche für das Überleben gesorgt. Seine Schöpfung ist ihm nicht egal. Er hat sie nicht völlig aufgegeben. Er sieht sich ihr verpflichtet. Die ganze weitere, in der Bibel dargestellte Geschichte bezeugt sein Bemühen, die Schöpfung trotz der Bosheit des Menschen zum Ziel zu bringen – über die Erwählung Abrahams zum Volk Israel bis hin zu Jesus und dem Ausblick auf die neue Schöpfung.

> *Die Flutgeschichte gilt vielen als nicht mehr zeitgemäß, weil sie Gewalt verherrliche. Welche Einsichten würden Sie für sich selbst daraus aufnehmen?*

Donnerstag, 19. Januar 1. Mose 8,13-22

● Fast elf Monate war die Erde überflutet (V 13; 7,11). Jetzt entfernt Noah die ganze obere Abdeckung der Arche und kann sich erstmals einen Überblick über die Außenwelt verschaffen. Die kleine Luke, durch die er die Vögel hat fliegen lassen (V 6ff), hatte das nicht erlaubt.

● Wie bei der Erstellung der Arche unternimmt Noah nichts aus eigenem Antrieb. **Der Auszug beginnt erst auf Gottes Anordnung hin** (V 15-19).

→ Für alle Überlebenden (Mensch und Tier) muss es ein Fest gewesen sein, nach 1 Jahr und 17 Tagen (7,10f; 8,14) endlich wieder festen Boden betreten zu können.

→ Noah legt nicht gleich mit dem Wiederaufbau los. Zuerst dankt er. Eine Handlungsempfehlung auch für uns nach überstandenen Katastrophen.

→ Erstmals in der Bibel wird ausdrücklich ein Altar erwähnt. Als Opferstätte war er wohl auch schon bei den Opfern von Kain und Abel (4,3f) anzunehmen. Später gehört die Errichtung eines Altars zur Geschichte Gottes mit seinen Auserwählten (12,7f; 13,18 u. ö.).

● Gott lässt sich durch **das Aroma des Opfers** sozusagen beruhigen. Das hebräische Wort für Beschwichtigung spielt dabei auf den Namen von Noah an: der Mann, der Gottes Zorn zur Ruhe kommen lässt.

● Ganz und ausschließlich von Gott selbst geht das **Versprechen** aus, **die Erde nicht mehr um der Menschen willen dem Fluch, also der Aufhebung seines Segens, auszusetzen** (V 21f). Der Mensch seinerseits kann nichts dazu beitragen. Er hat sich im Kern seines Wesens durch die Flut nicht geändert (6,5). Auch Noah hat seine schwachen Seiten (s. 9,18ff).

● Die **Schöpfungsordnung**, zu denen die Zeiteinteilung der Tag- und Jahreszeiten sowie der Nahrungskreislauf gehören, soll aufrechterhalten bleiben. Sie ermöglicht dem Menschen den nötigen Lebensraum. Was bedeutet das für den menschengemachten Klimawandel?

Freitag, 20. Januar   **1. Mose 9,1-17**

• Das Ende der Flut führt zur **Wiederherstellung des Lebensraums,** mit dessen Bewahrung der Mensch als Gottes Abbild beauftragt wird. Wie in 1,27f erhält er dazu den Segen des Schöpfers (V 1b = 1,28b). Das neue Leben kann beginnen.

> *Vergleichen Sie den ursprünglichen Schöpfungsauftrag (1,28-30) mit dem nun erneuerten (V 1-7). Was bleibt gleich? Welche Unterschiede fallen Ihnen auf? Wie wirkt sich das für uns heute aus bzw. sollte sich auswirken?*

• Auch **menschliches Leben ist eng mit seinem Blut verbunden.** Im Unterschied zu den Tieren will Gott vergossenes Menschenblut von Tier und Mensch einfordern (V 5). Ausdrücklich wird dafür auf die Gottesebenbildlichkeit verwiesen, in der die Menschenwürde begründet liegt (V 6; 1,27). Negativ drückt sich dies im Verbot von Blutvergießen aus.

→ Tierschutz ist berechtigt. Ganz auf tierische Nahrung zu verzichten würde bedeuten, hinter den Sündenfall zurückzuwollen.

→ Auch nach der Flut gilt der ursprüngliche Auftrag, sich zu mehren, jetzt aber ins nahezu Grenzenlose („regen" kann auch als „wimmeln" übersetzt werden). Heute wissen wir, dass die dafür nötigen Ressourcen begrenzt sind! Das muss der nach wie vor von Gott in Verantwortung genommene Mensch beachten.

• Wie in 6,18 angekündigt schließt Gott einen „**Bund**", zu verstehen als vertragliche Verpflichtung. Im Unterschied zu einem Vertrag zwischen gleichberechtigten Partnern jedoch (z.B. Abraham und Abimelech; 21,27) verpflichtet sich hier einseitig Gott, das Leben auf der Erde künftig nicht erneut auszurotten. Sünde muss nun anders gelöst werden.

• **Bundeszeichen** – wie später umgekehrt bei Abraham die Beschneidung – ist der Bogen in den Wolken. Gott lässt sich selbst dadurch an seine Verpflichtung erinnern (vgl. 8,1).

Samstag, 21. Januar   **1. Mose 9,18-28**

- Das Leben nach der Sintflut kommt wieder in Gang: Die Nachkommen der Söhne Noahs verbreiteten sich – mit unterschiedlichen Entwicklungen – auf der ganzen Erde. Eine für die spätere Geschichte Israels kennzeichnende Völkerkonstellation hat ihre Wurzeln in der nachfolgenden Szene.
- Noah wird als Landwirt bezeichnet, der damit begann, einen Weinberg anzulegen.
→ Die sich aus dem Weingenuss ergebende Trunkenheit wird ohne negative Wertung beschrieben. Auch dass Noah entblößt im Zelt liegt, erscheint als natürliche Folge ohne Wertung.
→ Negativ bewertet wird die Reaktion Hams, der den Anblick des entblößten Vaters den Brüdern mitteilt, statt so wie sie zu handeln.
- Der Anblick eines entblößten Menschen außerhalb intimer Vertrautheit gilt als entwürdigend. Die mit dem Sündenfall entstandene natürliche Scham wird damit verletzt und die in der Gottesebenbildlichkeit begründete Menschenwürde missachtet. Gewahrt wird die Würde dadurch, dass die Nacktheit nicht offen betrachtet, sondern verhüllt wird.

> ✎ *Nacktheit wird heute eher zur Schau gestellt, Scham als überholt angesehen – mit ein Grund, biblische Werte als nicht mehr zeitgemäß zu verwerfen. Wie denken Sie darüber?*

- Die Verwerflichkeit des Handelns von Ham führt zu seiner Verfluchung durch den Vater. Der Fluch spricht die spätere Beziehung zwischen Israel (den Nachkommen Sems, vgl. 11,10ff) und den Kanaanitern (Nachkommen Hams; vgl. 10,6.15-20) an.
- Neben den Fluch über Ham tritt der Segen über Sem, dessen Nachkommen die Überlegenheit über Kanaan zugesprochen wird.
- Auch Jafet und seine Nachkommen werden mit dem Zuspruch friedlichen Miteinanders mit Sems Nachkommen und „weitem Raum" gesegnet (V 27). 10,2-5 deutet auf die Bewohner des Mittelmeerraums.

Donnerstag, 26. Januar   1. Mose 13,1-18

Abram und Sarai sind wieder im Süden Kanaans. Die Hungersnot ist vorbei und auch Lot taucht wieder auf.

● 1-4 erzählen neben der Reise zum Altar in Bet-El auch vom großen Besitz Abrams. Der angerufene Name Gottes (JHWH) wird eigentlich erst Mose in 2Mose 3,14 vorgestellt.

● 5-7: Auch Lot ist als selbstständiger Nomadenführer wohlhabend. Nomaden zogen mit ihren Herden von Ort zu Ort auch zu abgeernteten Feldern.

● 8-9: Abram will aufgrund der Familienzugehörigkeit den Streit beseitigen. Als einzige Möglichkeit sieht er die Trennung. Auffallend ist: **Er als Älterer lässt dem jüngeren Lot die Wahl. Er hätte auch schlicht entscheiden können.**

> *Wo standen Sie schon einmal vor einer Trennung als einzige Möglichkeit zur Beseitigung eines Streits?*

● 10-13: Lot kann von der Höhe Bet-Els das Land mit dem Jordangraben bis zum Toten Meer überblicken. Er entscheidet sich für die fruchtbarere Gegend.

→ Die Wendung „Garten des Herrn" erinnert an 1Mose 2 („Eden"), die Erwähnung Ägyptens an Kap. 12.

→ Allerdings steht die Schönheit des Landes im Kontrast zur Bosheit der Bewohner – ein Vorverweis auf Kap. 19.

● 14-18: Nach der Trennung erneuert und konkretisiert Gott seine Verheißung an Abram.

→ In V 10 **schaut Lot von sich aus, um das Beste für sich herauszuholen**, in V 14 fordert Gott **Abram auf, aufzublicken, um das Land zu sehen, das ihm gegeben wird**.

→ An dieser Stelle lesen wir zum ersten Mal die Zusage des ewigen Landbesitzes für „Israel".

→ Das Durchschreiten in V 17 ist ein rechtssymb. Akt, um Land in Besitz zu nehmen. Mamre bekommt später noch eine besondere Bedeutung.

Freitag, 27. Januar   **1. Mose 14,1-16**

Die Ebene der Familienerzählung wird verlassen und „**Weltgeschichtliches**" erzählt. Eine historische Einordnung sowohl der genannten Personen als auch der einzelnen Völker, Stämme oder Städte ist schwierig. Daher kann nur festgehalten werden:

→ **1-11** berichtet von **typischen Feldzügen jener Zeit**: Große Reiche tun sich zusammen, um abgefallene Stadtstaaten zu bestrafen.

→ Unterwegs finden auch andere „zufällige" Kriege statt.

→ Ziel des Ganzen ist V 12: **Lot** hat anscheinend das Nomadenleben aufgegeben und ist mittlerweile **in Sodom ansässig**.

● **13-16**: **Abram** betritt die Bildfläche, formiert aus „seinen" Leuten ein Heer und bricht zur Befreiung Lots auf. Das Unternehmen endet erfolgreich.

→ Abrams Beiname „der **Hebräer**" wird hier analog zu den anderen Bestimmungen zur Bezeichnung der Volkszugehörigkeit verwendet und stellt ihn als Immigranten heraus. Der Begriff könnte Abram als Nachkommen Ebers bezeichnen (vgl. 1Mose 10,21ff). In außerbiblischen Quellen werden **Menschen einer unteren Bevölkerungsschicht** als „Hapiru" bezeichnet.

→ Es gelingt Abram, zur Befreiung seines Verwandten eine Allianz zu schmieden. Die begründete Trennung in Kap. 13 war friedlich und die **familiäre Bindung** ist weiter vorhanden.

→ Abram zieht hinter den Siegern her, vom Süden bis in den hohen Norden: Von Mamre (bei Hebron), das hier auch ein Personenname ist, über Dan (hieß zu der Zeit eigentlich noch Lajisch) bis nördlich von Damaskus. **Was für ein Einsatz für seinen Neffen Lot!**

● Die **hervorgehobene Stellung Abrams** auch als **siegreicher Feldherr** wird nachfolgenden Generationen als beispielhaft vor Augen gestellt.

● Diese Episode zeigt, dass die **Familiengeschichte** Abrams mit der großen **Weltpolitik** verwoben ist. Das sollte in der Geschichte Israels so bleiben. Auch die Gemeinde Jesu Christi lebt nie in einem neutralen Raum. Wo sind wir heute gefordert, auf die Herausforderungen unserer Zeit zu reagieren?

Samstag, 28. Januar   1. Mose 14,17-24

In diesem Test sind zwei Erzählstränge miteinander verbunden.

● **V 17 + 21-24**: Abram kehrt als Sieger zurück. Er hat sowohl Lot samt Besitz befreit als auch die Könige besiegt, alle Gefangenen und die gesamte eroberte Beute zurückerlangt. Nun zieht er von Norden zum Stadtkönig von Sodom.

→ **V 17**: Mit einem kleinen Heer war der Befreier gegen eine wesentlich größere Macht erfolgreich.

→ **V 21-24**: Die Annahme der eroberten Beute stünde Abram zwar rechtmäßig zu, er will sich aber weder in ein Abhängigkeitsverhältnis bringen, noch geziemt es sich für den Retter, eigenen Reichtum anzuhäufen. Nur die in V 13 genannten Mitstreiter Abrams sollen ihren Teil erhalten. V 24 zeigt die Fürsorgepflicht Abrams.

● **V 18-20** sind ein eigener Teil und verdeutlichen die für diese Zeit typische Verbindung von weltlicher und kultischer Obrigkeit. Der bisher unerwähnte König Melchisedek von Salem (= Jerusalem) bringt Abram Nahrung und segnet ihn. Darauf gibt Abram ihm zehn Prozent der Beute.

→ **Melchisedek** bedeutet „König der Gerechtigkeit". In Ps 110 wird er zum vorbildlichen König und Priester, im NT (Hebr 7) als Vorbild für Jesus selbst genannt.

→ **Salem** leitet sich von **Schalom** = Frieden, Wohlstand ab.

→ **Wein und Brot** sind leibliche, aber auch kultische Speisen (vgl. Passah- bzw. Abendmahl).

→ **Gott des Höchsten**: Melchisedeks Gott ist Schöpfer von Himmel und Erde. In V 22 benennt Abram diesen Gott als den seinen (JHWH).

→ Die **Abgabe des Zehnten** an die Priester gibt es eigentlich erst im mosaischen Gesetz (3Mose 27,30-32; 5Mose 12,6 u. ö.) Abram wird auch hierin zum Vorbild, auch von Jakob ist erwähnt, dass er gelobte, den Zehnten zu geben (1Mose 28,20f).

> ✎ *Wie kann Abram mit seinem „Finanzgebaren" für uns heute Vorbild sein?*

Sonntag, 29. Januar   **Psalm 40**

- Der Psalm hat verschiedene Teile. Dies zeigt sich auch daran, dass sein Schluss (V 14-18) weithin Ps 70 entspricht. Vom zeitlichen Ablauf her muss man seine drei Abschnitte gleichsam von hinten nach vorn lesen.
- **Bezeugung der Rettung** (V 2-5): Am Anfang steht kein Gebet, sondern Worte werden an die versammelte Gemeinde gerichtet. Der Sprechende erzählt von seinem Vertrauen, das andere anstecken soll, und vor allem von Gottes Rettungshandeln. Um dies zu besingen hat ihm Gott ein „neues Lied" gegeben. Das erste Rettungslied, das Lied von Mose, hat Israel am Schilfmeer angestimmt (2Mose 15); das „Lied des Lammes" (Offb 15,1-4) wird als Letztes am Ende der Zeiten gesungen.

> *Stimmen Sie ein in das Lied des Lammes (Offb 15,3f); fügen Sie spontan Ihr „neues Lied" an!*

Der Abschnitt fängt mit dem Harren an und endet mit dem Hoffen auf den HERRN. Selig gepriesen wird, wer das tut.

- **Lob und Dank** (V 6-11): Nun wird Gott angesprochen, ihm gedankt. Wohltaten werden genannt. Ja, er hat Großes an mir getan; er ist einzigartig. „Deinen Willen, mein Gott, tue ich gerne ... von deiner Wahrheit und von deinem Heil rede ich" (V 9-11). Der etwas rätselhafte V 8 könnte darauf hinweisen, dass er Gott, statt eines Opfers, Worte auf einer Schriftrolle („Buch") darbringt, vielleicht das „neue Lied".
- **Klage- und Bittgebet** (V 12-18): Die Bitte um Barmherzigkeit, Gnade und Treue macht den Anfang. Er ist mutlos, ja, „meine Sünden haben mich ereilt" (V 13). Und dann sind da Leute, die nach seinem Leben trachten. Ihr Triumphgeschrei wird zitiert: „Da, da!" (V 16, man kann auch übersetzen: Haha, haha!). Am Schluss soll nicht Schrecken, sondern Freude sein. Wie am Anfang (V 2.5), so steht auch am Schluss das Vertrauen, hier aber verbunden mit der dringenden Bitte, Gott möge eingreifen.

Montag, 30. Januar — 1. Mose 15,1-21

- Die zweigeteilte Vision knüpft an vorige Verheißungen an (vgl. 12,2.7): Zunächst verspricht Gott Abram, ihn reich zu belohnen. Das ist ein wunder Punkt. Sarah und Abram waren zwar sehr reich an Gütern (13,2), blieben aber kinderlos. Dem **großen Besitz** steht ein **innerer Mangel** gegenüber, der nicht aufgewogen werden kann. Auch heute leiden viele Paare darunter, dass sie ungewollt kinderlos bleiben.
- Abram macht Gott dafür verantwortlich. Gott greift Abrams Klage wörtlich auf und verwandelt sie in ein Versprechen. **Der Blick in den Sternenhimmel führt Abram weg von den menschlichen Begrenzungen hinein in Gottes Weite.**
- Abrams Reaktion darauf ist schlicht **Glaube**. Er vertraut den Worten, die Gott sagt, er vertraut Gott selbst – auch wenn sich an seiner Situation selbst zunächst nichts geändert hat.

> *Schauen Sie in einer klaren Nacht zum Himmel und beten Sie Psalm 8. Überlegen Sie: An welches Versprechen Gottes erinnert mich der Sternenhimmel?*

- Als Zweites wird Abram verheißen, dass er das **Land, in dem er lebt, auch in Besitz nimmt.** Der tiefe Schlaf (V 12) erinnert an Adam bei der Erschaffung Evas. Abram erfährt schlafend aber keine Ruhe, sondern große Angst.
- Die rituelle Handlung an den Tieren ist schwer zu deuten. In ihrer Mitte steht der Blick in die Zukunft: den eben erst verheißenen Nachkommen wird eine schwere Zeit angekündigt. Abram selbst soll in Frieden – nach einem erfüllten Leben – sterben. Zum ersten Mal taucht der Begriff „**Schalom**" in der Bibel auf.
- Die Gottesbegegnung beinhaltet für Abram große Zusagen, Raum für seine Zweifel, ermutigende Zeichen, Finsternis und Angst, ein schwerer Blick in die Zukunft. **Doch Gott verbündet sich mit ihm – das gilt für alles, was kommt.**

Dienstag, 31. Januar   **1. Mose 16,1-16**

- **Allein menschliches Handeln steht im Vordergrund.** Gottes Versprechen, dem kinderlosen Paar Nachkommen zu schenken, ist aus dem Blick geraten.
- Wie Abram macht Sara Gott für die Kinderlosigkeit verantwortlich. Sie sucht einen rechtlich möglichen Weg, durch ihre persönliche Dienerin, zu der in der Regel ein Vertrauensverhältnis bestand, ein Kind zu bekommen. Ihren Mann mit ihr zu teilen, schien ihr eine gute Idee.
- Zunächst geht der Plan auf, Hagar wird schwanger. Jedoch ist Sarah nun „gering" in den Augen ihrer Magd. Denn es ist offensichtlich, dass die Kinderlosigkeit an Sarah liegt. Das von Sarah beklagte Unrecht steht wörtlich für nicht strafbares, immer fortwährendes Unrecht – **Nadelstiche, die die Beziehung zerstören.**
- Der Dialog zwischen Sarah und Abram zeigt ein Hin- und Herschieben von Verantwortlichkeit. Die Folge ist, dass das schwächste Glied der Familie in die Wüste flieht. Der lebensfeindliche Ort scheint der schwangeren Hagar besser als ein Zuhause, in dem sie nicht willkommen ist.
- **Gott greift ein und schickt einen Engel.** Die Anrede mit Namen und Zugehörigkeit spricht direkt die Fluchtursache an. Dennoch fragt der Engel zuerst seelsorgerlich nach Vergangenheit und Zukunft Hagars, bevor er ihr eine dreifache Botschaft mitteilt.
- Mit der gleichen Formulierung wie Ismael wurde auch Jesus angekündigt (vgl. Lk 1,31). Es ist ein besonderes Kind, das sie erwartet. Sein Name zeigt, dass Hagars Gebet erhört wurde.
- „**Du bist ein Gott, der mich sieht**" (V 13): Die diesjährige Jahreslosung stammt von einer Frau auf der Flucht, einer Sklavin und Ausländerin. Sie redet nicht nur mit Gott, sondern findet Worte für ihre Erfahrung mit Gott und gibt ihm einen Namen.
- Die Benennung Gottes als „**El-Roi**" zeigt, dass Hagar sich in ihrer besonderen Situation wahrgenommen fühlt: **von Menschen verstoßen, aber von Gott nicht im Stich gelassen.**

Mittwoch, 1. Februar 1. Mose 17,1-14

● **Namen** spielen im ganzen Kapitel eine wichtige Rolle. Nachdem Hagar Gott den Namen „El-Roi" gegeben hat, stellt sich Gott Abram nun als „**El Schaddai**" (V 1 – „der allmächtige Gott) vor. Auch wenn die ursprüngliche Bedeutung nicht mehr eindeutig zu klären ist, bringt der Name Gottes überlegene Macht zum Ausdruck.

● Da der Name immer mit dem Wesen der Person verbunden ist (vgl. vom Saulus zum Paulus), passiert bei der Namensänderung von **Abram** (V 5) mehr als eine symbolische Handlung. **Abraham**, wörtlich Vater einer großen Menge, ist nun zum Stammvater vieler Völker bestimmt (in 12,2 ist noch von einem Volk die Rede). **Jede Nennung seines Namens erinnert Abraham an das Versprechen Gottes, dessen Einlösung noch aussteht.**

● Der **Bund** ist eine Vereinbarung, die mit gegenseitigen Verpflichtungen einhergeht, jedoch ist es Gott, der sich Abraham gegenüber festlegt. Abraham soll – wie Noah (vgl. 6,9) – seinen Weg mit Gott gehen und vorbildhaft leben. **Die Lebensweise ist aber keine Bedingung für den Bund, den Gott aus freier Entscheidung mit Abraham schließt.**

→ In Gottes Rede von „ich" und „du" wird ein wechselseitiges Verhältnis zum Ausdruck gebracht.

→ Abrahams Reaktion darauf ist Verbeugung und Anbetung. Er ist bereit, Gottes Verheißung zu empfangen.

● Das Zeichen des Bundes ist die **Beschneidung**. Der äußere Vorgang soll zum Ausdruck bringen, dass der Mensch zu Gott gehört. Es bezieht sich einerseits konkret sichtbar auf den Körper, hat aber auch innere Auswirkungen. Deshalb ist in 5Mose 10,16 auch von einer Beschneidung des Herzens die Rede.

✎ Lesen Sie 2Kor 5,17. Als Christen haben wir kein körperliches Zeichen für die Zugehörigkeit zu Gott. Durch den Glauben werden wir zum neuen Menschen, auch wenn die Vollendung dieser Verwandlung noch aussteht.

Donnerstag, 2. Februar   **1. Mose 17,15-27**

- Mit der Namensänderung von **Sarai zu Sara** (V 15) ist ebenfalls ein Versprechen verbunden. Entgegen dem bisherigen Plan, mit Hagar einen Nachkommen zu erhalten, soll Sara selbst mit Abraham ein Kind bekommen. **Das Kind wird Ausdruck des Segens für Sara sein, der zunächst nur Abraham versprochen wurde** (12,2).

> *„Kinder sind eine Gabe Gottes" (Ps 127,3). Jesus und Paulus waren selber aber kinderlos. Lesen Sie dazu Mt 19,12 und 1Kor 7,7f.*

- **V 17: Abraham verbeugt sich** erneut und nimmt damit Gottes Zusage entgegen. Im gleichen Zuge zeigt das Lachen seine Verwunderung und Zweifel.
- Aufgrund der äußeren Umstände, die gegen eine Schwangerschaft Saras sprechen, weist er auf seinen Sohn Ismael hin, der rechtlich sein Erbe ist. Gott weist das schroff zurück und wiederholt sein Versprechen. Er hat Geduld mit Abraham, der die Hoffnung auf ein Kind mit Sara schon lange aufgegeben hatte.
- Der Name **Isaak, „er lacht"**, hat verschiedene Bezüge:
→ auf Abrahams und Saras verwundertes Lachen,
→ auf das Lachen Gottes, das seine freundliche Zuwendung zeigt,
→ auf das ansteckende Lachen eines Kindes.
- Auch **Ismael werden zwölf** Söhne und eine große Nachkommenschaft versprochen. Isaak erhält die zwölf „Söhne" erst eine Generation später (1Mos 35,22). Die Ismaeliten kommen als ein nordarabischer Stammesverband später mehrfach als Gegner Israels vor.
- **Abraham vollzieht die Beschneidung**, auch wenn Gottes Versprechen noch nicht erfüllt wurde. Er ist gehorsam und vertraut auf Gott. Bei der Beschneidung geht es nicht um eine Verstümmelung mit negativen Auswirkungen, sie ist laut verschiedener Studien medizinisch sogar vorteilhaft. Sie erfolgt acht Tage nach der Geburt, da das Neugeborene eine Woche lang unrein ist. Damit ist sie auch ein Ausdruck der Reinheit für die Begegnung mit Gott.

Freitag, 3. Februar 1. Mose 18,1-15

- Der **Besuch der drei Männer** hat etwas Geheimnisvolles. Einleitend wird klargestellt, dass es Gott selbst ist, der Abraham erscheint. Im Text wird mal in der Einzahl, mal in der Mehrzahl von den Männern gesprochen. Später werden zwei von ihnen als Engel bezeichnet (19,1). Es ist für Abraham und Sara nicht offensichtlich, dass Gott sie besucht.
- Da es keine Hotels oder Restaurants gibt, ist es selbstverständlich, dass Reisenden **Gastfreundschaft** gewährt wird. Doch Abraham ist besonders engagiert. Er verspricht „ein Stück Brot" und lässt dann eilend besonders gute Speisen in reichhaltigem Maß zubereiten. Beim Essen steht er wie ein Diener und ist bereit zu hören, was die Männer zu berichten haben.

> *Unwissend, dass Gott vor ihm sitzt, kümmert sich Abraham schnell und großzügig um den unangekündigten Besuch und ist offen für seine Worte. Was können Sie daraus für Begegnungen mit Menschen im Alltag lernen?*

- V 9: Die Frage der Gäste nach Abrahams Frau mit Nennung des Namens ist ungewöhnlich und zeigt, dass nun **kein gewöhnliches Gespräch** folgt.
- V 12: Wie Abraham (17,17) **lacht auch Sara**, als sie die Ankündigung eines Sohnes erhält. Sara kann sich das schlicht nicht vorstellen. Sie soll glauben, was biologisch nicht mehr möglich ist. Neben Zweifel an dem Gehörten kann das Lachen auch Unsicherheit, Verlegenheit und Überraschung zum Ausdruck bringen. Es ist eine ehrliche Reaktion, für die Sara sich später schämt und sie abstreitet. Doch vor Gott muss man die eigenen Gefühle nicht verbergen und sich nicht verstellen.
- „**Sollte dem Herrn etwas unmöglich sein?**" (V 14) – diese rhetorische Frage nach Gottes großer Macht ist wie ein Edelstein in der Erzählung. Sie ermutigt Gottes Versprechen zu vertrauen, auch wenn es den menschlichen Erfahrungen und Erwartungen widerspricht.

Samstag, 4. Februar   1. Mose 18,16-33

- Abraham begleitet die drei Männer ein Stück als Geste der Gastfreundschaft. Daraus entwickelt sich ein aufschlussreiches Gespräch mit Gott, der als einer der drei Männer identifiziert wird.
- Zunächst denkt Gott über seine Beziehung zu Abraham nach. Er hat ihn **auserwählt**, wörtlich: **erkannt**. Dieser Ausdruck steht für engste Gemeinschaft und wird sonst vorwiegend zwischenmenschlich für sich Liebende verwendet. In so einer intimen Beziehung hat man keine Geheimnisse voreinander.
- Abraham soll seine Nachkommen auf Gottes Wege führen. Dem entgegen steht Sodom als sprichwörtlich gewordener Ort des Unrechts. Die aus der Stadt kommende Klage ist nach der Rechtssprache ein **Hilferuf**, den der im Recht gewaltsam Benachteiligte ausruft. Gott geht prüfend dieser Klage nach und steigt hinab (wie beim Turmbau zu Babel 11,5).
- Doch zunächst bleibt Gott bei Abraham stehen (V 22, so vermutlich die ursprüngliche Form des Textes). Er drückt damit seinem engen Freund aus: Ich will mit dir über diese Angelegenheit sprechen!
- Abraham kommt der Aufforderung nach und trägt mutig seine Argumente vor. Er fügt sich nicht dem Plan Gottes, sondern versucht gegenzusteuern. Abraham, der seine Nachkommen in Gerechtigkeit lehren soll, setzt sich dafür ein, dass Gott selbst gerecht handelt.
- Das Verhandeln erinnert an einen orientalischen Basar, wobei Abraham nicht nachlässt und zugleich zurückhaltend auftritt. Er weiß, dass er Gott nichts befehlen kann. Die am Ende des Handelns verbleibenden **zehn Personen** sind **die kleinste Größe einer gottesdienstlichen Gemeinde in jüdischer Zeit.**

Auch im Neuen Testament wird dieses inständige Bitten positiv bewertet (Lk 11,8; Lk 18,5). Was bedeutet das für Ihre Art, mit Gott zu reden? Denken Sie, dass Gott an Ihrer Meinung interessiert ist?

Sonntag, 5. Februar — Psalm 62

David schenkt uns in diesem Psalm einen Blick in die Tiefe seiner Seele. Wenn er auf die Menschen um ihn herum schaut, wird er unruhig und frustriert. Daher befiehlt er seiner Seele, auf Gott zu schauen. Und da wird etwas von Davids wertvollem Glauben sichtbar, der sein Leben und seine Lieder prägt: Wirkliche Hilfe, Sicherheit und Zuflucht gibt es nur bei Gott allein. In diesem Psalm bringt David weder Bitten noch Flehen zu Gott, sondern **fordert seine Seele auf, in der Zuversicht vor Gott zu bleiben.**

● **Davids Seele ist still vor Gott.** In diesem Schweigen vor Gott zeigt David tiefe Ergebung und intimes Vertrauen. Seine äußere Situation scheint notvoll und bedrohlich zu sein. David war öfter in Lebensgefahr. So ist es hier auch, wenn er von „nachstellen" und „morden" schreibt (V 4). Womöglich soll er als König gestürzt werden (V 5). Dennoch ist Davids Seele still und er befiehlt es ihr aufs Neue. Die Zuflucht zu Gott ist **alternativlos**. Und genau das gibt David in seinem Lied an die Hörer weiter: Sie sollen ihn nachahmen und auf Gott allein hoffen.

> *Gibt es Nöte oder Menschen in Ihrem Leben, die Ihnen zu schaffen machen? Folgen Sie Davids Beispiel und Aufforderung und schütten Sie Ihr Herz vor Gott aus (V 9). Klagen, rufen, schreien Sie, lassen Sie alles raus. Und dann sprechen Sie zu Ihrer Seele: „Aber sei nur stille zu Gott; denn er ist meine Hoffnung ..." (V 6f).*

● Wir Menschen sind oft fixiert auf die Möglichkeiten dieser Welt: Die richtigen Beziehungen, Machtspiele, Intrigen, Manipulation, Geld und Einfluss, damit wir unsere egoistischen Wünsche erfüllt bekommen. **Aber Macht hat alleine Gott** (V 12). Wenn wir als Gotteskinder unser Vertrauen auf die Möglichkeiten dieser Welt setzen, betreiben wir Götzendienst. Unsere Hoffnung und Erwartung gehört Gott allein.

Montag, 6. Februar   1. Mose 19,1-14

● **V 1-3:** Lot ist ein **Fremder in der Stadt**. Aber er ist integriert: Er sitzt im Tor – dem „Marktplatz" einer antiken Stadt, wo Handel getrieben, Informationen ausgetauscht, aber auch Recht gesprochen wurde. Und doch ist Lot ein Fremder, und als solcher **nimmt er die Fremden wahr** und gewährt ihnen schützende Gastfreundschaft. „Die Füße waschen" steht für „es sich wohlgehen lassen". Dass es sich um Engel handelt, weiß Lot noch nicht; das wissen nur wir als Leser. Auch heute noch begegnet uns Gott im Alltag oft unbemerkt.

● **V 4-9:** Die Männer der Stadt fordern die Herausgabe der Gäste. Unverhohlen sagen sie, sie möchten sie „erkennen", und das heißt: mit ihnen sexuell verkehren. Die Menge plant eine öffentliche Vergewaltigung. **Lot versucht, seine Gäste zu schützen.** Dass er stattdessen seine Töchter ins Spiel bringt, schockierte schon den altorientalischen Leser. Vielleicht hoffte Lot, dass auch die Sodomiten das Angebot so absurd finden, dass sie von ihrem Vorhaben insgesamt ablassen. Stattdessen kippt die verbale Gewalt in tätliche Gewalt.

● **V 10-11: Jetzt greifen die Engel ein.** Die vermeintlich Schutzbedürftigen sind jetzt plötzlich die Beschützer. Durch ein übernatürliches Wunder bleibt die Familie Lots verschont. Wie viele Christen haben Ähnliches in großen Notsituationen erlebt!

● **V 12-14:** Hätte es zehn Gerechte in Sodom gegeben (zehn Männer bilden eine Gemeinde), hätte Gott die ganze Stadt verschont (vgl. 1Mose 18,32). Jetzt aber rettet **Gott die Gerechten aus der Stadt heraus**, rechtzeitig vor dem Gericht. Es ist fast so etwas wie eine Evangelisation, die Lot durchführt: „Lasst euch von Gott retten."

✎ *„Der HERR behüte dich", heißt es im aaronitischen Segen (4Mose 6,24-26). Stelle dich bewusst unter Gottes Schutz und Segen für diesen Tag. Er sei mit seinen Engeln bei dir.*

Samstag, 11. Februar   1. Mose 23,1-20

● Sara, die große Fürstin, die Frau Abrahams, die Stammhalterin Israels, stirbt. Abraham betrauert seine treue Weggefährtin. Sie war in 1. Mose nach Eva die zweite Frau von Bedeutung. Eine große Ära geht zu Ende. Sie stirbt als Fremde in einem fremden Land. Obwohl Abraham und ihr das Land verheißen worden war, werden ihre Nachkommen erst Jahrhunderte später hier Einheimische sein.

● Kirjat-Arba (Vier-Stadt), später **Hebron** genannt, lag etwa 35 km südlich von Jerusalem und war damals von Hetitern bewohnt. Das Hetitische Reich war damals ein Großreich, dessen Kernland in Anatolien lag und dessen Einfluss bis nach Syrien und Kanaan reichte. Abraham nennt sich selbst „Fremdling und Ansässiger/Beisasse".

● Abraham möchte die **Machpela-Höhle**, die außerhalb der Stadt lag, von dem Hetiter Efron kaufen. Machpela heißt: die Doppelte, was vermutlich die Form der Höhle beschreibt. Was sich für unsere westlichen Ohren zunächst wie ein gutes Angebot anhört („Ich schenke dir den Acker und die Höhle darin", V 11) ist in orientalischer Verhandlungssprache in Wirklichkeit ein „Nein – Feld und Höhle sind unverkäuflich". Abraham wird durch Gottes Hilfe dann doch noch Landbesitzer – für einen Wucherpreis von 400 Silberschekel wird der Kaufvertrag besiegelt. Für Sara ist es das wert.

● Die Machpela-Höhle wird – als „Angeld" – der einzige Besitz Abrahams in dem ihm verheißenen Land sein. **Verheißungen erfordern vom Glaubenden mitunter lange Spannungsbögen!** In der Machpela-Höhle wurden später auch Isaak und Rebekka sowie Jakob und Lea bestattet. Sie wurde im 6. Jh. n.Chr. von Kaiser Justinian mit einer Basilika überbaut. Das Gebäude wechselte im Lauf der Zeit zwischen Kirche und Moschee. Noch bis ins Mittelalter war die Höhle (gegen Bakschisch) für Pilger zugänglich. In der Neuzeit gab es erst zweimal eine Begehung. Beide bestätigten die Existenz der Höhle unter dem jetzigen Gebäude.

Sonntag, 12. Februar   **Psalm 61**

Wer niedergeschlagen und in Not ist, findet in Davids Psalm passende und hilfreiche Worte. David war offensichtlich bereits König (V 7), als er diesen Psalm schrieb. Manche Ausleger vermuten, dass diese Sätze während Absaloms Aufruhr entstanden sind, da David „vom Ende der Erde" (V 3) ruft und um viele Jahre auf dem Thron bittet (V 7f).

● Der doppelte Ruf zu Beginn des Psalms „**Höre**" und „**merke**" (V 2) macht Davids Schreien ernster und lauter. David ist oder fühlt sich ausgestoßen. Er ist voller Angst, vielleicht in tiefer Verzweiflung, und doch schafft es David, sich zum Gebet durchzukämpfen. Denn Gott ist an jedem Ort und in jeder Lage der Herr und König! Das hat David immer wieder erlebt.

> *✎ Welche Not drückt heute auf Ihrem Herzen? Nehmen Sie sich jetzt Zeit und bringen Sie Ihre Not zu Gott und sagen Sie wie David: „Du bist meine Zuversicht, ein starker Turm vor meinen Feinden ... lass mich Zuflucht haben unter deinen Fittichen" (V 4f).*

● V 6: Wieder (wie zuvor in V 4) greift David auf gute Erfahrungen der Hilfe Gottes aus der Vergangenheit zurück, die sein Vertrauen auf die jetzige Hilfe stärken. David fügt seinen Bittgebeten **Gelübde** hinzu. Es ist erstaunlich, dass Gott sich darauf einlässt, wenn wir ihm etwas versprechen. **Doch Gott nimmt unser Wort ernst, genauso wie er erwartet, dass wir sein Wort ernst nehmen.** Auch wenn die Bibel deutlich davor warnt, unbedacht Gott etwas zu versprechen (Pred 5,3-5), sind Gelübde doch eine Möglichkeit, unsere Ernsthaftigkeit zu unterstreichen. Dann sind wir aber verpflichtet, unsere Versprechen einzulösen. So will auch David Gott ehren und seine Gelübde erfüllen, wenn Gott ihn segnet, wie er es erbeten hat (V 9). Vielleicht war es Davids Gelübde, dass er Gott für immer loben werde.

Montag, 13. Februar — Römer 1,1-7

Anders als in seinen früheren Briefen stellt Paulus sich nicht zuerst als Apostel, sondern als **Knecht Christi Jesu** vor.
Für die Menschen damals steckt in dieser Bezeichnung ein beabsichtigter Widerspruch: **die völlige Abhängigkeit diesem Herrn gegenüber, die zugleich jede Abhängigkeit von Menschen aufhebt** (vgl. Apg 5,29). In diesem Sinn sind zunächst alle Christen Knechte Gottes bzw. Christi. Gleichzeitig bedeutet dieser Ausdruck aber auch, dass Paulus insbesondere **zum Missionar berufen** ist.

● Paulus fasst in diesen wenigen Versen seine Botschaft schon einmal vorab prägnant zusammen: Gott hat das Evangelium „zuvor verheißen ... durch seine Propheten in der Heiligen Schrift"... Das bedeutet,

→ ... dass die **Glaubensgerechtigkeit** (Kap. 1,17) **Heiden wie Juden** verkündet werden kann;

→ ... dass **die Erwählung Israels fortbesteht,** die Heiden aber ihren Ort an der Seite der Juden haben; und

→ ... dass **die Schrift,** indem sie Christus bezeugt, zur **Autorität für alle Glaubenden** wird sowohl im Blick auf die Gebote als auch im Blick auf den Trost, mit dem sie die Hoffnung stärkt.

● Die Verse 3 und 4 fassen das **Zentrum des Evangeliums** zusammen: Jesus Christus ist Gottes Sohn, der einerseits Mensch geworden ist und dem andererseits durch die Auferstehung die Machtstellung des himmlischen Herrschers übertragen wurde.

● Dieser Herrscher überträgt nun Paulus die **Vollmacht,** den Gehorsam des Glaubens um seines Namens willen unter allen Heiden aufzurichten (V 5). „Gehorsam" bedeutet hier übrigens nichts anderes als **die Einladung zur Umkehr und zur Zuwendung zum Evangelium Christi.**

✎ *Nicht jeder Christ ist wie Paulus ein Apostel, wohl aber ein „Knecht Christi Jesu". Überlegen Sie, was das für Sie bedeutet bzw. ob Sie sich so sehen können.*

Dienstag, 14. Februar   **Römer 1,8-15**

Auch dieser Abschnitt, der noch zur gängigen Briefeinleitung gehört, ist anders als andere:

● In antiken Briefen war es durchaus üblich, den Adressaten seines Briefes Komplimente zu machen. Das macht Paulus an dieser Stelle auch, aber er tut das in einem **persönlich formulierten Dankgebet.** Paulus rühmt die ihm unbekannte Gemeinde in der Hauptstadt des römischen Weltreichs, doch gilt dieser Ruhm Gott. Und genauso verbindet er seinen Wunsch, die Gemeinde in Rom zu besuchen, mit der **Fürbitte für die Gemeinde** (V 9f).

● In den V 11-13 formuliert Paulus **seine Absichten im Blick auf eine Reise nach Rom** (allerdings hier noch wesentlich unbestimmter als in Kap. 15,23f). Möglicherweise ist er den unbekannten Römern gegenüber zuerst einmal noch befangen und hat vielleicht sogar Sorge, dass seine Wünsche missverstanden werden könnten. Deutlich wird: Sein Brief stellt eine Art „Empfehlungsschreiben" für seine geplante Romreise dar.

● Diese Ausrichtung auf Gott im Dank und in der Fürbitte beugt auch der Vorstellung vor, Paulus könnte sich als Apostel der Heiden für etwas Besseres halten und vielleicht die Selbstständigkeit der von ihm nicht gegründeten Gemeinde untergraben wollen. Nein, **er will nicht die Gemeinde in Rom missionieren, sondern in ihrem Umkreis das Evangelium verkünden,** und deshalb ist er bestrebt, mögliche Besorgnisse in Rom von vornherein zu zerstreuen.

● **Wie können Paulus und die ihm fremde Gemeinde sich nun gegenseitig befruchten?** Das findet sich in den V 11f: Paulus möchte der Gemeinde Teil geben an seinen geistlichen Erfahrungen, um sie zu stärken, und zugleich durch ihren und seinen Glauben gemeinsam getröstet zu werden.

> ✎ *Wie erleben Sie in Ihrer Gemeinde die Wechselwirkung von Trost und Stärkung durch den gemeinsamen Glauben?*

Mittwoch, 15. Februar — Römer 1,16-17

So sehr Paulus (vorbildlich!) zurückhaltend ist in Bezug auf die Darstellung seiner Person gegenüber der Gemeinde in Rom (V 8-15), so sehr **kennt er keine Scheu, wenn es um den Inhalt des Evangeliums geht.**

● Es lohnt sich, sich mit dem Wort „schämen" näher zu beschäftigen: Nach Auskunft des Duden ist die Herkunft des Wortes, das auch Grundlage des Wortes „Schande" ist, ungeklärt. Es geht Paulus nicht um ein psychologisches Gefühl im Sinne von Angst oder Peinlichkeit, sondern **„sich nicht schämen" ist einerseits gleichbedeutend mit „bekennen"** (so schon Jesus Mk 8,38; Lk 12,8f). Gleichzeitig gibt die Wahl des Ausdrucks „sich nicht schämen" dem Bekenntnis eine **besondere Nuance: Wer sich zum Evangelium bekennt, ist sich bewusst, dass er eine Sache vertritt, die den Interessen und Maßstäben der Umwelt nicht entspricht.** Wer das Evangelium verkündigt, bedarf also schon eines besonderen Mutes: des Mutes, mit seiner Überzeugung gegen den Strom zu schwimmen.

> ✎ *Bei manchen heutigen Diskussionen über das christliche Glaubenszeugnis stellt sich die Frage, ob es dabei zuerst um den **Mut** zum Zeugnis geht oder um die **Freude**, sich zu dem zu bekennen, was Lebensgrundlage ist. Wie geht es Ihnen mit dieser Alternative (die vielleicht gar keine ist?)?*

● Sich des Evangeliums nicht zu schämen ist auch deshalb wichtig, weil es sich den Menschen ja erst durch die Verkündigung erschließt (vgl. Röm 10,17). Das Evangelium muss den Menschen gesagt – und so **offenbart werden**, nämlich die Gerechtigkeit, die (wie Luther treffend übersetzt) vor Gott gilt.

● Paulus fasst an dieser Stelle seine Botschaft prägnant zusammen: **Die Gerechtigkeit, die vor Gott gilt, kommt aus dem Glauben, und zwar aus dem Glauben an den auferstandenen Jesus, der zum glaubenden Vertrauen auf Gott führt.**

Donnerstag, 16. Februar   **Römer 1,18-32**

- Paulus beginnt die Erläuterung der Aussage aus V 16f mit einer **radikalen Gegenthese:** Neben die Offenbarung der Gerechtigkeit, die vor Gott gilt, tritt **die Offenbarung seines Zornes.** Und wie das Heil der Gottesgerechtigkeit jedem glaubenden Menschen – Juden wie Heiden – gilt (V 17), trifft das Unheil seines Zornes **alle** Menschen als Sünderinnen und Sünder (V 18; Kap. 3,9ff).

- Es ist einmal mehr faszinierend, wie Paulus herkömmliche Inhalte mit dem neuen Glauben an Jesus Christus verbindet: Den Satz über Gottes Zorn aus V 18 entfaltet er zunächst einmal grundsätzlich so, wie das damalige Judentum die Gottlosigkeit der Heiden anzuklagen pflegte. Er zielt aber darauf, dass dieselbe Anklage sich genauso radikal auch gegen Juden richtet (das werden wir im nächsten Kap. sehen). Paulus benutzt dazu nur eine kleine Veränderung, indem er in diesem Kap. schon nicht mehr nur von „Heiden" redet, sondern allgemein von „Menschen" (V 18).

- Was ist der **Kern des Vorwurfs,** den Paulus erhebt? Obwohl die Menschen schon aus der Schöpfung heraus den dahinter stehenden Schöpfer hätten erkennen und preisen können, **haben sie sich selbst für klug gehalten.** Als **Konsequenz** folgte daraus, dass **Gott den sich für autonom einschätzenden Menschen seinen Begierden und Leidenschaften überlassen** („dahingegeben": V 24.26.28) **hat.** Das führte u. a. zu einer **Verkehrung der vom Schöpfer vorgesehenen sexuellen Partnerschaft von Mann und Frau,** sowie einer grundsätzlichen Verdrehung der guten Gebote Gottes in ihr Gegenteil.

> *Wo heute auch manche Christen in der homosexuellen Praxis eine anerkennenswerte Schöpfungsvariante gegenüber heterosexueller Praxis sehen, spricht Paulus von einem „widernatürlichen Verkehr" bzw. „Verirrung". Welche Auffassung vertreten Sie mit welcher Begründung in dieser Frage?*

Sonntag, 19. Februar Psalm 60

In der geschichtlichen Einführung (V 1-2) erfahren wir, in welcher Situation David diesen Psalm schreibt: Mehrere zunächst militärisch aussichtslose Kriegsherausforderungen, die er doch meisterte, haben sein Vertrauen in Gott gestärkt. David sah sich einem syrischen Militärbündnis gegenüber (2Sam 8,3-13), aber hat gelernt, was er schon früh ausrief: „Der Krieg ist des Herrn" (1Sam 17,47). Das formuliert David auch zum Ende des Psalms: „Menschenhilfe ist nichts nütze" (V 13).

● **David klagt im ersten Teil des Psalms** (V 3-5) und bittet Gott um Trost und Hilfe. Die militärische Niederlage gegen die Philister mit dem Tod König Sauls (1Sam 31) könnte David im Blick haben, wenn er von der Demütigung und dem Zorn Gottes über seinem Volk spricht.

● **Im zweiten Teil** (V 6-10) **atmet David wieder Zuversicht und Freude über die Hilfe des Herrn.** Er schaut über das gute Land, das Gott ihm gegeben hat, und spricht mit vertrauensvoller Siegessicherheit über die Feinde Israels. Damit kann er uns Gläubigen heute als Beispiel dienen: Gott hat uns ein großes Erbe versprochen und wir können und sollen niemals gering davon denken.

> *Denken Sie über das Erbe und die Verheißungen nach, die Gott seinen Kindern versprochen hat. Danken Sie Gott dafür, dass er, der allmächtige Gott, alle seine Verheißungen erfüllen wird und auch Ihnen das versprochene Erbe geben wird.*

● Das **Vertrauen in Gottes Kraft und Hilfe** bei weiteren Herausforderungen bestimmt auch den Abschluss des Psalms (V 11-14). David hat verstanden, dass der Glaube kein Freibrief für menschliche Trägheit ist, im Sinne eines Fatalismus „Gott wird es ja eh machen, was soll ich da noch tun?" Im Gegenteil ermutigt David seine Mitbeter mit seinem Psalm: „**Mit Gott wollen wir Taten tun**" (V 14), er wird uns gegenüber allen unseren Feinden helfen!

Montag, 20. Februar   Römer 3,1-8

- Mit der Relativierung der Beschneidung am Ende von Kap. 2 hat Paulus die Frage aufgeworfen, was denn überhaupt noch **das Alleinstellungsmerkmal der Juden** ist. Nur kurz stellt er fest, dass die Juden nach wie vor von Gott **mit erheblichen Vorzügen bedacht** sind. Wirklich darauf eingehen wird er aber erst in Kapitel 9.
- Hier beschränkt er sich darauf, herauszustellen, dass den Juden **die Offenbarung des AT** geschenkt worden ist. Damit nennt er die gemeinsame Basis, auf der er die nachfolgende Diskussion führen will. Stück für Stück greift er die Argumente seiner Gegner auf, um sie anschließend mit logischen Begründungen, vor allem aber mit Zitaten aus dem AT zu widerlegen.
- Anstatt die Vorzüge der Juden weiter zu vertiefen, schaltet Paulus schnell wieder in den **Modus der Auseinandersetzung** um. Die erste Frage dreht sich um Gottes Treue im Verhältnis zur Untreue der Juden. Die Gegner scheinen zu argumentieren, dass Paulus das unbestreitbare Versagen der Juden in der Geschichte überbewertet. Sollte die Untreue der Menschen denn allen Ernstes die Treue Gottes aushebeln können?
- Die Argumentation der Gegner geht aber noch weiter. Sie stellen **die verkorkste These** auf, dass die Sünde der Menschen für Gott geradezu von Vorteil ist, da seine Herrlichkeit dadurch doch nur umso heller leuchte. Daraus ziehen sie den Schluss, dass Gott sie wegen ihrer Sünde nicht verurteilen könne (V 5-7). Die Sünde wäre nach dieser Logik auch im Blick auf Gottes Stellung zu Israel belanglos.
- Grundsätzlich stimmt Paulus der Grundthese zu, dass Gottes Treue immer größer ist als die Untreue von Menschen (V 4; vgl. 2Tim 2,13). Der **merkwürdigen Logik von der Belanglosigkeit der Sünde erteilt er aber eine scharfe Abfuhr** (V 8).

> *Welche Begründungen für die Verharmlosung der eigenen Sünde sind Ihnen schon begegnet?*

Donnerstag, 23. Februar — Römer 3,27-31

Der Glaube, also die dankbare, vertrauensvolle Nachfolge Christi aufgrund der Liebe zu Gott, ist der einzige Weg zu einer heilen Beziehung zu Gott. Bisher dachten die Juden, der Weg dazu sei die Befolgung des ihnen exklusiv anvertrauten Gesetzes. Paulus führt an dieser Stelle einen Gedanken ein, der offenbar nicht im Bewusstsein seines Volkes verankert war:

- **Zu keinem Zeitpunkt war Jahwe allein der Gott Israels.**

→ Bereits **Abraham** wurde bei seiner Berufung gesagt, dass in ihm *alle Geschlechter auf Erden* gesegnet werden sollten (1Mose 12,3). Vermutlich hat er nicht ansatzweise begriffen, was das bedeutet.

→ Im Laufe der Zeit wird aus seinen Nachkommen **das Volk Israel**. Beim Bundesschluss am Sinai wird den Israeliten ein Auftrag erteilt (2Mose 19,6): „Ihr sollt mir ein Königreich von Priestern und ein heiliges Volk sein." An Israels Ergehen sollte alle Welt erkennen, dass es einen lebendigen und mächtigen Gott gibt: Jahwe. Mehr noch: Das ganze Volk sollte eine priesterliche Funktion wahrnehmen. Es sollte den Menschen der Völker um sie her die Wirklichkeit Gottes vor Augen führen und **Brückenbauer hin zu Gott** sein. Bemerkenswert ist die Begründung dafür: **Die ganze Erde und alle Völker gehören Gott** (V 29).

→ Doch erst als **Jesus** Christus in die Welt kommt, tritt die Einladung an alle Völker in den Vordergrund. Am deutlichsten wird dies beim Missionsbefehl von Jesus (Mt 28,16-20).

- Dass es keine exklusive, ausschließlich Israel geltende Beziehung zu Gott mehr gibt, ist für die Juden zur Zeit des Paulus ein unerträglicher Gedanke.

Ist das nicht geradezu ein menschliches Grundprinzip, sich mit aller Kraft dagegen zu wehren, wenn einem Privilegien genommen werden sollen? Fallen Ihnen Beispiele aus dem Bereich des privaten oder auch kirchlichen Lebens ein?

Freitag, 24. Februar **Römer 4,1-12**

In Jesus Christus wird deutlich, auf welche Weise Gott selbst **Gerechtigkeit schaffen** will: nicht durch menschliche Leistungen, welcher Art auch immer, sondern **ausschließlich durch den Glauben**. Gemeint ist damit die vertrauensvolle Annahme des Sterbens Jesu als Ausgleich für alles, was mich vor Gott disqualifiziert. In Kap. 4 führt Paulus nun den Nachweis, dass **der Glaube auch im AT bereits entscheidend** war. Als Kronzeugen dafür nennt er vor allem Abraham.

● Mit Abrahams Berufung wird Israel zum entscheidenden Träger der Heilsgeschichte. Das gesamte Selbstverständnis Israels als Volk Gottes hat hier seinen Ursprung. Daran knüpft Paulus an und stellt fest:

→ **Am Anfang steht Gottes Initiative.** Er beruft – und Abraham lässt sich berufen. Das geschieht, indem er dem Wort Gottes glaubt und seinem Ruf gehorsam folgt. „Und das rechnete Gott ihm zur Gerechtigkeit", heißt es in 1Mose 15,6. Abraham ist also gerecht, bevor er irgendetwas für Gott getan hat. Einzig aufgrund seines **Glaubens**.

→ Die für die Juden so zentrale **Beschneidung** tritt damit stark in den Hintergrund. Sie sahen in dem Ritus die Garantie für eine Sonderbehandlung durch Gott. Paulus aber weist darauf hin, dass die Beschneidung erst im Nachhinein (1Mose 17, also zwei Kapitel nach der Berufung!) als ergänzendes Zeichen hinzugekommen ist.

→ Wenn Abraham aber auch ohne das Zeichen der Beschneidung und nur aufgrund seines Glaubens als gerecht bezeichnet wird, so wird bereits an ihm deutlich, dass der Zugang zu Gott nicht nur den beschnittenen Juden, sondern allen Glaubenden offensteht.

> ✎ *Für uns heute ist es das Selbstverständlichste von der Welt, dass wir in persönlichen Kontakt zu Gott treten können. Machen Sie sich bewusst, dass dies vor Christi Kommen so nicht möglich war, und danken Sie Jesus bewusst dafür.*

Mittwoch, 1. März   Römer 5,12-21

Was Adam getan hat, wurde zum Verhängnis für die gesamte Menschheit. Alle sind vom Sündenfall mitbetroffen. Mit gleicher Bedeutung – wenn auch mit umgekehrtem Vorzeichen – steht dem Christus gegenüber.

● **Beim Vergleich zwischen Adam und Christus gibt es aber zwei fundamentale Unterschiede:**
→ Während Adam uns Menschen auf den Weg der Abkehr von Gott, der letztlich zum Tod führt, mitgezogen hat, eröffnet uns Christus den Weg zum Vater und damit zum Leben.
→ Während alle schicksalhaft durch Adam auf dem Weg der Verdammnis sind, ist der Weg des Lebens, den Christus eröffnet, eine Einladung, die aktiv ergriffen werden muss.

> *In 1Kor 15,21-26 entfaltet Paulus die „Adam-Christus-Typologie" im Blick auf die Auferstehung der Toten. Dort wird der Unterschied besonders deutlich: Die Auferstehung zum Leben betrifft nur diejenigen, „die Christus angehören, wenn er kommen wird" (V 23). Vergleichen Sie die Aussagen dort mit unserem Text.*

● Durch Christus wird der Mensch aus der schicksalhaften Verstrickung befreit zu einer aktiven Gestaltung neuer Lebensmöglichkeiten. Paulus nennt das „im Leben herrschen" (V 17).

● Letztlich findet sich in dieser Parallele zwischen Adam und Christus auch **die Begründung für den Anspruch Jesu, der einzige Weg zum Vater zu sein** (Joh 14,6). So wenig es viele Adams gibt, die auf unterschiedliche Weise das Verhängnis herbeigeführt haben, so wenig gibt es verschiedene Retter. **Dem einen Adam steht der eine Christus gegenüber.**

● Damit wird auch das Ausmaß der Initiative Gottes deutlich. Die Sendung von Christus kommt in ihrer Bedeutung der Erschaffung des Menschen gleich. Gott, der Schöpfer, ergreift die Initiative, wie nur er das tun kann.

Donnerstag, 2. März — Römer 6,1-11

Eine neue Botschaft ruft auch **neue Missverständnisse** hervor. Gerade noch kam Paulus ins Schwärmen über das neue Leben aus der Gnade. Und muss gleich darauf klarstellen: Das heißt *nicht*, dass Sünde egal wäre – oder gar „gut", weil sie die Gnade umso deutlicher macht (V 1).

● Ganz falsch, so Paulus. Nicht, weil man sich Gottes **Gnade** „nachträglich" doch verdienen müsste oder könnte – **sie bleibt Geschenk**. Sondern weil wir „**der Sünde gestorben** sind" (V 2). Das ist für Paulus mehr als ein Bild, er meint einen realen Vorgang:

→ **Taufe heißt Mit-Sterben mit Jesus** (Untertauchen) **und Mit-Auferstehen** (Auftauchen) (V 3-7). „Das ist für mich gestorben", sagen manche, wenn sie mit einer schlechten Gewohnheit brechen. Hier sind wir selbst gestorben – aus Sicht der Sünde. Sie hat kein Anrecht mehr auf uns.

→ Nicht nur das: Als Getaufte „glauben wir, dass wir auch mit ihm (Jesus) leben werden" (V 8). Wir sind **Kandidaten der Auferstehung**, und das prägt unser Leben schon jetzt. Denn Jesus selbst ist ja bereits auferstanden, unwiderruflich (V 9). Die Sünde hat damit keinen Zugriff mehr auf ihn (V 10). Und als Christen leben wir mit ihm, in seiner Kraft und in Vorfreude auf unsere eigene Auferstehung (V 11).

→ Dazu passt nicht, wenn wir weiter „in der Sünde beharren" (V 1). „This is so last year" sagt man auf Englisch, wenn man etwas überholt findet. „Das ist so was von gestern". **Auch Sünde ist von gestern für Menschen, die auf die Auferstehung zuleben.**

● Soweit Paulus' Denkweg. **Bleibt die Frage, warum Christen trotzdem noch sündigen.** Täten sie es nicht, hätte Paulus sich in Römer 6–7 kürzer fassen können; er ringt ja gerade mit dieser Frage: Das neue Leben hat schon begonnen, aber das alte Leben „wehrt" sich noch. Wie gehen wir damit um? Jedenfalls nicht so, dass wir Sünde verharmlosen oder schönreden. Sünde ist doch von gestern. Mehr dazu morgen.

Freitag, 3. März — Römer 6,12-23

Im Alltagsdeutsch klingt „Sünde" harmlos, ja verlockend: Als heiße sündigen, sich etwas zu gönnen, sich die Freiheit zu nehmen, zu tun, was Spaß macht. Stimmt nicht, so Paulus. **Sünde macht niemals frei,** sie macht zu Knechten. **Sünde ist** für ihn ja nicht das Extra-Stück Sahnetorte, sondern **die Abkehr von Gott.**

● So ruft er die Christen in Rom zum Widerstand auf – nicht gegen menschliche Herrscher, sondern gegen die Sünde (V 12-13). Stellt euren Körper und eure Fähigkeiten nicht der Sünde zur Verfügung!, mahnt er, und versichert zugleich: Die Machtverhältnisse sind längst geklärt (V 14).

● Was denn nun?, fragt man da. Ist von Gott her schon alles entschieden, oder sind wir beteiligt und sollen uns mit ganzer Kraft einsetzen? Die Antwort ist: ja. Beides ist richtig. Dazu Paulus' Überlegungen Schritt für Schritt:

→ Wir sind **„nicht unter dem Gesetz"** (V 15): Damit meint Paulus nicht, dass Gottes Gebote keine Rolle mehr spielten. Sondern er meint das **Gesetz in seiner Funktion, uns gerecht zu machen.** Das kann es nicht, das kann nur Gottes Gnade.

→ Das Gesetz in seiner Funktion, Gottes Willen zu zeigen, ist dagegen nach wie vor wichtig! Wer also diesen Willen Gottes fröhlich ignoriert und kräftig sündigt, weil Gott ja sowieso gnädig ist (V 15) – der macht auch damit *nicht* Gottes Gnade zunichte (!). Aber er macht sich selbst unfrei.

→ **Sünde hat nämlich Schwerkraft,** sie zieht nach unten, weg von Gott. Deswegen unterscheidet Paulus so scharf: Entweder ihr seid „Knechte der Sünde" oder „des Gehorsams" (V 16). Je näher wir bei Gott sind, desto freier werden wir und sind nicht mehr gebunden an Sünde und ihre zerstörerischen Angewohnheiten (V 17-18).

✎ *Wo bzw. wie wurde für Sie die Freiheit von der Macht der Sünde in Ihrem Leben konkret erfahrbar?*

Samstag, 4. März   **Römer 7,1-6**

- „Der ist mit seiner Arbeit verheiratet", heißt es, wenn jemand seinen Beruf zu wichtig nimmt. Paulus sagt hier: Wir sind *nicht mehr mit dem Gesetz „verheiratet"*. Wir sind frei – von der Sünde, die erst durch das Gesetz Macht über uns hatte.
- Paulus meint weiter, dass das Gesetz uns nicht gerecht machen kann. Im Gegenteil, durch Befolgung des Gesetzes gerecht werden zu wollen, macht die Sünde nur umso stärker. Es braucht also einen **radikalen Bruch**; Paulus sagt drastisch: Wir sind „dem Gesetz getötet" (V 4). So wie die Bindung an den Ehepartner mit dem Tod endet (V 1-3), so ist auch unsere Bindung ans Gesetz aufgehoben.
- Entschuldigung, in *welchem* Sinne sind wir „tot"? Schauen wir genau hin: „Ihr seid ... dem Gesetz getötet *durch den Leib Christi*" (V 4). Jesus selbst ist am Kreuz auch „dem Gesetz gestorben"; und wer getauft ist, für den gilt das ebenso. Taufe heißt auch Mitsterben mit Jesus.

> *Lesen Sie noch einmal Röm 6,3-4. Welche Rolle spielt die Tatsache, dass Sie getauft sind, für Ihr Selbstbewusstsein als Christ heute?*

- Das Ergebnis (V 5-6): **Das Gesetz mit seinen Forderungen hat keinen Anspruch mehr auf uns, also verliert auch die Sünde ihre Macht.** Denn so wie auf das Kreuz von Jesus seine Auferstehung folgt (V 4b), so gehört zu unserer Taufe auch das Mitauferstehen mit ihm.
- Die Folge: ein verändertes Leben. Mit dem „neuen Wesen des Geistes" (V 6) meint Paulus *nicht*: „der Wortlaut der Gebote ist jetzt nicht mehr so wichtig ..." Sondern: „Wir tun jetzt umso begeisterter Gottes Willen. Aber nicht, weil wir es müssen. Sondern weil wir es *können* und *wollen*."
- **Die Preisfrage** ist nur: Wie viel davon dürfen wir schon diesseits der Ewigkeit erwarten? Und wie viel ist noch Zukunftsmusik? Mehr dazu in den folgenden Kapiteln.

Dienstag, 7. März — Römer 7,14-25

Wieder beschreibt Paulus die Sünde wie eine Macht, die von Menschen Besitz ergreift.

● Manche Ausleger überlegen zwar, ob Paulus hier vielleicht nur das Leben von Unbekehrten meint und nicht von getauften Christen. Aber nichts deutet darauf hin, dass irgendjemand ausgenommen wäre, auch Christen nicht. Paulus schreibt zwar: „ich", und spricht sicher auch aus eigener Erfahrung. Zugleich ist es ein stellvertretendes „ich"; was hier beschrieben wird, es gilt für jeden Menschen. Zum Gedankengang des Paulus im Einzelnen:

→ Er startet mit einer **ernüchternden Diagnose**: Gottes Gesetz ist „geistlich" (V 14), es kommt von Gott. Wir dagegen sind „fleischlich"; damit ist nicht der Körper gemeint, sondern „Fleisch" ist bei Paulus die menschliche Natur, wo sie sich gegen Gott stellt (V 18).

→ **Die Folge** (V 15): Wir *können* die Sünde gar nicht aus eigener Kraft abschütteln. Denn das hieße Feuer mit Feuer bekämpfen, nämlich Sünde mit „Fleisch" (unserm menschlichen Vermögen).

→ **Die Symptome** (V 16-19): Wir *wollen* es eigentlich nicht – wir wollen nicht gegen Gottes Willen handeln. Aber wir können nicht anders. Als habe uns eine fremde Macht im Griff. Sünde macht zutiefst unfrei (V 20).

→ Wir *wissen* also eigentlich, dass Gottes Gesetz gut ist (V 21f). Aber **Wissen und Wollen reichen nicht**, solange uns die Sünde im Griff hat (V 23).

→ Ganz ehrlich: Das ist zum Verzweifeln (V 24). In dieser inneren Ambivalenz, dem Zwiespalt zwischen Wollen und Tun, sieht Paulus nur einen Ausweg: **Jesus!** *Er* hat uns erlöst (V 25). Die Sünde hat so zwar noch Einfluss. Aber sie hat keine Zukunft.

> ✎ *Was heißt das für heute? Kann man schon jetzt merken, dass die Macht der Sünde gebrochen ist – und woran? Schauen wir in Kap. 8.*

Mittwoch, 8. März — Römer 8,1-11

Ohne Christus steht die ganze Menschheit unter dem vernichtenden Urteil Gottes. Durch Christus aber hat eine neue Schöpfung begonnen. Auch wenn viele Menschen noch immer nichts von Gott wissen oder selbst Gott spielen wollen – „ich bin mein eigener Herr!" –, ist doch für diejenigen, die Christus als ihren Herrn bekennen, alles auf **eine neue Basis** gestellt. Wie sich das in ihrem Leben auswirkt, entfaltet Paulus in Röm 8,1-11.

● Welch eine herrliche Aussage: **Es gibt keine Verurteilung mehr für die, die zu Christus gehören.** Sie sind gerecht gesprochen – schon jetzt und erst recht im Jüngsten Gericht. Der Grund für diese Zusage ist **nicht billige Gnade**, die wie eine Ramschware unter die Leute verschleudert wird. **Nein, diese Gnade ist teuer,** weil Jesus dafür sein Leben geopfert hat. Nur durch seinen Tod sind Christen befreit von der Gottesferne.

● Die Verse 4-9 sind vom **Gegensatzpaar „fleischlich" und „geistlich"** geprägt. Fleischlich nennt Paulus den natürlichen Menschen nach Leib, Seele und Geist. der ohne Gott sein Leben gestaltet. „Geistlich" hingegen ist der Mensch, der sich von Christus aus seiner selbstbezogenen bzw. selbstherrlichen Lebensweise befreien lässt und vom Geist Gottes ergriffen wird.

● Paulus spricht direkt nebeneinander einmal vom „Geist Gottes" und dann vom „Geist Christi". Die dann später ausformulierte Lehre von der Dreieinigkeit Gottes klingt hier bereits zart an.

● **Jeder Christ ist vom Heiligen Geist erfüllt – oder er ist kein Christ.** Der Christ hat den Heiligen Geist jedoch nicht wie einen Besitz in der Tasche, sondern es ist genau umgekehrt: **Der Heilige Geist hat Besitz ergriffen vom Christen und will ihn in seinem Leben leiten.**

✎ Ist Ihnen stets bewusst, dass der Heilige Geist Sie lenken will – und sind Sie bereit dazu?

Samstag, 11. März — Römer 8,26-30

Paulus sieht sehr klar, dass auch Christen keineswegs immer stark und unangefochten sind. Auf sich selbst gestellt, sind sie oft schwach und **selbst beim Beten sind sie auf den Beistand des Heiligen Geistes angewiesen.**

● Wir meinen zu wissen, um was wir beten sollen. Aber erst der Heilige Geist hilft uns, so zu beten, wie „sich's gebührt", d.h. wie es vor Gott angemessen ist. Paulus will damit wohl zum Ausdruck bringen, dass wir zwar wie Kinder zu Gott „abba" = „Papa" sagen dürfen, aber **unsere Bitten und Wünsche oft im Vordergründigen stecken bleiben.** Denn nicht alles, was Kinder von ihren Eltern erbitten, ist für sie auch gut und hilfreich. So ist es auch bei den Bitten, die wir vor Gott aussprechen. Gut, wenn dann der Heilige Geist „mit Flehen und Seufzen" (so die BasisBibel) unsere Anliegen vor Gott vertritt.

> *Überlegen Sie einmal, wie oft Sie auf Ihre Bitten vor Gott die aufrichtig gemeinte Einschränkung anfügen: „dein Wille geschehe"?*

● Die Aussage, dass denen, die Gott lieben, alle Dinge zum Besten dienen, wird oft oberflächlich verstanden. Gemeint ist, dass das, **was Gott uns gibt bzw. wie er unser Gebet erhört, zwar nicht immer unsern Wünschen und Vorstellungen entspricht, aber zu unserm Besten ist, weil es uns zum ewigen Heil führt.**

● **Vorherbestimmt – berufen – gerecht gesprochen – verherrlicht:** Diese aufeinanderfolgenden Begriffe machen deutlich, dass jeder, der zum Glauben kommt und damit teilhaben darf an der himmlischen Herrlichkeit, das eine wissen sollte: Das ist nicht meine Entscheidung, mein fester Entschluss, sondern es ist Gottes Gnade. Er hat sein Ja zu mir gesagt. Er hat mich erwählt, mir den Glauben geschenkt, mich gerecht gesprochen, als sein Kind angenommen und damit als Erbe das ewige Heil versprochen.

Sonntag, 12. März — Psalm 10

- Die Psalmen 9 und 10 haben wahrscheinlich ursprünglich zusammengehört. Deswegen hat Psalm 10 keine eigene Überschrift und setzt scheinbar unvermittelt mit einer Frage ein, die sich viele Menschen in schweren Zeiten stellen: **„Warum kommst du mir so weit weg vor, Gott? Fast so, als ob Du Dich in der Not vor mir versteckst?!"** (V 1).
- Der Grund für diese Frage: Der Psalmist sieht sich von Menschen umgeben, die ohne Gott zurechtkommen und denen es damit scheinbar gut geht. Die auf Kosten der Armen leben. Die anderen übel mitspielen. Die auch vor Gewalt nicht zurückschrecken. Und die dabei noch denken: Gott kriegt es sowieso nicht mit. Vielleicht gibt es ihn nicht einmal?! (V 2-11).
- Wie geht der Beter mit dieser Situation um? Er wird nicht selbst gewalttätig. Er verliert sich auch nicht in Traurigkeit oder Hass. Sondern er ruft Gott um Hilfe: **„Steh auf, Herr! Erhebe dich! Vergiss die Elenden nicht!"** (V 12). Und schon durch diesen Hilferuf dringt Licht in die Dunkelheit. Er spürt: Gott sieht das Elend und den Jammer! Ja: All das liegt in seinen Händen! (V 14). Gott ist und bleibt der Herr! Der König. Der am Ende Gerechtigkeit schafft. Und auf die hört, die nach ihm schreien (V 16-18).

> *Vielleicht gelingt es, die Denkbewegung dieses Psalms einmal ganz persönlich nachzuvollziehen. Indem ich notiere: Wann und wo fühlt sich Gott für mich ganz fern an? Wo spüre ich die Ungerechtigkeit, wenn es Menschen gut geht, die Gottes Willen mit Füßen treten und noch über ihn spotten? Und was geschieht, wenn ich einen Strich darunter mache und darunterschreibe: „Du siehst, es, Gott! Du handelst! Du schaffst Gerechtigkeit."*

Montag, 13. März   Römer 8,31-39

Mit diesem Abschnitt kommt die Gedankenführung von Kap. 5 zum Ziel: **Mit Christus hat bereits die neue Schöpfung begonnen** – inmitten einer Welt, die noch immer von der Macht des Bösen und Widergöttlichen, der Sünde und des Todes geprägt ist. Doch die ernüchternde Erkenntnis von dem Zwiespalt zwischen Wollen und Tun (Röm 7,18f), dem „Leiden dieser Zeit" (V 18) oder dem „Seufzen und Ängsten der ganzen Schöpfung" (V 22) mündet schließlich in ein **Siegeslied auf die Liebe Gottes,** der uns mit Christus alles geschenkt hat.

● Fast triumphierend stellt Paulus die Frage, **wer denn noch gegen Christen sein kann, wenn doch Gott auf ihrer Seite steht.** Keinen größeren Beweis dafür kann es geben als den Sühnetod seines Sohnes Jesus. Weil sie durch Christi Tod gerecht gesprochen sind, kann niemand sie mehr verdammen; ja, der auferweckte und erhöhte Herr tritt vor dem Thron Gottes für sie ein.

● Auf die Frage, **was die Glaubenden von der Liebe Gottes trennen kann, kann die Antwort nur lauten: nichts, rein gar nichts, selbst Leiden, finstere** Mächte – und auch der Tod nicht. Das schreibt Paulus, der selbst in seinem Leben die größten Nöte und Leiden durchmachen musste (vgl. sein „Leidenskatalog" in 2Kor 11,16-33).

> *Wie erleben Sie das: Brechen nicht Zweifel an der Liebe Gottes auf, wenn Sie im Leben Schweres durchmachen müssen?*

● **Die Verse 37ff sind inmitten von Bedrängnissen und Gefährdungen von einer großen Siegeszuversicht geprägt.** Sie zeugen von einer unerschütterlichen Glaubensgewissheit. Wenn Luther übersetzt „wir überwinden weit" …(V 37), so könnte man wörtlich übersetzen **„wir sind Supersieger"** … (BasisBibel: „wir gehen aus alledem als **strahlende Sieger** hervor"). – Damit endet der erste Teil des Römerbriefes, in dem Paulus die Grundlagen des Glaubens entfaltet hat.

Dienstag, 14. März   **Römer 9,1-5**

● Der geistliche Blick auf diese Welt

Paulus spricht „in Christus" (V 1). Diese Formulierung finden wir bei ihm immer dann, wenn er deutlich machen will, dass der durch Christus gerechtfertigte Mensch in seinem Denken, Fühlen und Wollen vom Heiligen Geist durchdrungen ist. Der Christ sieht diese Welt und die Menschen mit dem Herzen Jesu, mit der Sehnsucht danach, dass alle Menschen das Heil erfahren und in Ewigkeit gerettet werden. Was heißt das aber nun im Blick auf Israel als dem von Gott auserwählten Volk? **Paulus leidet unsäglich darunter, dass seine jüdischen Blutsverwandten bisher ihren durch Jesus eröffneten Weg zur Gotteskindschaft noch nicht angenommen haben.** Alles würde er geben, damit seine jüdischen Brüder und Schwestern in Jesus ihren verheißenen Messias finden.

● Gottes Volk – eine Berufung, die bleibt

Was ist Gotteskindschaft? Um diese zentrale Frage geht es Paulus. Nach eigenem Selbstverständnis haben die Juden bereits alles, was eine Gotteskindschaft beinhaltet. Paulus erkennt ihnen diese nicht ab. Er schaut allerdings auf das jüdische Verständnis von Sohnschaft mit dem geistlichen Blick, den er „in Christus" gewonnen hat. Zunächst zeigt er auf, was es bedeutet, zum auserwählten Volk zu gehören, also Israelit zu sein:

→ **Kindschaft:** Israel ist Gottes erstgeborener Sohn (2Mose 4,22) und dazu berufen, Gott zu lieben (5Mose 6,5).

→ **Herrlichkeit:** Gott wohnt in seinem Herrlichkeitsglanz („Wolke") mitten unter ihnen (2Mose 40,34-36).

→ **Bund:** Gott schließt mit seinem Volk einen Treuebund (1Mose 17,2.4-8).

→ **Gesetz:** Gott offenbart mit der Tora Israel seinen heiligen Willen (2Mose 20).

→ **Gottesdienst:** Im Tempel feiert Israel auf vielfältige Weise mit Opfern, Festen und Gottesdiensten seinen Gott (Ps 84).

→ **Verheißungen:** Gott will sein Volk in die Zukunft führen und verheißt ihm den kommenden Messias (z. B. Jes 9,5f; 11,1f).

Freitag, 17. März   Römer 9,30–10,4

● Gerechtigkeit – auf den Unterschied kommt es an

Paulus fasst seine bisherigen Überlegungen zusammen und spitzt sie auf den Begriff der Gerechtigkeit zu:

→ **Die Gerechtigkeit, die sich aus dem Gesetz herleitet**

Israel hat sich darum bemüht, vor Gott mit einer Gerechtigkeit zu leben, die sich darauf gründet, das mosaische Gesetz vollkommen zu erfüllen. Paulus spricht seinen jüdischen Blutsverwandten die Aufrichtigkeit ihres Eifers nicht ab, Gott zu dienen und ihm in allen Bereichen des Lebens zu gefallen. Doch die Tragik liegt darin, dass sie trotz ehrlichen Bemühens daran scheiterten, die Gebote zu halten, und sich dies nicht eingestehen wollten. Daher ergriffen sie nicht die Chance, den Heilsweg, den Gott ihnen mit Christus anbot, zu gehen. Stattdessen wurde er für sie zum Stolperstein.

→ **Die Gerechtigkeit, die ein Geschenk der Gnade ist**

„So liegt es nicht an jemandes Wollen oder Laufen" ... (V 16) Diese Einsicht fehlt den frommen Juden. Folgt man der Argumentation des Paulus, dann ist deutlich, dass sie menschlich denken. Heilig zu leben bedeutet für sie: Ich kann und muss es aus eigener Kraft schaffen, vor Gott gerecht zu sein. Sie kennen die Schrift und wollen ernsthaft die Gebote erfüllen, aber sie haben nicht die erleuchteten Augen des Herzens, nicht die Einsicht in Christus, die Paulus bei seiner Bekehrung zuteilwurde. Ihnen ist das Heilige Gesetz anvertraut, aber sie erkennen nicht, dass es erst in Christus seine Erfüllung findet, und es nicht der Mensch ist, der es vollkommen erfüllt und sich so den Zugang zu Gottes Herrlichkeit verschafft.

✎ Stimmen Sie heute in Ihrer Andachtszeit aus Dankbarkeit für das Geschenk Ihrer Rettung durch Jesus das Lied an: „Mir ist Erbarmung widerfahren, Erbarmung, deren ich nicht wert" ... (EG 355,1).

Samstag, 18. März   **Römer 10,5-15**

Das Tun der Gerechtigkeit folgt aus der Gnade des Glaubens

● Paulus will hier nicht in erster Linie zeigen, dass es unmöglich ist, das Gesetz vollkommen zu erfüllen und dafür die Gerechtigkeit als angemessene Belohnung zugesprochen zu bekommen (vgl. Jak 2,10). **Er will zeigen, dass bereits bei Mose ein anderes Verständnis von Gerechtigkeit angelegt ist, das auf Christus hinweist.** Dazu erinnert er an den Abschluss der prophetischen Rede des Moses an sein Volk, das sich darauf vorbereitet, das verheißene Land Kanaan zu betreten: „Es ist *das Wort* ganz nahe bei dir, in deinem Munde und in deinem Herzen, dass du es tust" (5Mose 30,14). Paulus sieht in diesem Mose-Wort die Verheißung auf das lebendige Wort, den Fleisch gewordenen Logos aus Joh 1,1; also auf Christus, der in diese Welt gekommen ist. Gott selbst ist es, der durch die Einwohnung des Heiligen Geistes im Menschen beides bewirkt: das Wollen und das Vollbringen. So ist es nicht menschliches Tun, sondern Christus selbst, der in uns wirkt (Phil 2,13).

● Paulus fasst prägnant zusammen (V 9-13), **was selig machender Glaube bedeutet:**

→ mit eigenen Worten bekennen, dass Christus Mensch geworden und Gottes Sohn ist,

→ glauben, dass Gott Jesus von den Toten auferweckt hat.

> ✎ *Im Apostolischen Glaubensbekenntnis sind die Kernaussagen christlichen Glaubens zusammengefasst. Welchen können Sie spontan von Herzen zustimmen? Welche machen Ihnen Schwierigkeiten?*

● Paulus schließt seine Gedanken mit dem Hinweis darauf, wie Menschen zum erlösenden Glauben finden, nämlich durch die Verkündigung. **Glaube ist nicht Selbstzweck für den Einzelnen, er drängt zur Mission, d. h. er will weitergegeben werden.** Er weckt in uns den geistlichen Blick auf diese Welt und die Sehnsucht, das Geschenk des Glaubens mit andern zu teilen.

Sonntag, 19. März **Psalm 84**

- Die „Korachiter", die in der Einleitung des Psalms als Autoren genannt werden, gehören (u. a. nach 1Chr 9,19) zu den Türhütern des Tempels. Der Psalm gehört zu den sogenannten „Zionspsalmen" und war höchstwahrscheinlich Teil einer **Einzugs-Liturgie zum Gottesdienst im Tempel von Jerusalem.** „Vorzusingen auf der Gittit" ist dabei wohl eher als Hinweis auf die Melodie als auf ein bestimmtes Musikinstrument zu verstehen.
- „**Freude am Haus Gottes**" ist der Psalm in der Lutherbibel überschrieben. Tatsächlich bringt er diese Freude in berührenden Worten zum Ausdruck: Es ist wie die Erfüllung einer tiefen Sehnsucht, in den Tempel einzuziehen (V 3). Der Tempel ist für die Glaubenden Heimat, wie für einen Vogel das Nest (V 4). Bis hin zu dem wunderbaren Satz: „**Ein Tag in deinen Vorhöfen ist besser als sonst tausend**" (V 11). Gibt es einen Ort, der in uns solche Sehnsucht und Freude auslöst?
- Warum empfinden die Beter des Psalms den Tempel als solch einen besonderen Ort? Der Grund dafür wird gleich zu Beginn des Psalms genannt: Der Tempel in Jerusalem ist der Ort der besonderen **Gegenwart Gottes** (V 2). Zugleich wird diese Nähe Gottes so beschrieben, dass sie weit über den Tempel hinausreicht: Er zeigt sich denen, die ihm folgen (V 6-8). Er hört ihr Gebet (V 9). Und – besonders eindrücklich –: Auch im dürren Tal lässt die Nähe Gottes Quellen sprudeln und schenkt durch den Frühlingsregen Kraft und Segen (V 7). Denen, die sich auf ihn verlassen, wird Gott zur Sonne, die Licht schenkt in der Dunkelheit, und zum Schild, das vor allen Angriffen schützt (V 12).
- All das findet nach dem Zeugnis des NT seine **Erfüllung in Jesus Christus: In ihm hat Gott Wohnung genommen** (Joh 1,14) und gibt allen Zugang, die seine Gemeinschaft suchen. Wohl dem Menschen, der sich darauf verlässt (V 13)!

Montag, 20. März — Römer 10,16-21

● Paulus ringt weiter mit der Frage, warum Israel sich weitgehend gegenüber dem Evangelium von Jesus verschlossen hat. **Haben sie es nicht gehört?** So fragt er (V 18). **Oder haben sie es nicht verstanden?** (V 19). Jedes Mal versucht er, mit dem Verweis auf alttestamentliche Zitate eine Antwort zu finden und zu zeigen, dass die Botschaft Gottes in „alle Lande ausgegangen" ist und Gott liebevoll auch „seine Hände nach seinem Volk ausgestreckt" hat. Israel aber war verärgert und ließ sich nichts sagen, weil Gott sich zugleich andern Völkern zugewandt hat und sich von ihnen finden ließ. **Offensichtlich hat Israels Stolz darüber, von Gott erwählt zu sein, zu einem Exklusivanspruch auf seine Zuwendung geführt.** Sie meinten, Gott vorschreiben zu können, dass der Bund, den er mit ihnen geschlossen hat, alle anderen Völker von dem darin zugesagten Heil für immer ausschließen müsse.

● **Im Zentrum des heutigen Abschnitts steht V 17,** der allerdings in der Lutherbibel nicht korrekt übersetzt wurde. Wörtlich heißt es im griechischen Urtext: **„Der Glaube kommt aus dem Hören der Botschaft".** Verkündet wird die Botschaft aber nicht nur in der (gottesdienstlichen) Predigt, sondern auf vielfältige Weise zu unterschiedlichen Zeiten, an unterschiedlichen Orten – und auch nicht nur von ordinierten Amtsträgern wie den Pfarrern, sondern von einfachen, schlichten Christenmenschen. Die Erfahrung zeigt, dass bis heute die meisten Menschen nicht durch die Verkündigung des Pfarrers oder anderer kirchlicher Mitarbeiter zum Glauben finden, sondern durch das Zeugnis gläubiger Eltern oder Großeltern bzw. ehrenamtlicher Jugendleiterinnen bzw. -leiter.

> *Könnten Sie diese Erfahrung aus Ihrem Leben bestätigen? Wer hat Ihnen den entscheidenden Anstoß zum Glauben gegeben?*

Dienstag, 21. März — Römer 11,1-10

Angesichts der Erwählung Israels in Vergangenheit (Röm 9) und Gegenwart (Röm 10) führen Paulus die Liebe zu seinem Volk und die Trauer über seine mehrheitliche Ablehnung des Evangeliums dazu, in Röm 11 **die Zukunft Israels** in den Blick zu nehmen. Paulus ist gewiss, dass Gott sein auserwähltes Volk nicht verstoßen hat (V 1-10). Er erkennt den Sinn der Berufung der Heiden (V 11-16) darin, dass Israel dadurch angeregt werden soll, ihrem Beispiel des Glaubens „nachzueifern". Diese haben darum keinen Grund, sich über die Juden zu erheben (V 17-24). **Vielmehr nimmt Paulus prophetisch die Rettung sowohl der Heiden als auch der Juden allein durch das Erbarmen Gottes in den Blick** (V 25-32). Das führt ihn schließlich in den Lobpreis der für den Menschen letztlich unerforschlichen Wege Gottes (V 33-36).

> *Die leitenden Motive von Paulus sind die Liebe zu den Menschen, das Erbarmen Gottes und das Lob seiner Herrlichkeit. Welche dieser Motive leiten Ihren Glauben? Welche sind möglicherweise unterentwickelt?*

- Der Rückbezug in Röm 10,21 auf Jes 65,2 macht deutlich: **Trotz aller Kritik an Israel ist es undenkbar, dass Gott sein Volk verstoßen hat.** Röm 9,8.31; 10,2f erlauben nicht die fatale Auslegung, die Kirche der Heidenchristen habe Israel heilsgeschichtlich abgelöst.
- Zur Bekräftigung kennzeichnet Paulus sein Judesein dreifach: Er ist Israelit, Sohn Abrahams und vom Stamm Benjamin (V 1).
- Am **Beispiel aus der Zeit Elias** unterstreicht Paulus, dass Gott trotz des Abfalls Israels sein Volk nicht verworfen hat, sondern einen Rest von 7000 standhaften Bekennern übrig ließ (V 3f).
- Den **Schriftbeweis für die Verhärtung Israels** (V 7, besser als „Verstockung") **führt Paulus** mit Zitaten aus der Tora (5Mose 29,3), den Propheten (Jes 29,10) und den „Schriften" (Ps 69,23), also **aus allen drei Teilen des AT.**

Mittwoch, 22. März **Römer 11,11-16**

- Um den Gedankengang dieses Abschnitts angemessen nachzuvollziehen, müssen wir seinen Autor im Blick haben. **Paulus sieht sich als „Apostel der Heiden"** (V 13) und es ist gewiss kein Zufall, dass Gott diesen Auftrag gerade ihm als frommen Israeliten, gelehrten Pharisäer und ehemaligen Christenverfolger übertragen hat (Apg 9,15).
- Die geistliche Einschätzung des Schicksals Israels wird deshalb bei Paulus nicht von einem moralischen Urteil über seinen Unglauben bestimmt. **Was ihn antreibt, ist vielmehr die Liebe zu seinem Volk und zugleich das tiefe Vertrauen in Gottes Willen, dass alle Menschen zum Heil finden** (1Tim 2,4).
- Dazu passt auch das missionarische Vorgehen des Paulus, an jedem Ort zuerst die Synagoge aufzusuchen (Apg 13,5.14.45f; 14,1; 16,13; 17,2.10; 18,4; 19,8) und erst nach der Ablehnung des Evangeliums dort der nichtjüdischen Bevölkerung das Heil in Jesus Christus zu bezeugen.
- **Nicht die Ablehnung des Evangeliums durch Israel ist für Paulus Motivation für seinen Dienst als Apostel der Heiden.** Sein Gedankengang verläuft auf dem Wege des Rückschlusses vom Kleineren zum Größeren genau anders herum (V 15). **Die zeitlich begrenzte Verwerfung Israels wird so zur Verheißung des ewigen Heils für alle Menschen, den Juden zuerst und auch den Heiden** (Röm 2,9f).
- Die prophetischen Verheißungen für **Israel als Heil für die Völker** (Jer 4,1f; Jes 2,1-4 par; Micha 4,1-3) kommen zuletzt zu ihrem Ziel (Röm 11,25), weil Israel von Beginn an zum Segen für die Völker bestimmt ist (1Mose 12,3).

> *Was hat Ihre persönliche Hoffnung auf das Heil und das ewige Leben mit der Existenz Israels zu tun? Ist christlicher Glaube ohne Liebe zu dem erwählten Volk Gottes überhaupt möglich? Warum gibt es trotzdem Menschen mit antisemitischer Einstellung, die sich als Christen verstehen?*

Samstag, 25. März — Römer 11,33-36

- Dieser **feierliche Hymnus** ist Abschluss des gesamten Gedankengangs von Röm 9–11.

→ *Inhaltlich* führt Paulus sein Nachdenken über das Schicksal Israels zu seinem Ziel und beendet ihn mit der demütigen Erkenntnis, dass Gottes Wege und Gedanken höher sind als die aller Menschen (Jes 55,8f). Wieder begründet Paulus seine Erkenntnis mit Schriftzitaten aus Jes 40,13 (V 34) und Hiob 41,3 (V 35). **Zugleich unterwirft er sich damit dem Ratschluss Gottes** und maßt sich nicht an, die göttliche Weisheit ergründen zu können.

→ *Formal* führt Paulus dies in einem **Lobpreis der Wegführungen Gottes mit Israel und mit der ganzen Menschheit** aus. Bewusst wählt Paulus hierfür eine sonst im NT nicht vorkommende hellenistische hymnische Ausrufformel. Auch die Begriffe „Tiefe", „Weisheit" und „Erkenntnis" weisen auf eine Auseinandersetzung mit den Pneumatikern seiner Zeit hin (eine Gruppierung der Gnosis, die für sich Zugang zu besonderer geistlicher Erkenntnis beanspruchte).

> *Theologie ist als „Rede von Gott" kein blutleeres Lehrsystem, sondern führt in die Anbetung Gottes und damit verbunden in das Bekenntnis menschlicher Begrenztheit. Wie kann diese Erkenntnis des Paulus in heutigen Auseinandersetzungen und Diskussionen zeugnishaft umgesetzt werden?*

- **Gott ist letztlich unverfügbar, unbegreifbar.** Könnte man ihn begreifen, wäre er nicht Gott. Er ist auch niemandem verpflichtet und Rechenschaft schuldig. **Es bleibt ein unendlicher Abstand zwischen Gott und Mensch.** Der wohl unvermeidbare Wunsch, Gottes Handeln vollkommen zu verstehen, wird durch sein Wort als immer neuer Versuch des Menschen aufgedeckt, sein zu wollen wie Gott. **Je ernster man den fernen und auch fremden Gott nimmt, desto größer wird die Erkenntnis der liebevollen Zuwendung Gottes im Evangelium von Jesus Christus.**

Sonntag, 26. März — Psalm 69,1-16

- Ein **Leidenspsalm** Davids – gleichzeitig ein **Passionspsalm!** Der erste Teil, um den es heute gehen soll, ist vor allem eine im Gebet vor Gott ausgebreitete Schilderung des Leides.
- **Wasser überall** (V 2f): Ob die Worte direkt oder übertragen verstanden werden, „real" sind sie auf jeden Fall. Es wechseln sich zwei Bilder ab: Einmal reicht das Wasser bis zum Hals und droht ihn zu überfluten; das andere Mal ist das Wasser im Boden und er droht darin zu versinken.
- **Rundum angefochten** (V 4f): Der Hals ist heiser geschrien, doch scheint Gott fern; die Feinde dagegen sind nahe, und ihrer sind viele (wie Haare auf dem Kopf). Das Leben droht zu erlöschen, was sich an den trüben Augen zeigt.
- **Sozial isoliert** (V 6–13): Er trägt „Torheit" und „Schuld" – um Gottes Willen (V 8). Er ist den eigenen Leuten entfremdet, öffentlich wird er mit Spott und Hohn überzogen. Einsam weint und fastet er.
- **„Ich aber bete ..."** (V 14–16): Er gibt nicht auf und bittet zu dem, der alles ändern und ihn retten kann – obwohl sich derzeit nichts ändert.
- Dieser Psalm gehört neben Ps 22 und 110 zu den im NT am häufigsten zitierten. Die David-Worte dienen dazu, die Schmähung und das Leiden des Davidsohns, Jesus Christus, zu beschreiben:
→ V 5 in Joh 15,23-25: Der Hass gegen Jesus.
→ V 9 in Mk 3,20f.31-35: Unter den Eigenen fremd geworden.
→ V 10 in Röm 15,1-6: Schmähungen haben Christus getroffen.

> *Greifen Sie eines der drei Beispiele heraus: Lesen Sie den Psalmvers, den Abschnitt im NT und betrachten Sie den Leidensweg Christi und was er für uns bedeutet!*

Der Leidenspsalm zeigt zweifaches: Der Messias Jesus hat für unsere Sünden und Nöte gelitten, damit wir gerettet werden. Alles menschliche, noch so große Leiden ist in Jesus Christus aufgehoben; er ist uns nahe – auch gerade mitten im Leiden. Danke, Herr!

Das Evangelium nach Matthäus

Mt stellt Jesu Wirken in die Geschichte Gottes mit Israel. Jesus ist der Messias Israels, deshalb 1. der Stammbaum am Anfang: Jesus ist Sohn Davids und Abrahams; 2. die vielen AT-Zitate: „Dies geschah, damit erfüllt würde, was gesagt wurde"; 3. der Titel „Sohn Davids" (ca. zehnmal, sonst nur noch zweimal im NT). Mit Jesus ist Israels Erwartung und die Verheißung der Propheten erfüllt.

Jesu Name: „Er wird sein Volk retten von ihren Sünden" (1,21). Das ist eine klare Absage an einen Jesus-Messias, der Davids Großreich erneuert und die Römer aus dem Land jagt. Jesu Sendung zielt auf die innere Erneuerung.

Schon bei Jesu Geburt deutet sich ein Dauerkonflikt an: Die Heiden, repräsentiert durch die Sterndeuter aus dem Osten, beten Jesus an; Herodes, der König Israels, versucht, das Kind zu töten. Jesus weiß sich „gesandt zu den verlorenen Schafen vom Hause Israel", aber die Führungsschicht und später auch das Volk lehnen ihn ab. Bei den Heiden findet er Glauben wie „bei keinem in Israel" (8,5ff; 15,21ff). Das Werden eines neuen Gottesvolkes aus allen Völkern wird sichtbar (21,43). Die Sendung der Boten durch den Auferstandenen in alle Welt (28,19f) zeigt dieses Ziel deutlich.

Mt stellt Jesus besonders als Lehrer heraus. Sein Wort, das immer Anleitung zum Tun ist, ist höchst bedeutsam. Fünf große Redeblöcke ragen im Mt hervor, die alle gleich enden: „Und es geschah, als Jesus diese Rede beendet hatte", so die Bergpredigt (Kap. 5–7), die Aussendungsrede (Kap. 10), die Gleichnisrede (Kap. 13), die Gemeinderede (Kap. 18) und die Endzeitrede (Kap. 24–25). Die Zahl „fünf" (siehe fünf Bücher Mose) und die Formulierung „Den Alten ist gesagt" (durch Mose), „ich aber sage euch" lassen vermuten, dass Mt Jesus als den neuen Mose den vorrangig judenchristlichen Lesern und an Christus interessierten Juden vorstellen will.

Dass Jesus nicht nur lehrt, sondern auch tut, was er lehrt, zeigt die Sammlung von Heilungen und Tischgemeinschaften mit Zöllnern und Sündern (Kap. 8 + 9), die auf die Bergpredigt folgt. Ergänzt wird die Bergpredigt durch die Pharisäerrede (Kap. 23). Jesus fin-

det das Reden der Pharisäer in Ordnung, nicht aber ihr Tun (23,3), ihr Umgang mit anderen lässt das Zentrum des Gesetzes vermissen, nämlich „Recht, Barmherzigkeit und Glauben" (23,23). „Ich habe Lust an der Liebe und nicht am Opfer." Dieses Wort des Hosea (6,6) gibt Jesus die Freiheit, das Sabbatgebot zu durchbrechen (12,1-8). Mt zeigt Jesus als den Sanftmütigen, Barmherzigen, Niedrigen, der die Armen und Kleinen wertachtet und von ihnen aufgenommen wird (5,5; 11,29; 18,6.10 + 14; 21,5 + 9; 25,45).
Der Passionsbericht (Kap. 26f) stellt Jesu Ohnmacht und Machtverzicht sowie sein Vertrauen auf die Übermacht Gottes (26,52-54) heraus. So erfüllen sich in ihm die „Seligpreisungen" (5,3-12). Er wird arm und empfängt Gottes Reich; er ist sanftmütig und ererbt das Erdreich ... Er wird machtlos und Gott schenkt ihm die ganze Vollmacht: „Mir ist gegeben alle Gewalt im Himmel und auf Erden ..." (28,18).

Montag, 27. März   Matthäus 26,1-16

● **Das Passafest** in Erinnerung an die Befreiung aus ägyptischer Sklaverei steht unmittelbar bevor. Im Laufe der Zeit ist es auch zu einem **Wallfahrtsfest** geworden. Schon Tage zuvor ist Jerusalem von Pilgern überfüllt.

● Wird während des Festes etwas Außergewöhnliches geschehen? Mehrfach hatte **Jesus** die Jünger auf seine Kreuzigung hingewiesen. **Nun beendet er seine Predigten und konzentriert sich auf seine eigentliche Aufgabe.** Er weiß, was jetzt zu tun ist. Die Verse 3-16 skizzieren lediglich den kontrastreichen Rahmen dazu.

> *Später wird Johannes in seinem Evangelium einige Ergänzungen und Präzisierungen vornehmen. Bitte vergleichen Sie dazu Joh 11,47–12,11. Was erfahren wir nur dort?*

● Die Vorgaben des jüdischen Gesetzes zu einem fairen Prozess sind umfangreich. Doch hier steht das Ergebnis einer angestrebten Verhandlung bereits fest. Nur der Termin der Hinrichtung ist geschickt zu wählen (V 5)!

● Es mag überraschen, dass Jesus die Einladung annimmt (V 6; vgl. Joh 11,54). Allerdings ist er hier unter seinen Nachfolgern. Ihm wird sogar **besondere Ehre** zuteil. Johannes (12,5) nennt den Schätzpreis des edlen Öls: etwa ein Jahresgehalt. Ausgerechnet die Jünger halten das für eine **Verschwendung.** Es geht ihnen um eine sinnvollere Verwendung des Geldes:

→ Es den Armen zu geben, erscheint als großzügige, soziale Geste, der Jesus nicht grundsätzlich widerspricht.

→ Bei Judas hingegen ist dies nur ein vorgeschobenes Argument; er möchte in die eigene Tasche wirtschaften, wobei er für seinen Verrat allerdings ein deutlich bescheideneres „Kopfgeld" erhalten soll (ca. drei Monatsgehälter; Joh 12,4-6; Mt 26,15).

● Nüchtern und geradezu beschämend wird **der chaotische Hintergrund** beschrieben, auf dem sich die entscheidenden letzten irdischen Stunden Jesu abspielen.

Dienstag, 28. März   **Matthäus 26,17-30**

Die Darstellung wird detailreicher. Doch wir erfahren nicht den Ort der Feier in Jerusalem. Die Vorbereitungen für das mehrgängige und liturgisch aufwändige Festessen kosten viel Zeit.

● Es ist so weit. **Festliche Stimmung scheint jedoch nicht aufzukommen.** Zu Beginn der religiösen Zeremonie holt Jesus seine Jünger in die Realität zurück: V 21: **Offensichtlich trauen sich alle einen Verrat zu.** Judas hat bisher seine Absicht verbergen können. Nun muss auch er fragen: „Bin ich es, mein Lehrer?" Anderenfalls hätte er sich selbst enttarnt. **Zweifach** (V 21.25 – vgl. Joh 13,26) **lässt Jesus erkennen: Er weiß, was Judas plant.** Er stellt ihn nicht bloß, hat sogar angesichts der eigenen Situation Mitleid mit ihm (V 24). Wir erfahren nicht, wann Judas das gemeinsame Mahl verlässt (vgl. Joh 13,21-30).

● Nicht alle Phasen und alle zu rezitierenden Texte dieses besonderen Erinnerungsmahles werden berichtet. Es geht zuerst um die Befreiung Israels damals. Und es geht dabei immer auch um die vermutlich unausgesprochenen Hoffnungen auf Befreiung von den Römern. **Gibt dieser Abend das Signal zum Aufbruch? Was wird Jesus unternehmen?** Wird er das angekündigte und ersehnte Gottesreich jetzt errichten? Manche spekulieren sogar, Judas wollte genau das mit seinem Verrat erzwingen.

● Nichts davon. Jesus handelt an diesem Abend wie ein Familienvorstand (V 26-28). **Ohne große Worte gibt er dem Fest eine neue Bedeutung: Er bezieht es auf sich. Er wird durch das Vergießen seines Blutes retten.**

> ✎ *Diese Formulierungen müssen wortgetreu in Erinnerung geblieben sein. Vgl. dazu 1Kor 11,24f. Bis heute sind sie Grundlage der Abendmahlsfeiern weltweit.*

● V 29 hat zu Spekulationen Anlass gegeben. Vermutlich will Jesus hier sagen, dass sie erst in der Ewigkeit wieder vereint und miteinander das festliche Mahl halten werden.

Mittwoch, 29. März Matthäus 26,31-35

● Auch in den Stunden nach der Feier kommt keine Feststimmung auf. Judas ist zwar nicht mehr dabei. Doch auch den anderen Jüngern kündigt Jesus an, dass sie sich nicht sehr von ihrem Mitschüler unterscheiden. **In wenigen Stunden werden auch sie ihn verlassen und „Ärgernis nehmen" an ihm.** Keiner wird sich später als Held aufspielen können.

> *Schafe ohne Hirten. Gott bzw. Jesus ist der eigentliche Hirte (Pastor) seines Volkes. Lesen Sie dazu: Ps 23 und Hes 34,11ff sowie Kap 9,36 und Joh 10, 11ff.*

Auch die künftigen Apostel taugen von sich aus nicht als Hirten.
● V 32: Jesus ist sich nicht nur seines bevorstehenden Todes gewiss. **Er rechnet zugleich fest damit, auferweckt zu werden.** Es wird mit ihm weitergehen. Doch das scheint die Jünger gerade nicht zu interessieren.
● Vielmehr sind die Männer an ihrer Ehre gepackt. **Sie halten sich für stark.** Natürlich werden sie zusammenstehen und ihren Lehrer nicht allein lassen. Der „Klassensprecher" Petrus meldet sich: Wenn schon die anderen Jesus verraten, ich ganz sicher nicht! Woher kommt solche **Selbstüberschätzung?**

> *Auch wenn wir uns nicht mit den Jüngern und ihrer einmaligen Situation vergleichen können: In welcher Situation haben Sie sich für einen mutigen Bekenner Jesu gehalten und sind kurz darauf kläglich gescheitert?*

● Jesus wird deutlicher: „Diese Nacht ... wirst du mich ... verleugnen." Das ist so sicher wie das Amen in der Kirche. Jetzt ist die **Ankündigung sehr präzise:** vor dem ersten Hahnenkrähen in den frühen Morgenstunden. Allerdings ist Petrus so aufgewühlt, dass er nicht einmal jetzt auf eine Widerrede verzichtet. Zum gemeinsamen Sterben bereit? Jesus reagiert nicht nochmals. Es ist alles gesagt.

Donnerstag, 30. März **Matthäus 26,36-46**

- Orts- und Szenenwechsel. Unerwähnt bleibt, ob die so selbstsicheren Jünger die Zuspitzung der Lage wahrnehmen. Jesus verhält sich anders, als sie es nun seit Jahren von ihm gewohnt sind. Der Kreis um ihn wird immer kleiner. Es bleiben die Drei, die schon in anderen besonderen Situationen mit ihrem Herrn waren. Unter ihnen der Wortführer von eben.

> *Um welche Situationen handelt es sich? Lesen Sie bitte Kap. 17,1ff. Schon hier sind die Drei in einer besonderen Situation. Anders in Kap. 20,20ff. Auch dort ist vom „Kelch" die Rede, den Jesus wird trinken müssen.*

- Jesus ist zutiefst erschüttert (vgl. Joh 12,27) **und sucht in dieser Situation den Beistand seiner Jünger.** Er bittet sie um wache Anteilnahme und Gebet. Doch damit sind sie bereits überfordert. Dreimal versagen sie kläglich, werden immer wieder vom Schlaf übermannt. **Hier sehen wir alles andere als ein standhaftes, waches Team, auf das Jesus sich in seiner Not verlassen könnte.** Nichts erfahren wir darüber, was sie in dieser Situation so versagen lässt. Der Fokus bleibt allein auf Jesus.
- Er ist allein mit dem himmlischen Vater. **Der Sohn Gottes ist ganz Mensch, er ängstet sich vor dem Tod. Hier tritt kein Superheld auf, sondern ein zutiefst angefochtener Mensch.** Der vergiftete „Kelch" ist in der Antike ein bekanntes Symbol für das Todesurteil (vgl. Sokrates, der vor seinem Tod den Giftbecher trank). **Kann die Erlösung der Menschheit nicht auch ohne dieses Lebensopfer geschehen** (V 39)? Eine letzte bittere Vergewisserung folgt offenbar. Danach betet Jesus anders (V 42) und willigt in seinen Tod ein. Mehr erfahren wir aus diesem Zwiegespräch nicht.
- Offenbar gestärkt geht Jesus aus dem Gespräch mit seinem Vater heraus (V 45f) Er läuft nicht weg, sondern geht entschlossen seinem Verräter und damit seiner Verhaftung entgegen.

Freitag, 31. März   **Matthäus 26,47-56**

- Haben die Jünger nicht bemerkt, dass sich eine größere Gruppe dem Garten nähert? Jetzt erst taucht Judas wieder auf. Die Anrede („Sei gegrüßt, mein Lehrer") und der Kuss sind **pure Heuchelei und verabredetes Zeichen**.
- Jesu bezeichnet ihn weiter als „Freund" und stellt sich bereitwillig der Festnahme (mehr berichtet Joh 18,2ff).
- Einer – aus Rücksicht auf die Funktion des Petrus in der frühen Gemeinde scheint sein Name hier nicht genannt zu werden (vgl. aber Joh 18,10) – wird immerhin aktiv. Aufgrund der bewaffneten Übermacht der Soldaten ist das ein aussichtsloses Unterfangen. Zumindest ein Versuch, zu Jesus zu stehen. Der Schwerthieb richtet wenig aus. Luk 22,51 berichtet, wie Jesus den Schaden heilt.
- Ist V 52 eine Ankündigung, dass Petrus später eines nicht natürlichen Todes sterben wird? Oder doch eher eine **Ermahnung zum Gewaltverzicht**, wenn es um die Sache Gottes geht? Nicht selten haben sich Christen und Kirchen in der Geschichte nicht daran gehalten.
- Eben noch hatte Jesus im Gebet seine Bereitschaft bestätigt, den ihm vorgegebenen Weg zu Ende zu gehen. Deshalb ist auch **ein Eingreifen göttlicher Macht jetzt für ihn keine Option**. Doch welche Träume der Jünger gehen in diesem Moment wohl kaputt?
- **Die Situation ist grotesk**, der Aufwand des römischen Militärs ist absolut überzogen. Doch eine öffentliche Festnahme wollte man bewusst vermeiden.

> *Zu V 56: Vielfach bezieht sich Jesus auf Prophezeiungen der alttestamentlichen Propheten. Der Schriftbeweis ist ihm wichtig. In ihm erfüllt sich, was vor Jahrhunderten angekündigt wurde – oft bis in einzelne Details. Nach seiner Auferstehung wird sich daran nichts ändern: Bitte lesen Sie dazu auch Luk 24,25-27 und 44ff.*

- Die Selbstsicherheit der Jünger ist endgültig verschwunden. Alle laufen davon.

Samstag, 1. April   **Matthäus 26,57-68**

- Das Urteil über Jesus steht bereits fest (vgl. V 4). Doch muss wenigstens **zum Schein ein Verfahren eröffnet werden**. Besser vor dem Morgengrauen schon einmal mit dem Prozess beginnen. Der Kreis der Ankläger und selbsternannten Religionsrichter um den Hohenpriester Kaiphas scheint bereits parallel zur Festnahme Jesu einberufen worden zu sein. So kann man gleich mit der Anklageerhebung beginnen.

- Immerhin folgt Petrus dem Geschehen mit respektvollem Abstand – offenbar noch immer von der eigenen Stärke überzeugt. Was erwartet er? Wie soll das enden? Erinnert er sich noch immer nicht an die wiederholten Ankündigungen Jesu?

- **Der Verhandlungsverlauf zieht sich hin, die Zeugen widersprechen sich, die erforderlichen Belege für eine Verurteilung fehlen.** Und Jesus schweigt. Er verteidigt sich nicht, was das Problem für die Ankläger noch vergrößert.

- Was eigentlich vermieden werden sollte, muss nun ausgesprochen werden (V 63). Seit Langem haben die religiösen Führer darauf hingewiesen, dass Jesus nicht der Messias sein kann. Ihn nun selber zu fragen, muss Kaiphas eine große Überwindung gekostet haben: **Jesus, der Sohn Gottes?**

- Jesus bestätigt kurz – mehr noch: Er ergänzt und weist darauf hin, dass er **nach Dan 7,13 der verheißene Menschensohn – Weltenrichter ist, der machtvoll auf die Erde zurückkehren wird.**

- Nun gibt es für den Hohenpriester und seine Gefolgschaft kein Zurück mehr. **Weil nicht wahr sein darf, was Jesus sagt, muss es sich um Gotteslästerung handeln.** Nach jüdischen Vorstellungen ist das **mit Todesstrafe zu ahnden.** Die Menge ist sich schnell einig. Allerdings hatte sich die römische Besatzungsmacht vorbehalten, solche Urteile zu fällen und sie auszuführen.

- Wie weit die Verhandlung von einem fairen Prozess entfernt ist, zeigt sich auch daran, dass die Ankläger tatenlos zusehen, wie der blinde Hass gegen Jesus sich in Schlägen, Schmähungen und höhnischem Spott austobt.

Palmsonntag, 2. April Psalm 69,17-37

● Wir lesen und bedenken die zweite Hälfte des am letzten Sonntag angefangenen Psalms. Das Klage- und Bittgebet wird fortgesetzt, doch am Ende zeigt sich: Gottes Rettung ist geschehen. Der Psalm schließt darum mit Lob und Dank.

● **Gebet um Erhörung und Erlösung** (V 17-19): Es ist eine ganze Serie von Bitten: „Erhöre mich (eilends) ..., verbirg nicht ..., nahe dich ..., erlöse ...!" Begleitet werden die Bitten von Gründen („denn, um ... willen"), die Gott zum Eingreifen bewegen wollen. Gottes Wesen (Barmherzigkeit), die eigene Not (Angst), und das Verhalten der Feinde werden angeführt.

● **Scham und Schande** (V 20-22): Das erfahrene Unrecht und Elend wird im Gebet ausgebreitet. Das ist wichtig und man soll aus dem Herzen keine Mördergrube machen. Der Betende erfährt vor allem soziale Ächtung; er empfängt Gift statt Trost.

● **Richten und Retten** (V 23-30): Das Gebet wendet sich zu Gerichtswünschen. Unrecht muss geahndet und Gerechtigkeit wiederhergestellt werden. Das Recht wird aber nicht selbst in die Hand genommen, sondern Gott anbefohlen. Geäußert sind die Worte aus Sicht des Opfers, nicht des Täters. Jesus nimmt als Opferlamm die ganze Sündenlast auf sich, damit wir nicht dem Gericht verfallen, sondern das Leben haben. Im Schlussvers des Abschnitts (V 30) deuten sich Karfreitag und Ostern an.

● Auch Worte aus dem zweiten Teil dieses Psalms dienten dazu, Jesu Leiden und Sterben auszudrücken und zu verstehen.

> *Lesen Sie V 22 und Mt 27,33f.46-50 und vergegenwärtigen Sie sich das Leiden Christi – zu unserer Rettung! Wir empfangen statt Galle und Essig Brot und Wein am Tisch des Herrn.*

● **Lob und Dank nach erfolgter Rettung** (V 31-37): Ein Rettungsgeschehen wird nicht berichtet, aber **das Loblied und die Worte zeigen, dass Gott eingegriffen und das Leben obsiegt hat.**

Montag, 3. April   **Matthäus 26,69-75**

- Petrus sitzt in scheinbar sicherer Distanz unter dem Dienstpersonal. Kein mutiger oder wenigstens leiser Protest gegen die offensichtliche Ungerechtigkeit, die sich da vor seinen Augen abspielt. Nur nicht auffallen! Die vollmundigen Aussagen (V 35) sind erst wenige Stunden alt.
- Es hätte ja gut gehen können. Dass ausgerechnet einfache Dienstmädchen ihn zuerst als „einer von denen" identifizieren, mag peinlich gewesen sein. Gut für Petrus: Das Wort von Frauen galt damals nicht viel. Als Zeuginnen waren sie nicht zugelassen. So versucht er, sich erst einmal herauszureden. Hatte er sich vorher überlegt, was er sagen würde?
- Auch ein Ortswechsel bessert seine Lage nicht. Weit davon entfernt, sich zu seinem Herrn zu bekennen, macht ihn auch sein Dialekt verdächtig. **Auf die Ausrede folgen die Leugnung, Jesus zu kennen, schließlich Selbstverfluchung und Meineid. Die Verleugnung Jesu lässt Petrus immer tiefer in persönlicher Schuld verstricken.**

> *Auch hier lohnt ein Blick in die Texte der anderen Evangelien: Bitte lesen Sie Joh 18,15-18.25-27. Der „andere Jünger" mit Kontakten zum Umfeld des Hohenpriesters dürfte Johannes selbst sein, der sich im Evangelium nie beim Namen nennt – eine typische stilistische Form. Es bedarf der Fürsprache, dass Petrus überhaupt in den Hof des Dienstpersonals eintreten kann. Auch eine Begegnung mit einem Verwandten seines Opfers vom Garten Gethsemane bleibt ihm nicht erspart. Nichts lässt ihn aufmerken.*

- **Es braucht den Hahnenschrei.** Jetzt ist sein Versteckspiel vorbei. Er kann sich nur noch davonschleichen, gepackt von Tränen bitterer Reue. Wie es mit ihm weitergeht, erfahren wir an dieser Stelle nicht. Erst am Ostermorgen werden es wiederum Frauen sein, die ihm die Nachricht von der angekündigten Auferweckung Jesu überbringen.

Dienstag, 4. April   Matthäus 27,1-14

● Beim **Verhör vor dem Hohen Rat** hatte Jesus freimütig bekannt, Gottes Sohn zu sein (Mt 26,64). Deshalb beschließt nun die Religionsbehörde, dass Jesus getötet werden soll. Allerdings darf sie kein Todesurteil verhängen. Deshalb muss Jesus an den römischen Prokurator Pilatus ausgeliefert werden; er allein kann die Todesstrafe durch Kreuzigung verhängen (V 2).

● Die Szene wird in V 11-14 fortgesetzt. Aus dem eigentlichen **Anklagepunkt der Gotteslästerung wird vor Pilatus der Vorwurf, Jesus sei der König der Juden** (V 11). In den Ohren von Pilatus muss das so klingen, dass der Aufruhr eines selbsternannten Königs droht. So wird aus dem religiösen Prozess gegen Jesus ein politischer.

● Weil die jüdischen Ankläger Jesus heftig beschuldigen (V 12), fordert Pilatus Jesus auf, sich zu verteidigen. Doch **Jesus schweigt zu allen Anschuldigungen**, so, wie der leidende Gottesknecht in Jes 53,7. Allein auf die Frage des Statthalters: „Bist du der König der Juden?", antwortet Jesus bestätigend: „Du sagst es" (V 11). Dass er anschließend wieder schweigt, verwundert Pilatus.

● Eingeschoben in die Schilderung des Prozesses gegen Jesus ist ein **Bericht über den Tod des Judas**. Es bleibt **rätselhaft, warum Judas Reue zeigt**. Als er bemerkt, dass Jesus zum Tod verurteilt werden soll, versucht er, seinen Verrat rückgängig zu machen. Doch Hohepriester und Älteste zeigen ihm die kalte Schulter (V 4). Anders als Petrus, der Jesus verleugnet hat, dies aber tief bereut und zu Jesus zurückfindet, bleibt Judas allein. Am Ende sieht er als Ausweg nur noch die Selbsttötung. Wie tragisch! **Jesu Vergebung hätte ihn von seiner Schuld befreien** und Hoffnung schenken **können**.

> ✎ *Reue kommt manchmal zu spät. Wer bereut, wendet sich am besten an Gott und überlässt sich nicht einer letzten Verzweiflung.*

Mittwoch, 5. April Matthäus 27,15-30

● **Pilatus** möchte den Prozess gegen Jesus in seinem Sinn steuern und offensichtlich dessen **Verurteilung verhindern. Drei Gründe sind dafür erkennbar:**

→ Er hat erkannt, dass die Ankläger Jesus aus Neid und Missgunst verurteilt sehen möchten (V 18).

→ Seiner Frau ist in einem Traum klar geworden, dass Jesus ein Gerechter ist (V 19); damit warnt sie ihren Mann vor einer ungerechten Verurteilung.

→ **Pilatus ist offenbar von Jesu Unschuld überzeugt** (V 23); er führt an, dass Jesus von manchen als Christus (Messias) bezeichnet wird (V 17.22).

● Um eine Verurteilung Jesu zu verhindern, bringt **Pilatus** eine Amnestie zum Passafest ins Spiel, bei der er einen Gefangenen freigibt. Er **stellt das Volk vor die Wahl, sich entweder für Jesus oder für Barabbas**, einen vermutlich gewalttätigen Anführer der Zeloten, **zu entscheiden**. Die aufgewiegelte Menge entscheidet sich zur Überraschung von Pilatus für Barabbas. Für Jesus fordern sie unerbittlich, dass er gekreuzigt wird. Wie **grotesk: Jesus, zu Unrecht als Aufrührer angeklagt, soll gekreuzigt werden**, Barabbas, der Terrorist, aber tatsächlich freikommen.

● Jetzt zeigt Pilatus sein wahres Gesicht: Obwohl er von Jesu Unschuld überzeugt ist, gibt er dem Mob nach. Schließlich möchte er es nicht mit den Juden verscherzen und seine Stellung als Prokurator gefährden. Mit der sich selbst von aller Schuld freisprechenden Geste des Händewaschens (vgl. Ps 26,6; 73,13) will er zeigen, dass er mit dem Tod Jesu nichts zu tun hat. Dann übergibt Pilatus Jesus an seine Soldaten zur Kreuzigung.

● **Pilatus und der Hohe Rat, Juden und Heiden sind als Vertreter der ganzen Menschheit am Tod Jesu beteiligt und mitschuldig.**

Bis zum heutigen Tag existieren Hass gegen Jesus und Ablehnung. Worin sehen Sie die Ursachen für diese abweisende Haltung gegenüber Jesus?

Karsamstag, 8. April   Matthäus 27,57-66

- Weil in wenigen Stunden der Sabbat beginnt, drängt die Zeit. Denn an diesem Tag darf kein Leichnam am Kreuz hängen. Nach 5Mose 21,22f muss ein zum Tod Verurteilter noch vor Einbruch der Nacht bestattet werden.
- **Josef von Arimathäa** war ein angesehenes Mitglied des Hohen Rates (Mk 15,43), zugleich auch heimlich ein Jünger Jesu (V 57). Das Todesurteil des Hohen Rates über Jesus billigte er nicht (Lk 23,51). In Jerusalem hatte er sich schon ein **Familiengrab** in einen Felsen schlagen lassen, ganz in der Nähe der Kreuzigungsstätte Golgatha. Über beide Orte wurde später die Grabeskirche in Jerusalem gebaut.
- Josef will sich um die Bestattung kümmern. Mutig geht er zu Pilatus und erbittet sich von ihm die Herausgabe des Leichnams Jesu und wickelt ihn in leinene Tücher. Dabei hat ihn Nikodemus unterstützt (vgl. Joh 19,39). **Am Spätnachmittag des Karfreitags wird Jesus** dann **in Josefs Grab bestattet.** Damit dieses nicht ausgeraubt werden kann, wird ein Stein vor die Graböffnung gewälzt.

> *„Gekreuzigt, gestorben und begraben …", so bekennen wir im Glaubensbekenntnis. Warum ist es für unseren Glauben so wichtig, dass Jesus begraben worden ist?*

- Zwei Frauen mit Namen Maria, die schon in V 56 genannt wurden, sitzen in der Nähe des Felsengrabes. Sie wissen, wo man Jesus bestattet hat, ohne zu ahnen, dass sie bald zu den ersten Zeuginnen seiner Auferstehung werden.
- Hohepriester und Pharisäer fordern von Pilatus, eine **Wache an Jesu Grab** zu stellen. Sie befürchten, die Jünger könnten Jesu Leichnam stehlen und danach behaupten, Jesus sei auferstanden. Obwohl die Wachmannschaft das Grab sichert, „so gut sie können" (V 66), und den Rollstein versiegelt: **Gegen Gottes Macht kommen sie nicht an.** Gottes Sohn kann man nicht im Grab festhalten!

Ostersonntag, 9. April — Matthäus 28,1-10

- Es ist Ostermorgen, doch **von Osterfreude noch keine Spur**. Kein Jubelruf: „Der Herr ist auferstanden!" Im Gegenteil: Die beiden Frauen mit Namen Maria (vgl. 27,61) kommen voller Trauer zum Grab Jesu. Sie wollen seinen Leichnam balsamieren (vgl. Mk 16,1) und ihrem toten Herrn so die letzte Ehre erweisen. Aber sie sind ohne Hoffnung.
- Das Ereignis der Auferstehung wird in keinem der vier Evangelien geschildert, sondern von einem Engel berichtet. Dazu erwähnt Mt, dass – wie auch bei der Kreuzigung Jesu – seine Auferweckung von einem Erdbeben begleitet wird.
- **Die erschrockenen Frauen werden von dem Engel am Grab mit den Worten: „Fürchtet euch nicht!" beruhigt** (vgl. Lk 2,10). Dann schickt er sie mit der Botschaft, dass Jesus auferstanden ist, zu seinen Jüngern. **Der Gekreuzigte ist nicht im Grab geblieben**, sondern von Gott zu einem neuen, unvergänglichen Leben auferweckt worden (vgl. 1Kor 15,44).

> ✎ *Warum ist es den Evangelisten so wichtig zu betonen, dass das Grab Jesu leer gewesen ist?*

- Unterwegs **begegnet der auferstandene Jesus selbst den beiden Frauen** und bekräftigt den Auftrag des Engels. Dass Maria von Magdala und die andere Maria zu den ersten Zeuginnen der Auferstehung Jesu werden, war für die damalige Zeit bemerkenswert, ja geradezu anstößig. Denn Frauen hatten damals vor Gericht kein Zeugenrecht. Aber Jesus bringt den beiden Frauen damit eine neue, wertschätzende Würde entgegen.
- Im Gegensatz zu den Frauen sind **die Jünger** ihrem Herrn in der entscheidenden Stunde davongelaufen. Zwei von ihnen haben ihn sogar verleugnet (Petrus) und verraten (Judas). Aber trotz dieses jämmerlichen Versagens wendet **Jesus** sich nicht von ihnen ab, sondern hält an ihnen fest und **nennt sie „meine Brüder"** (V 10). In Galiläa will er ihnen wieder begegnen und sie neu beauftragen.

Ostermontag, 10. April — Matthäus 28,11-20

● **Das Grab Jesu war leer,** denn Gott hatte den Gekreuzigten auferweckt. Doch diese Tatsache wollen die Hohenpriester und Ältesten nicht wahrhaben. Deshalb werden die Wachsoldaten mit viel Geld bestochen. Sie sollen in der Öffentlichkeit behaupten, dass die Jünger Jesu Leichnam gestohlen haben. Die Nachricht von der Auferweckung Jesu führt zu unterschiedlichen Reaktionen: Während die einen von Betrug reden (V 11-15), schenken ihr andere das Vertrauen (vgl. 1Kor 1,18.23).

● Im Bergland Galiläas, wo Jesus zu Beginn seiner Wirksamkeit aufgetreten ist, treffen die elf Jünger ihren auferstandenen Herrn. Jesu Gegenwart überwindet aber nicht bei allen Jüngern ihre Zweifel. Aber **Jesus lässt die Zweifelnden nicht fallen, sondern schließt sie barmherzig in seine Beauftragung mit ein.**

● Von einer **doppelten Zusage** Jesu wird sein **Auftrag zur Weltmission eingerahmt:**

→ Allem Zweifel setzt Jesus zunächst seine Verheißung entgegen, dass ihm **von Gott alle Macht gegeben** ist.

→ Abgeschlossen wird der Auftrag mit seiner **Beistandszusage,** die bis ans Ende der Weltzeit gilt. Denn es gibt keinen Ort und keinen Zeitraum, wo wir ohne Jesus sein müssen.

● Mit dieser Gewissheit im Rücken sendet Jesus seine Jünger in die Welt hinaus, **das rettende Evangelium** nicht nur dem Volk Israel, sondern **allen Menschen zu verkündigen** und sie zu Nachfolgern Jesu zu machen. Denn die gute Nachricht von Gottes Liebe und Vergebung kennt keine nationalen Grenzen. Zur **Taufe** auf den Namen des dreieinigen Gottes müssen der **Gehorsam gegen Jesu Wort und die biblische Lehre** kommen, damit der Glaube ein festes, tragfähiges Fundament erhält.

> *Mission in aller Welt ist keine Zusatzaufgabe für Spezialisten, sondern der ursprüngliche Auftrag Jesu an seine Leute. Wie denken Sie darüber? Was können Sie dazu beitragen?*

Dienstag, 11. April — Römer 12,1-8

Paulus will in den folgenden Kapiteln die Bedeutung des neuen Lebens für die Gemeinde entfalten.

• Die Verse 1-2 wollen als Überschrift verstanden werden, um die **Grundlage der Ethik** zu verdeutlichen.

• Gottes Barmherzigkeit ist Grund und Antrieb der Ethik. Sie fordert uns Christen heraus, bewusst anders zu leben. **Mit allen Bezügen des eigenen Lebens („Leib" und „Sinn") sollen wir uns Gott und seinem Willen zur Verfügung stellen.** Es geht um den Gottesdienst im Alltag. Allerdings beschreibt Paulus seine Ethik in einer Sprache des Opferkults, die dem heutigen Leser eher fremd ist. Es geht dabei um die **Verwirklichung eines Lebens aus der Kraft der Liebe.** Den Begriff „Opfer" könnte man darum auch übersetzen mit: Lebenshingabe.

• Die Verse 3-8 bedenken die **Bedeutung der Charismen für das Leben der Gemeinde.** Alle Christen haben von Gott Gaben empfangen. Diese gilt es gemeinschaftlich zu entdecken, zu fördern und fruchtbar zu machen.

• Dabei muss eine „Gnadengabe" nicht unbedingt etwas Außergewöhnliches darstellen. Es kann eine Begabung sein, die einem von früh auf in die Wiege gelegt worden ist oder die mit dem Glauben geschenkt wurde. **In jedem Fall darf sie für den Dienst in der Gemeinde nützlich sein** (1Kor 12,7) **und soll nicht eigennützig für das eigene Ansehen oder zur Selbstdarstellung missbraucht werden.** Genannt werden hier beispielhaft Gaben, die aus dem Glauben heraus auszuüben sind. Darin sollen Christen gemeinschaftsfähig werden und die Gemeinde als Lebensraum aus einem erfüllten Leben der Liebe heraus gestalten.

Welche Gabe, Fähigkeiten, Kompetenzen hat Ihnen Gott geschenkt, damit Sie Ihre Gemeinde und deren Mitglieder unterstützen können? Mit wem könnten Sie darüber sprechen, wie Sie Ihre Fähigkeiten in die Gemeinde noch gezielter einbringen können?

Mittwoch, 12. April   Römer 12,9-16

- Es folgt nun eine **lockere Aneinanderreihung** von Mahnungen wie Perlen auf einer Schnur. Dabei beziehen sich die Verse 9-13 auf das innergemeindliche Verhalten, während sich die Verse 14-21 nach außen richten. **Das verbindende Motiv aller Mahnungen ist die Liebe und das Tun des Guten.** Diese inhaltliche Klammer zeigt sich in den Versen 9 und 21.
- V 9: **Die gelebte Liebe ist somit der Herzschlag der Ethik.** Sie versucht, jeweils konkret und situationsbezogen umzusetzen, was Gottes Anliegen für die Menschen ist. Sie gewinnt ihre Kraft aus der uns von Gott geschenkten Liebe, als Christus für uns starb und uns mit Gott versöhnte, als wir noch Sünder waren (vgl. Röm 5,8).
- Die Liebe wird praktisch und gewinnt im Folgenden vielerlei Gestalt: Das Überwinden des Bösen durch das Tun des Guten, die Hilfe gegenüber Not leidenden Glaubensgeschwistern, das Gewähren von Gastfreundschaft, das Segnen der Verfolger und eine gelebte Empathie. Hier zeigt sich die Erneuerung des Sinnes und dass sich die Christen nicht der Welt mit ihrer Moral anpassen (V 2).
- V 12 könnte ein **Motor der Ethik** sein. Die Blickrichtung geht nach vorne. Nicht Defizite, sondern die Hoffnung soll unser Handeln bestimmen. So streben wir zuversichtlich nach dem, was mit Gottes Hilfe möglich wird, und ertragen gelassen unvermeidliche Belastungen und Einschränkungen. In allem hilft das Gebet, sich nicht von dem eigenen Unvermögen lähmen zu lassen. Solches Verhalten ist nicht anspruchslos. Es fordert uns immer wieder heraus, situationsgerecht zu entscheiden und förderlich zu handeln.

> *An welchen Stellen in dieser Kette von Mahnungen, Forderungen und Geboten werden Sie herausgefordert, als Christ neu und anders zu reagieren, damit die Liebe Christi Gestalt in Ihrem Alltag gewinnen kann?*

Donnerstag, 13. April   Römer 12,17-21

- Eine neue inhaltliche Klammer wird in den Versen 17 und 21 sichtbar. Es wird hier die spannende Frage gestellt, wie eine wiederkehrende Kette, das erfahrene Böse mit Gleichem zu vergelten, durchbrochen werden kann? Diese Dynamik wird alltäglich von vielen immer wieder praktiziert und durchlitten – und zwar nicht nur „draußen", sondern auch innerfamiliär oder innergemeindlich. Das „Wie du mir, so ich dir" ist eine Logik, die ganz tief in uns Menschen verankert ist. **Der Ausstieg kann nur mit bewusstem Vorsatz bei einem selbst gelingen.** Nur so sind alle folgenden Überlegungen verständlich.
- V 17 fordert auf, die Dynamik, Böses mit Bösem zu vergelten, zu durchbrechen. Das Gute und Förderliche soll sich im Verhalten durchsetzen.
- V 18: **Das oberste Ziel ist, versöhnlich zu leben, Frieden zu stiften.** Das heißt aber nicht, jedem Konflikt, der sich stellt, auszuweichen und ihn zu vermeiden. Es geht darum, Konflikte friedlich zu bearbeiten und zu lösen.
- V 19: Christen verzichten als praktische Konsequenz auf Rache. Sie vertrauen darauf, dass Gottes Wirklichkeit sich auch in den menschlichen Beziehungen heilsam durchsetzt. Selbst Rachefantasien werden Gott überlassen, vielleicht in der Hoffnung, dass seine Liebe mit der Zeit Wunden heilt. **Der Christ verzichtet jedenfalls darauf, sich als Richter oder Rächer aufzuspielen, und überlässt diese Rolle Gott.**
- V 20f: Die Konfliktdynamik lässt sich auch damit durchbrechen, dass man **dem vermeintlichen Feind aus freien Stücken etwas Gutes tut.** Hier werden elementare Dinge des Lebens aufgezählt: wie Durst löschen oder Hunger stillen. Es könnten auch andere Dinge sein, um auf etwas zugunsten des anderen zu verzichten.

> *Was könnte Sie bewegen, bewusst darauf zu verzichten, auf das Nein des Gegenübers mit Ihrem Nein zu antworten?*

Freitag, 14. April   **Römer 13,1-7**

● Mit Röm 13,1 beginnt ein neuer Abschnitt. Dabei geht es in den Versen 1-7 um das **Verhältnis der Christen zum Staat. Dieser hat von Gott her die Funktion, das Böse zu ahnden und das Gute zu fördern.** Durch den Kontext wird deutlich, dass das Gute inhaltlich durch die Liebe bestimmt ist (vgl. 12,9-10 mit 13,8-10).

● **V 1 fordert zur Unterordnung unter den Staat auf.** „Gewalt" entspricht dem lat. Begriff „potestas" und meint die obrigkeitlichen Ämter des römischen Staats. Dies wird damit begründet, dass Gott grundsätzlich den Staat mit seinem Gewaltmonopol eingesetzt hat. Im AT ist der Gedanke geläufig, dass kein König regieren kann, den Gott nicht beruft und erwählt – und den er auch wieder absetzen kann (vgl. Dan 2,21).

● V 2 ist eine **Warnung, sich der staatlichen Macht zu widersetzen.** Interessanterweise erwägt Paulus nicht, dass auch der Staat übergriffig werden könnte und Recht und Ordnung verletzt. Zahlreiche Verstöße der Staatsgewalt waren den Zeitgenossen damals bewusst (vgl. auch Jesu Wort in Mt 20,25). **In Röm 13 wird die Gehorsamsforderung gegenüber dem Staat nicht relativiert** (anders Apg 5,29). Die Loyalität dem Staat gegenüber findet aber da ihre Grenze, wo das an Gottes Wort gebundene Gewissen ihr widersprechen muss.

● V 5 liefert **eine doppelte Begründung**: Unterordnung, nicht allein wegen der möglichen Strafe, sondern auch um des eigenen Gewissens willen. Die Gemeinde weiß um das Wächteramt des Staates über Gut und Böse, der sich darin im Dienste Gottes erweist.

> ✎ *Wie anders darf das heutige Verhältnis der Christen zum Staat sein! In der Demokratie ist das scharfe Gegenüber von Herrschenden und den Regierten aufgehoben. Jeder kann sich einbringen, wählen und gewählt werden und durch die drei Staatsgewalten den Staat kontrollieren.*

Samstag, 15. April   **Römer 13,8-14**

● Die Verse 8-10 sind der **Zielpunkt** der allgemeinen Ermahnungen von Röm 12 und 13. **Die gelebte Praxis der Liebe ist die Erfüllung des Gesetzes** (vgl. auch Gal 5,14). Das Gebot der Nächstenliebe fasst den zweiten Teil der Zehn Gebote inhaltlich zusammen. Paulus zitiert hier allerdings nur eine Auswahl des zweiten Teils des Dekalogs (vgl. 5Mose 5,17-21).

● Die Aufforderung in V 8, keinem etwas schuldig zu bleiben, nimmt V 7a auf.

● In den Versen 11-14 werden die Mahnungen in den **eschatologischen Horizont** gestellt. Die Gegenwart des Apostels ist geprägt von der **Zeitenwende**, vom Nahesein der endgültigen Rettung. Diese Zeitansage gibt den Mahnungen eine besondere Bedeutung und Dringlichkeit. Jetzt ist der **Kairos, d. h. der von Gott bestimmte Zeitpunkt, aufzuwachen und einen neuen Lebensstil** anzunehmen. Es ist **ein endzeitlicher Weckruf**, ähnlich 1Thess 5,4.6. Schon bei Jesus finden wir dieselbe Zeitansage, dass nämlich das Reich Gottes nahe herbeigekommen ist (vgl. Mk 1,15).

● Die **eschatologische Spannung** wird in den Bildern Nacht-Tag; Finsternis-Licht ausgedrückt, dann in drei negativen Doppelpaaren beschrieben (V 13). Das Leben im Licht der Ewigkeit ist dagegen von Jesus Christus bestimmt und wird von ihm erfüllt.

● In V 14 werden die Christen in direkter Rede aufgerufen, **Jesus Christus „anzuziehen"**, wie einen neuen Anzug. Christus soll durch Christen hindurch scheinen und ihr Wesen bestimmen. In Phil 3,10 beschreibt Paulus es so, dass wir mit Christus gleich gestaltet werden und unser Leben so auf ihn hinzeigt.

Ob wir auf Mitternacht zugehen („es ist fünf vor zwölf!") oder dem Anbruch des Tages Jesu Christi – seiner Wiederkunft – entgegenleben, hat unterschiedliche Auswirkungen auf unsere Lebensgestaltung. Welche?

Sonntag, 16. April   Psalm 116

• Ps 116 ist eine Gebetsvorlage zum persönlichen **Dankgebet**. Zugleich erinnert er an die alttestamentliche Dankopferfeier (bes. V 13ff): Wer Gottes Hilfe erfahren hatte, bezeugte dies öffentlich im Gottesdienst mit seinem Dankopfer (V 17).
• Uns ermutigt Ps 116 zum konkreten Dank und zu einer **Haltung der Dankbarkeit**.
• Der Psalm beginnt – gleich einer Überschrift – mit einem Bekenntnis, ja mehr noch mit einer Liebeserklärung. Das folgende Gebet soll von dieser Grundhaltung gegenüber Gott getragen sein.
• Dann erinnert der Beter in V 3f an die Not, die ihm so sehr zu schaffen machte: „Stricke des Todes hatten mich umfangen". Als **Todeserfahrung** beschreiben die Menschen des AT alles, was dem Leben widerstrebt. Leid wird empfunden, als greife der Tod aus der Unterwelt nach einem. Die Erfahrung von Hilfe wird dagegen als **Rückkehr in die Welt der Lebenden** beschrieben (vgl. V 8f).
• Typisch für die Psalmen ist ihre **Offenheit bei gleichzeitiger Deutlichkeit**. In ihrer Klage und in ihrem Dank ist Raum für unsere ganz persönlichen Nöte (z. B. V 10) sowie für unseren ganz persönlichen Dank für „all seine Wohltat" (V 12).
• Menschen, die Selbstgespräche führen, werden ja manchmal belächelt. Beachtenswert ist das **Selbstgespräch** in V 7: „Sei nun wieder zufrieden, meine Seele; denn der HERR tut dir Gutes."

> ✎ *Eine Übung für unser geistliches Leben in den nächsten Tagen: Ich achte auf meine Selbstgespräche und sage mir ganz bewusst: „Der Herr tut dir Gutes!"*

• Für alle sichtbar und hörbar erhebt der Beter den „Kelch des Heils". Gottes Heils- und Rettungstaten gaben diesem Becher im Kontext der Dankopferfeier seinen Namen. Als Christen erheben wir den **Kelch des Heils** beim Abendmahl. Wir erinnern uns, genießen und bezeugen: **Jesus Christus ist für uns gestorben; er ist unser Retter**.

Montag, 17. April — Römer 14,1-12

- Paulus gibt **Regeln für das Zusammenleben** von Christen mit starkem und mit schwachem Glauben, da der Gemeinde in Rom im Umgang miteinander eine Spaltung droht. Eine besondere Verantwortung haben dabei die Starken im Glauben. Sie sollen sich der Schwachen rücksichtsvoll annehmen (V 1).
- Ein **Konflikt** entstand an der Frage, ob Christen das Fleisch von heidnischen Opfern kaufen und verzehren dürften. Während die Starken im Verzehr solchen Fleisches kein Problem sahen, empfanden die Schwachen das als Verrat am Glauben. Auf den Märkten gab es fast nur Götzenopferfleisch zu kaufen.
- Ein anderer **Konflikt** betraf vermutlich das Einhalten von bestimmten **jüdischen Tagen** und **Traditionen**. Höchstwahrscheinlich ging es um die Sabbatfeier und um bestimmte Fastentage. Denkbar wäre auch ein Streit um den Sonntag zum Gedenken an die Auferstehung Jesu.
- Die **Starken** sind freier in ihren Entscheidungen, während die **Schwachen** sich mehr an vorgegebene Ordnungen halten. Beide haben sich selbst zu prüfen, was allein der **Ehre ihres Herren** dienlich ist (vgl. 1Kor 10,31).
- **Streit** in der Gemeinde dient nicht der Ehre ihres Herren.
- Das gilt auch für die Beziehung der Christen untereinander. **Niemand** in der Gemeinde hat Christen mit anderen Auffassungen zu **verachten**.
- Jeder ist **allein Christus** gegenüber für sein Verhalten **verantwortlich** und nicht den Mitchristen gegenüber.
- Im Leben und im Sterben gehören wir noch nicht uns selbst, sondern zu Christus, unserem Herrn (V 7).
- Weil **Christus allein** unser aller **Richter** ist, deshalb haben wir kein Recht, andere zu verachten oder gar abzuurteilen (V 10).

Kann ein schwacher Christ – z.B. ein Alkoholiker – von einem Mitchristen Rücksichtnahme fordern? Wo fängt gebotene Rücksichtnahme an – und wo hört sie auf?

Dienstag, 18. April   **Römer 14,13-23**

- Wie in den Versen zuvor, so geht es auch hier um **Ermessensfragen** (V 17), die nicht zu **Kernfragen** des Glaubens erhoben werden dürfen. Es besteht sonst die Gefahr, dass wir indirekt das von uns vor Gott verantwortete eigene Verhalten zum verbindlichen Maßstab für alle anderen Christen machen.
- **Wir Christen haben kein Recht, uns gegenseitig zu richten.** Oft geschieht das aus dem Bewusstsein heraus, im Gegensatz zum andern im Recht zu sein. So verachtet der **Schwache** den Starken als verantwortungslos in seiner Freiheit. Der **Starke** dagegen verachtet den Schwachen als eng und gesetzlich.
- Paulus spricht hier nicht nur vom Verachten, sondern sogar vom Richten (V 10.13). **Verachten** bedeutet „gering schätzen". **Richten** dagegen bedeutet „verdammen". Beides steht uns als Christen in unserem Verhältnis untereinander nicht zu!
- Christen sollen untereinander **nicht zum Stein des Anstoßes werden.** Denn damit würden sie sich gegenseitig in Gefahr bringen, im Glauben unsicher, irre oder gar schuldig zu werden. Wer die Sorge hat, etwas Unrechtes zu tun, der soll es lieber lassen. Das führt zu vorbildlichem und hilfreichem Handeln.
- Gott hat mit jedem Menschen seine Geschichte, die nicht zerstört werden darf. Deshalb darf das **Gewissen eines Mitchristen,** das an Gottes Wort gebunden ist, nicht durcheinandergebracht werden (V 16.20). Auch dann nicht, wenn man sein eigenes abweichendes Verhalten vor Gott verantworten kann (V 14).
- Aus **Liebe** zu den Schwachen ist es manchmal besser, zu verzichten (V 21f). Das bedeutet aber nicht, die eigenen Erkenntnisse und Überzeugungen deshalb aufzugeben.

Versuchen Sie, die Aussagen des Paulus auf Situationen des Miteinanders von Christen heute zu übertragen. Wo sehen Sie mögliche Konfliktfelder – und wie könnten sie im Sinne des Apostels bewältigt werden?

Mittwoch, 19. April — Römer 15,1-6

● Im Glauben darf nicht die eigene Selbstverwirklichung Vorrang vor der Rücksichtnahme gegenüber den Schwachen haben (V 1). Christen sollen in ihrem Verhalten für den Nächsten ein **Anstoß zum Guten** und **zum Glauben** sein (V 2). Christus selbst ist ihnen darin ein Vorbild (V 3).

● Die eigene Erkenntnis über die von Christus geschenkte **Freiheit** muss sich die Waage halten mit der **Verantwortung** gegenüber unseren Mitchristen und den Nichtchristen in unserer Umgebung.

> **Es kommt nicht darauf an, was wir wissen, sondern wie wir lieben!**

Unsere Einsicht in die uns von Christus geschenkte Freiheit ist nicht so wichtig wie **unser Verhalten** den Menschen gegenüber.

● Es geht in erster Linie nicht **um unsere Selbsterbauung bzw. darum, dass wir uns wohlfühlen in der Gemeinde**, sondern dass wir uns persönlich für die Erbauung unserer Brüder und Schwestern und für das **Wachstum der Gemeinde** einsetzen. Die Gemeinde ist nicht in erster Linie für uns da, sondern wir sind zuallererst für die Gemeinde da!

● So geht es auch nicht darum, vor allem unsere Freiheit auszuleben. Vielmehr sollen wir **Geduld** miteinander haben, uns gegenseitig mit den Worten der Schrift **trösten** und **Hoffnung** schenken (V 4).

● Das schaffen wir nicht aus eigener Kraft. Paulus **bittet Gott** darum, dass er dies der Gemeinde schenken möge. Ziel ist dabei die **Gesinnung der Eintracht** untereinander. Jeder soll nach einer christusgemäßen Einheit trachten (V 5).

● Mit dieser **christusgemäßen Gesinnung** geraten wir nicht an- und auseinander, sondern **loben einmütig mit der ganzen Gemeinde Gott** wie aus einem Mund (V 6).

● **Einmütigkeit ist nicht zu verwechseln mit Einstimmigkeit. Einmütigkeit** ist der Mut, trotz vorhandener Unterschiede in Erkenntnis und Lebensstil **gemeinsam** Christus in ganzer Hingabe nachzufolgen und sich seiner Führung anzuvertrauen.

Montag, 24. April Römer 16,1-16

● Paulus hat eine lange **Grußliste** mit 25 Namen griechischer, hellenistischer, lateinischer und jüdischer Herkunft verfasst. So unbekannt war ihm die Gemeinde in Rom also nicht. Er deutet nur an, in welchen Beziehungen er zu den einzelnen Personen gestanden hat.
● Paulus schreibt diesen Brief aus **Kenchreä**, einer benachbarten Hafenstadt von Korinth. Wahrscheinlich war die Gemeinde dort ein Ableger der Gemeinde in Korinth.
● **Phöbe** war wohl alleinstehend und die Dienerin (Diakonin) der Gemeinde (V 1f). Sie stand auch Paulus in verschiedenen Anliegen bei. So beauftragte er sie auch, seinen Brief der Gemeinde in Rom zu überbringen. Dort solle man sie gebührend aufnehmen und versorgen.
● Das Ehepaar **Aquila und Priska** (V 3; vgl. Apg 18,2; 1Kor 16,19) waren beste Freunde von Paulus und in ihrem missionarischen Einsatz ausgesprochen mobil. Sie hatten sogar ihr eigenes Leben für ihn riskiert. Vermutlich geschah dies entweder in Korinth oder Ephesus. Etwas später, im Jahre 49 n. Chr., mussten sie durch den von Kaiser Claudius verfügten Judenerlass Rom verlassen, kehrten aber später wieder nach Rom zurück. Die Tatsache, dass Paulus zuerst den Namen der Frau erwähnt, zeigt seine besondere Wertschätzung für den Dienst der Priska.
● **Epänetus** war der Erste, der in Kleinasien bei Paulus zum Glauben gefunden hatte (V 5).
● Über **Maria** wusste Paulus, dass sie sich um Einzelne in der Gemeinde seit ihrer Gründung in Rom viel Mühe bis zur eigenen Erschöpfung gemacht hatte (V 6).
● Paulus hat auch nicht die ehemaligen Mitgefangenen und beiden Judenchristen **Andronikus** und **Junias** vergessen. Gemeinsam erlittenes Leid schweißt zusammen.
● **Rufus** ist wahrscheinlich einer der Söhne von **Simon von Kyrene**, der das Kreuz Jesu getragen hat (Mk 15,21). Rufus mag eine tüchtige und warmherzige Mutter gehabt haben, die sich in besonderer Weise um Paulus gekümmert hatte (V 13).

Dienstag, 25. April **Römer 16,17-27**

Dieser Text hat drei Abschnitte:
- **Warnung** (V 17-20), **Grüße** (V 21-24), **Lobpreis** (V 25-27).
- Von Anfang an gab es in den Gemeinden **Irrlehrer**. Sie suchen sich zu ihrem eigenen Vorteil durch einschmeichelnde Worte in die Herzen der Mitchristen einzuschleichen (V 17f) und Zwietracht zu säen. Sie dienen nicht Christus, sondern nur sich selbst.
- Die Einheit der Gemeinde ist durch diese **Irrlehrer** bedroht. Worin ihre Irrlehren bestehen, führt der Apostel nicht näher aus. Im **Glauben und Gehorsam** sind die Christen in Rom zur Freude von Paulus jedoch auf gutem Weg. Mit den Irrlehrern sollen sie keine gemeinsame Sache machen und das Gute nicht mit dem Bösen vermischen! Jesus hat den Bösen, Satan, besiegt. Dies und die begleitende Gnade Christi soll die Gemeinde ermutigen.
- **Die Grüße** von den Begleitern des Paulus machen deutlich, dass er nie als Einzelkämpfer unterwegs war. Er war ein „Mannschaftsspieler" und nahm stets dankbar die Unterstützung und Ergänzung durch Geschwister in Anspruch.
- **Timotheus** (V 21) war schon viele Jahre mit Paulus eng verbunden und blieb es bis zu seinem Tod. Paulus war sein geistlicher Vater. Der nannte ihn „mein rechtes Kind im Glauben" (1Tim 1,2). Später machte Paulus ihn zu seinem Nachfolger im Dienst für die Missionsgemeinden.
- Weiterhin lassen **drei Judenchristen** (Lucius, Jason, Sosipater) grüßen. Diese wurden vermutlich beauftragt, die Sammlung für die Gemeinde in Jerusalem zu überbringen (vgl. 1Kor 16,3f).
- **Tertius** hatte die Aufgabe, diesen langen und wichtigen Brief an die Gemeinde in Rom nach dem Diktat von Paulus zu schreiben (V 22).
- Nach weiteren Grüßen und dem Segenswunsch (V 23f) folgt am Schluss ein **Lobpreis Gottes**.

> ✎ *Versuchen Sie, die letzten drei Verse des Briefes mit eigenen Worten wiederzugeben.*

Die Sprüche Salomos

● **„Abenteuer Alltag"** – das Sprüchebuch ist eine Sammlung von vielen meist kurzen Weisheitsworten, die z.T. heute noch „sprichwörtlich" sind: „Wer anderen eine Grube gräbt ..." (26,27); Hochmut kommt vor dem Fall (16,18). Im ersten Teil (Kap. 1–9) finden wir aber **längere Lehrreden bzw. Weisheitsgedichte**. Sie wollen erklären, wie die Spruchsammlung verstanden sein will.

● Es geht darum, die **grundsätzlichen Ordnungen** zu erkennen, die Gott in seine Schöpfung hineingegeben hat. Was im Gesetz des Mose als Gebot formuliert wird, findet sich hier in praktischer Anwendung.

● Die Sprüche generalisieren und wollen **nicht jeden Einzelfall** treffen: Nicht jeder Hochmütige kommt zu Fall, nicht jeder fällt in seine eigenen Gruben. Der Schüler soll verstehen, wie das Leben normalerweise funktioniert, und den Alltag von Gott so prägen lassen, dass er gelingt.

● Die Sprüche sind dichterisch und bildhaft. Sie bedienen sich zahlreicher literarischer Stilmittel wie Allegorien, überzeichneter Kontraste, Euphemismen usw. Diese Bildhaftigkeit muss man beim Lesen im Auge behalten!

● Die Sprüche dienen pädagogischen Zwecken – der Schüler soll sie sich einprägen. Die häufige Anrede **Mein Sohn** kann sich sowohl auf die Erziehung durch Vater und Mutter beziehen (1,8; u.ö.) als auch auf die Unterweisung durch Lehrer (5,13), z.B. am königlichen Hof.

● **Salomo** gilt als Inbegriff der Weisheit im alten Israel. Deshalb trägt das Buch seinen Namen, auch wenn die verschiedenen Spruchsammlungen im Buch und auch die Zusammenstellung des Buchs aus anderer Zeit stammen. 1,1-7 ist die Einleitung zum ganzen Sprüchebuch. Da Salomo in 10,1 eindeutig als Verfasser der dann folgenden Spruchsammlung genannt wird, steht hinter der Sammlung der Reden in 1,8–9,18 vermutlich ein unbekannter Weisheitslehrer.

Mittwoch, 26. April — Sprüche 1,1-7

König Salomo war zu seiner Zeit berühmt für seine Weisheit. Darüber klärt 1Kön 5,9-14 ausführlich auf, kam doch die Königin von Saba (Südarabien), um Salomos Weisheit und Reichtum zu bestaunen (1Kön 10).

● V 1: Zunächst wird die Absicht der Spruchsammlung beschrieben: Sie zielt auf die praktische Lebensführung. Sie lehrt, „um zu lernen".

● V 2: Sie leitet den Schüler (1,8: den „Sohn") an, ein weises Leben in der Furcht Gottes zu führen. Dieses Ziel wird in bildhafter Sprache und parallel gestalteten Aussagen einprägsam vermittelt. **Es geht beim Lernen nicht nur um Wissensvermittlung, sondern vor allem um einen vom Glauben geprägten Alltag.** Die Sprüche haben eine erzieherische Funktion („Zucht") und zielen auf die Lebenspraxis. Nur im **Gehorsam** werden sie sich als wirksam erweisen: **learning by doing.**

● V 3: Das Gelernte will „angenommen sein", d.h. in den Alltag übertragen werden. Bloßes Kopfwissen genügt nicht.

● V 4: Beide Vershälften sind synonym gehalten: Jünglinge/Unverständige.

● V 5: Der Weise soll sich nicht damit begnügen, viel an Wissen und Lebenserfahrung gesammelt zu haben, sondern darauf bedacht sein, das Vorhandene zu mehren. Seine Weisheit zeigt sich besonders dort, wo er sich „raten" lässt, d.h. einsieht, dass seine Weisheit unvollkommen und der Ergänzung bedürftig ist.

● V 6: Das im Hebräischen für „verständig" gebrauchte Wort steht für die seefahrerische Steuermannskunst und wird hier im übertragenen Sinn gebraucht: die Kunst, sein Leben bewusst zu führen und sich nicht einfach treiben zu lassen. Dazu wollen die „Sprüche" anleiten. **Wahre Weisheit beginnt mit Zuhören.**

● V 7 (und 9,10). Am Anfang steht die „Furcht des HERRN". Unter Furcht ist hier jedoch nicht Angst zu verstehen, sondern das Ernstnehmen der göttlichen Überlegenheit. Wer sie respektiert, verhält sich wahrhaft klug. Dies ist der zentrale Leitsatz des Buchs.

Donnerstag, 27. April   **Sprüche 1,8-19**

● V 8: Die Anrede „mein Sohn" zielt auf alle, die der Belehrung durch den erfahrenen Vater bedürfen. Dessen Aufgabe ist es, den „Sohn" zu erziehen („Zucht"). Der Mutter dagegen kommt das „Gebot" zu. Im Hebräischen steht dafür das Wort „thora", das in einem umfassenden Sinn für „Weisung" steht. „Gegenüber der als strenger empfundenen Zucht des Vaters wird imperativisch Gehorsam gefordert; gegenüber der liebevoll gehaltenen Weisung der Mutter wird eher eine Beherzigung empfohlen" (Otto Plöger). **Gemeinsam legen die Eltern das Fundament für eine gelungene Lebensführung ihrer Kinder.**

> *Denken Sie darüber nach: Was haben Sie Ihren Eltern zu verdanken? In welcher Form wurden Sie von ihnen geprägt?*

● V 9: Eine gelungene Erziehung legt den Grundstein für das weitere Leben. Sie macht den Menschen wahrhaft ansehnlich, wie hier in einem ausdrucksvollen Bild beschrieben wird.

● V 10-14: Mit „bösen Buben" sind Frevler gemeint, die mit listigen Überredungskünsten auf die schiefe Bahn locken. Sie führen Böses im Schilde und suchen Mitläufer. **Mit mehreren Personen sündigt es sich leichter.** Dabei sind Heranwachsende besonders gefährdet, befinden sie sich doch nicht mehr unter der Obhut ihrer Eltern. Dass sich das rücksichtslose Tun gegen „Unschuldige" richtet, hindert nicht am frevelhaften Verhalten. Dahinter steht nur ein einziges Motiv: Gewinnsucht. Deshalb schrecken sie nicht davor zurück, andere Menschen zu töten.

● V 15-19: Der Weisheitslehrer warnt eindringlich davor, sich von den Übeltätern einspannen zu lassen. So wie ein Vogelnetz auf die Tiere keine abschreckende Wirkung ausübt, so sind auch die Übeltäter unzugänglich gegenüber Warnungen. Durch ihr Verhalten beschleunigen sie ihren eigenen Untergang. Es zeigt sich: **„Die Sünde ist der Leute Verderben"** (14,34).

Freitag, 28. April Sprüche 1,20-33

„Gottes gesamtes Werk ist von der Weisheit des Schöpfers durchdrungen" (Helmuth Egelkraut). Im folgenden Abschnitt wird die **göttliche Weisheit als redende und werbende Person** dargestellt.

● **V 20-23:** Sie will nicht nur Denken und Verhalten des Einzelnen prägen, sondern dem gesamten Zusammenleben ihren Stempel aufdrücken. Deshalb erhebt sie selbst im Getümmel der Marktplätze vernehmlich ihre Stimme.

> *Das erinnert an Jesus: „Was euch gesagt wird in das Ohr, das predigt auf den Dächern" (Mt 10,27).*

„Unverständige" und „Spötter" sollen begreifen, was die Stunde geschlagen hat und worauf es letztlich ankommt. Im Hebräischen steht für „kehret euch" das Wort, das „Umkehr" bedeutet, Kurswechsel und totale Richtungsänderung um 180°. Im „Geist" der Weisheit deutet sich leise das spätere Pfingstgeschehen an (Apg 2).

V 24-27: Die göttliche Weisheit verschärft ihren Ton und löst die einladende Werbung durch eine drohende Rede ab. Sie registriert die Ablehnung und nimmt bedauernd zur Kenntnis, dass ihr werbendes Mühen erfolglos geblieben ist. Nun haben die Ablehnenden drastische Folgen zu tragen, die sich in den begriffen „Sturm" und „Wetter" andeuten. Sie ziehen sich ihr Unglück selber zu und enden in „Angst" und „Not".

V 28-32: Nach der bisherigen Anrede folgt nun die ernüchternde Schlussfolgerung: **Wer nicht auf Gott hört, muss die Folgen tragen und mit den entsprechenden Konsequenzen leben.** Die göttliche Weisheit wird für die Ablehnenden unzugänglich. Sie entzieht sich. Folglich muss man sich mit dem begnügen, was menschliche Weisheit zu bieten hat, und die Suppe auslöffeln, die man sich eingebrockt hat.

V 33: Der Schlussvers klingt versöhnlich: Wer sich auf Gott besinnt und die Worte seiner Weisheit respektiert und befolgt, bleibt in Gottes Obhut. Er kann unbesorgt leben.

Samstag, 29. April — Sprüche 2,1-22

● V 1-11: Der Weisheitslehrer sport seinen Schüler („Sohn") an, die Ohren auf das zu richten, was dem Leben nach Gottes Absicht wahrhaft dient: „Weisheit", „Einsicht" und „Vernunft". Dies alles muss durchaus mühevoll erarbeitet werden. Das wird durch Hinweise auf den Bergbau ersichtlich: Nach „Silber" muss gegraben werden, und auch andere „Schätze" fallen nicht einfach in den Schoß.

Fallen Ihnen Begebenheiten aus Ihrem Glaubensleben ein, in denen Sie sich über eine Einsicht gefreut haben, der sie mühevoll auf der Spur waren und die Ihnen plötzlich aufleuchtete?

Der hier gehobene Schatz ist die Erkenntnis Gottes. Wer ehrlich sucht, findet Gott. **Die Weisheit trägt Früchte im persönlichen Leben.** Sie mehrt die „Einsicht" und wird sich dessen bewusst, auf einem „guten Weg" zu sein. Unter „Furcht des HERRN" ist nicht Angst zu verstehen, sondern die Einsicht, dass Gott zu respektieren ist.

● V 12-15: Wie schon im Kapitel vorher wird der „Sohn" vor Frevlern gewarnt, die nicht nur „Falsches reden", sondern die ihr Reden auch durch böses Tun unterstreichen. Sie haben an ihrem Treiben Freude und sind darauf bedacht, andere auf diesen schändlichen, „krummen" Weg zu locken.

● V 16-19: Ähnlich eingeleitet wie V 12 wird vor einer Verführung besonderer Art gewarnt. Die „fremde Frau" wird später in den Kap. 5–7 näher beschrieben, hier nur andeutungsweise. Handelt es sich um die Frau eines anderen oder übt einfach das Fremde als etwas Neues einen besonderen Reiz aus? Die Fremde redet freundlich und einschmeichelnd, aber wer sich auf sie einlässt, den reißt sie ins Verderben, gar in den Tod.

● V 20-22 knüpfen an V 12 und 16 an. Quintessenz: **Nur wer sich auf die Spur der Weisheit begibt, wird sicher und geborgen wohnen.**

Sonntag, 30. April **Psalm 100**

- Die Psalmen 93–99 ehren JHWH als König Israels. Ps 100 krönt diese Reihe: Siebenmal – das ist die Vollzahl – fordert er jetzt die ganze Welt dazu auf, den **König JHWH** zu loben.
- Wie schon Ps 116 vor zwei Wochen, so hat auch dieser Hymnus seinen Ort in der sog. Dankopferfeier: „Ein Psalm zum Dankopfer" (V 1).
- In der vorexilischen **Dankopferfeier** erzählten Menschen vor versammelter Gemeinde (V 4), wie Gott sie aus ihrer Not errettet hat. Abschließend dankten sie ihm für seine Gebetserhörung und ehrten ihn – z.B. mit Hymnen wie Ps 100. Eine Opfergabe und ein gemeinsames Dankopfermahl verliehen der Dankbarkeit des Beters ein besonderes Gewicht (vgl. Ps 116,10ff). Das öffentliche Zeugnis von Gottes heilvollem Eingreifen ermutigte wieder die anderen Mitfeiernden, selbst einmal in einer Dankopferfeier Gottes Größe zu bezeugen.

> *Wären Dankopferfeiern nicht auch etwas für unsere Hauskreise, Gruppen und Gemeinden?*

- Spektakulär sind die **Dankesgründe** in Ps 100.
→ Gott hat seinen ursprünglich Israel vorbehaltenen **Bund** (vgl. Bundesformel 5Mose 26,17-19) auf alle Welt ausgeweitet (V 1). Gott sehnt sich nach einer Beziehung mit „aller Welt".
→ Nicht nur die ganze Welt, sondern auch ich bin ein **Geschöpf Gottes** (V 3).
→ Gott überlässt uns nicht uns selbst. Wie ein Hirte sich um seine Schafe **kümmert**, so sammelt, führt und versorgt Gott uns als Teil seines Volkes und als „Schafe seiner Weide".
→ Lebenslang bin und bleibe ich Gottes Eigentum. Doch mehr als alles Glück dieser Welt ist JHWH selbst mein Glück: Er ist gut. Ewig bestehen seine **Gnade und Treue** (V 5).

Montag, 1. Mai   Sprüche 3,1-12

● V 1-4: Einige Imperative strukturieren die Mahnrede des Weisheitslehrers an den „Sohn". Wer sie befolgt, darf reichen Ertrag für sich erwarten. Ihm wird ein **„langes", bewahrtes und gesegnetes Leben** verheißen.

> *Ein „langes Leben", gar „alt und lebenssatt" zu sterben (1Mose 25,8; Hiob 42,17 u.ö.), gilt im AT als höchster Ausdruck göttlichen Segens. Siehe dagegen im NT u.a. Phil 1,23.*

In V 3b-5 wird beschrieben, wie sich das Achten auf die Gebote praktisch vollziehen soll: siehe u.a. 5Mose 6,8 u.ö. So wird es im Judentum bis zum heutigen Tag praktiziert. **Das Sichtbare soll durch das innere Befolgen vervollständigt werden** („Tafel deines Herzens"; siehe auch Jer 31,33).
● V 5-8: Verheißung und Belohnung sind hier ineinander verwoben. Das Vertrauen auf den HERRN wird mit der Warnung verbunden, sich nicht auf den eigenen „Verstand" (im Sinne von Einsicht) zu verlassen. **Hier wird nicht der Denkfaulheit das Wort geredet. Aber menschlicher Verstand ist begrenzt. Ihm fehlt der gänzliche Überblick.** Außerdem ist er von den jeweiligen Interessen eingefärbt. Dagegen wirkt sich das Hören und Befolgen der göttlichen Weisungen hoch erfreulich aus, bis hinein ins körperliche Befinden. Hier (V 8) steht für „Leibe" im Hebräischen das Wort für „Nabel(strang)".
● V 9-10: Das Ehren JHWHs mit den „Erstlingen" der Ernte und des Einkommens (2Mose 23,19) wird sich positiv auswirken. Sinngemäß ist gemeint: **Gott lässt sich nichts schenken!**
● V 11-12: Hier geht es nicht um die Rechtfertigung der Prügelstrafe in der Kindererziehung, obwohl diese Verse häufig dazu dienten. Der Sinn liegt tiefer. Aber in jedem Fall gilt: Gott meint es gut.

Dienstag, 2. Mai   **Sprüche 3,13-26**

● V 13-20: Mit einem Heilruf setzt der Weisheitslehrer seine Rede fort: „Wohl dem ..."

> *Mit den gleichen Worten, aber auf Griechisch, beginnen die Seligpreisungen der Bergpredigt (Mt 5–7): „Selig sind ..."*

„Weisheit" und „Einsicht" sind unvergleichlich kostbar. Sie stellen selbst die kostbarsten Edelmetalle und „Perlen" in den Schatten. Sie übersteigen alles nur Wünschbare: Gott zu fürchten und zu ehren mehrt den „Frieden" mit anderen Menschen. Beim „Baum des Lebens" (V 18) klingt die Paradiesgeschichte durch (1Mose 2,9), ein Leben in der Gottesgegenwart und in unbeschreiblicher Fülle. Die göttliche Weisheit ist nicht nur aktuell vonnöten, sondern sie geht aller Schöpfung voraus und ist unerlässliche Basis für Leben und Zusammenleben. **Wer sich auf Gottes Weisheit einlässt, befindet sich im Einklang mit Gottes ursprünglichen Absichten.**

● Die folgende Versgruppe (**V 21-26**) wird mit einer Anrede eingeleitet. Was „Umsicht und Klugheit" austragen, wird angesichts vielfacher Gefährdungen in dreifacher Weise dargestellt:

→ Zum einen wird der Lebensweg als Reise bzw. Wanderung dargestellt, in damaliger Zeit ein durchaus gefahrvolles Unterfangen. Umsichtiges und kluges Verhalten wird vor Schaden bewahren.

→ Zum anderen wird dem, der sich der göttlichen Weisheit anvertraut, ein guter und auskömmlicher Schlaf beschieden. Denn wer schläft, befindet sich in einer gleichsam ohnmächtigen Lage und ist deshalb auf Schutz angewiesen.

→ Zum dritten ist der Gläubige in gefahrvollen Situationen, die unerwartet wie ein Unwetter auftreten können („plötzlichem Schrecken") und angesichts der Nachstellungen „gottloser" Menschen bei Gott gut aufgehoben. Wer Weisheit und Umsicht zeigt (außen: „am Halse") und bewahrt (innen: „Herz"), weiß sich rundum von Gott behütet. Es lohnt sich, ihm zu vertrauen.

Mittwoch, 3. Mai — Sprüche 3,27-35

Bisher handelten die Weisheitssprüche vom Einzelnen und seinem der Weisheit gemäßen privaten Verhalten. Im folgenden Abschnitt weitet sich das Spektrum und unterstreicht das **Verhalten gegenüber anderen, vor allem gegenüber Bedürftigen.**

● V 27-28: Die Aufforderung zur Hilfeleistung wird an zwei Bedingungen geknüpft: „Der Aufgeforderte muss in der Lage sein, Hilfe leisten zu können, ferner muss der Hilfeanspruch des Bittstellers überprüfbar sein, sodass eine Bekanntschaft vorausgesetzt wird" (Otto Plöger). Die Hilfeleistung soll zum richtigen Zeitpunkt erfolgen („wenn du es noch hast"); der Bedürftige soll nicht auf später vertröstet werden.

● V 29-30: Das nachbarschaftliche Verhalten soll freundlich sein, wo doch der Nachbar keinen negativen Anlass bietet. Die Mahnung richtet sich wohl an einen „Prozesshansl" (jemanden, der grundlos gleich zum Richter läuft, um andere anzuklagen).

● V 31-32: Gewalttäter mögen durch ihr böses Treiben durchaus zeitweiligen Erfolg haben. Das darf jedoch nicht dazu führen, ihr Verhalten nachzuahmen. **Der Erfolg heiligt niemals die angewendeten Mittel.** Diese müssen den Maßstäben der göttlichen „Weisheit" entsprechen.

✎ Auf das gegenwärtige Wirtschafsleben übertragen: Was gesetzlich erlaubt ist, muss noch lange nicht den göttlichen Normen entsprechen. Fallen Ihnen dazu Beispiele ein?

● V 33-35: Nun werden Fluch und Segen einander gegenübergestellt. Wie sich der „Fluch" konkret auswirkt, bleibt hier offen. Aber die Tatsache steht fest: Manches Böse zieht man sich selber zu. Oft muss Gott dabei gar nicht nachhelfen.

✎ Kennen Sie Beispiele aus Ihrem eigenen Erleben oder aus Ihrem Umfeld, wo sich diese Tatsache bestätigt hat?

Donnerstag, 4. Mai   **Sprüche 4,10-19**

Zwei Wege, ein Wegweiser. Der Vater (oder Lehrer) formuliert den eindringlichen Rat, den rechten Weg zu wählen und darauf zu bleiben. Es lohnt sich!

> ✎ *Wie viele unterschiedliche Wörter für „Weg" finden Sie im Text und wie oft? Welche Verben werden gebraucht in Zusammenhang mit Fortbewegung?*

● Das **Befolgen der Unterweisung** führt auf den **Weg der Weisheit**. Das wiederum bedeutet Leben. Auf dem Weg der Weisheit sind keine Hindernisse, die aufhalten oder zu Fall bringen („sauer werden", V 12), und selbst beim Rennen ist der Tritt sicher.

● Eindrücklich wird in V 14 + 15 mit fünf Befehlen vor dem **Weg der Gottlosen gewarnt**. Die Entscheidung für den rechten Weg bewirkt zwar eine Lebenseinstellung, aber sie ist angefochten und muss immer wieder neu getroffen werden. Immer wieder hat auch jemand auf dem rechten Weg es mit Menschen zu tun, die sich nicht an Gottes Ordnungen gebunden fühlen. In ihrer egoistischen Einstellung sind sie darauf bedacht, ihren eigenen Vorteil zu mehren – oft auf Kosten von Mitmenschen, und gerne locken sie dabei andere auf ihren Weg. Zu ihnen gehört das Böse, so wie das Leben untrennbar zum weisen, rechten Weg gehört.

> ✎ *Welche Beispiele sind Ihnen aus eigenem Erleben oder Ihrer Beobachtung bekannt, die zu V 16 + 17 passen?*

● In V 18 + 19 werden beide Wege in **Kontrast** zueinander gesetzt. **Der Weg der Gerechten** beginnt in der Morgendämmerung und wird im Lauf des Tages heller. Er ist sicher. **Der Weg der Gottlosen** ist dunkel und damit gefährlich. Leicht kommt man auf ihm zu Fall. Jer 23,12 beschreibt diesen Weg noch eindrücklicher. Dort sind es sogar Priester und Propheten, die auf dem Irrweg sind.

Freitag, 5. Mai   **Sprüche 4,20-27**

● Der heutige Text ist eine Ermahnung zu **Integrität im Denken, Reden und Handeln**. Wie der gestrige Text beginnt er mit einer Anweisung, die elterliche Rede zu hören und zu befolgen (V 20-22). Schon hier finden sich die Motive „Augen" und „Herz", die in V 23 + 24 wieder aufgegriffen werden.

● Die Belehrung basiert auf Bildern anhand von **Körperteilen**:

→ Das **Herz** steht im biblischen Sprachgebrauch für das Denken, das den Menschen bestimmt, für seinen Charakter. Es geht nicht nur darum, bestimmte Regeln zu befolgen, sondern Werte so verinnerlicht zu haben, dass sie Denken und Handeln bestimmen.

→ Dazu gehört Aufrichtigkeit im **Reden**. Falsches soll (wörtl.) „fern" von den Lippen sein. Das schließt z.B. Halbwahrheiten, Übertreibungen oder Lästern in die Ermahnung ein.

→ Die **Augen** sollen fokussiert geradeaus auf den Weg gerichtet sein und sich nicht von Nebensächlichkeiten oder falschen Impulsen ablenken lassen.

→ Die **Füße** sollen diesen Weg unbeirrt gehen können und weder links noch rechts abweichen. Sie stehen hier für die Entscheidungen und das Handeln, die aus dem Sehen und den Einstellungen des Herzens folgen. Idealerweise sind diese „gewiss" oder „fest". Ohne Zaudern oder langes Hin und Her folgen sie dem richtigen Weg. V 26f nehmen das Bild des rechten Weges aus der vorherigen Ermahnung auf.

> *Der Text beschreibt ein Idealbild von Aufrichtigkeit und Geradlinigkeit im Denken und Handeln. Welche Hilfen gibt dieser Text (bzw. welche fallen Ihnen aus den bisherigen Texten aus dem Sprüchebuch ein), diesem Ideal mehr zu entsprechen?*

Samstag, 6. Mai — Sprüche 5,1-23

- Nach dem gewohnten Einstieg kommt der Text gleich zum Thema: eine **Warnung davor, sich auf die „fremde Frau" einzulassen**. Die „fremde Frau" dürfte hier jede Frau sein, mit der der „Sohn" nicht verheiratet ist. Aus dem Zusammenhang geht hervor, dass er bereits verheiratet oder verlobt ist. Die Verführung ist attraktiv, doch aus „süß" wird „bitter" und aus „glatt" eine tödliche Falle. Zwar kommt er mit dem Leben davon, doch die Trennung von Gottes Weisheit ist gravierend wie der Tod. Der Adressat in diesem Text ist ein junger Mann, die Lehren gelten aber auch für Frauen und die Beziehung zu einem „fremden Mann".

- Der beste Rat ist, sich **nicht einmal in die Nähe der Gefahr zu begeben** (V 8). Gibt er der Versuchung nach, drohen materielle Einbußen, vielleicht Sklaverei und der Verlust von Ansehen. In unserer Gesellschaft sind die **Konsequenzen** andere, doch manches lässt sich übertragen. Eindrücklich ist die Klage, die der Vater dem Sohn in den Mund legt (V 12ff). Die **Reue**, guten Rat verworfen und gegen besseres Wissen gehandelt zu haben, gilt hier für Ehebruch, lässt sich aber auf manche andere Situation übertragen.

> *Wie würden Sie mit einem Freund reden, der Ihnen gesteht, sich in einer Situation der Versuchung zu befinden?*

- Statt sich auf eine andere einzulassen, soll der Sohn **die Beziehung zu der eigenen Ehefrau wertschätzen**. Diese Beziehung wird beschrieben wie erfrischendes Wasser (V 15). Die Sprache ist teils erotisch und erinnert an das Hohelied. Warum sollte sich der junge Mann auf eine Frau einlassen, die er mit anderen teilen muss, statt sich an der eigenen Frau zu freuen?

- Das Hauptargument ist schließlich (V 22ff): **Gott sieht auch, was im Verborgenen geschieht,** und wird den Sünder zur Rechenschaft ziehen. Das hat dieser seiner Dummheit zuzuschreiben.

Sonntag, 7. Mai — Psalm 108

● **V 2-6:** Der erste Teil des Psalms passt genau zum Sonntag Kantate („Singt!") und zum Wochenspruch Ps 98,1. Gesang und Musik sollen zum Gotteslob erklingen. Der Beter will sich mit dem Morgenlob verbünden: In die Stille des anbrechenden Tages hinein soll der Lobgesang erschallen und sich in alle Welt ausbreiten. Denn Gottes Treue kennt keine Grenzen – sie erfüllt das eigene kleine Herz und die ganze Weite der Welt. **Der Sänger will alle Menschen mitreißen in sein Dank- und Jubellied. Seht doch, wie JHWH über allem und in allem zu finden ist!**

● Das Danklied V 2-6 ist fast wörtlich aus Ps 57,8-12 entnommen. Doppelüberlieferungen gibt es öfter in der Bibel. Auch der zweite Teil V 7-14 findet sich schon in Ps 60,7-14. Sehr verschiedene Stücke sind hier neu zusammengestellt worden. **Die Psalmen geben Einblick in ein lebendiges Glaubensleben; sie konnten an verschiedene Lebensumstände angepasst werden.**

● **V 7-14:** Der zweite Teil lässt große Verzweiflung erkennen. Der Beter fleht um Errettung vor Feinden (V 7) und scheint in kriegerische Kämpfe verwickelt zu sein (V 12-14). In diese Erregung hinein wird ein altes Gotteswort zitiert (V 8-10). Es knüpft an die Landverteilung an, die dem Volk Israel nach dem Einzug in das verheißene Land zuteilwurde. Der Beter glaubt: Auch wenn manche dieser Ländereien nun unter fremder Herrschaft stehen, ist JHWHs Entscheidung nicht hinfällig. Ihm gehört alles Land, und er steht zu seiner einmal gegebenen Zuteilung. Gestützt auf dieses Wort findet der Beter neues Vertrauen in JHWHs Fürsorge und in die eigene Kraft (V 14).

● **V 12-14** gehören in die Zeit des alten Israel, in dem Gott König und auch Heerführer war, und lassen sich nicht unmittelbar auf heute übertragen. Zu oft wurden menschliche Kriege in Gottes Namen ausgerufen, zu oft glaubten kriegsführende Parteien, Gott auf ihrer Seite zu haben. **Die Botschaft Jesu ist eine andere.**

Montag, 8. Mai	Sprüche 6,6-11

> ✎ *Welche Sprichwörter und Redewendungen kennen Sie, die Faulheit oder Fleiß zum Gegenstand haben?*

● Für den **Faulen** hat das Sprüchebuch vor allen Dingen Ironie und Spott übrig. Faulheit wird als eine der größten Torheiten betrachtet. Wer dadurch selbst verschuldet in Not gerät, kann nicht auf Mitleid und Almosen setzen. In unserem Text wird dem Faulen **ein winziges Lebewesen, die Ameise, als Vorbild** präsentiert, von der er vor allem zwei Dinge lernen kann:

→ Sie weiß, was zu tun ist, und macht sich ans Werk. Sie braucht keinen Vorgesetzten, der ihr den Auftrag gibt, keinen Aufseher, der sie antreibt.

→ Sie handelt, wenn die richtige Zeit dafür ist. Zur Zeit der Ernte kümmert sie sich um ihr Auskommen, damit sie nicht hungern muss, wenn es nichts zu ernten gibt.

● Der Faule wird beschrieben als jemand, **der Dinge aufschiebt** – nur ein wenig, dann wieder ein wenig, bis es zu spät ist. An anderer Stelle ist für ihn schon der Beginn so anstrengend, dass er die Sache nicht zu Ende bringt (26,15). Oder er findet Ausreden (ein Löwe ist draußen, Dornen auf dem Weg, 15,19 + 22,13).

● Da der Faule nicht erntet, nicht einmal seinen Acker in Ordnung bringt (30ff), **fehlt ihm früher oder später sein Lebensunterhalt**. Er hat diesen Umstand nicht vorhergesehen, das Unglück ereilt ihn wie ein Räuber.

● In unserer Gesellschaft ist die Gefahr weniger gegeben, dass jemand aus Faulheit hungern muss. Dennoch haben „Aufschieberitis" und mangelhafte, halbherzige Arbeit negative Folgen.

> ✎ *Was ist für Sie heute der Inbegriff von Faulheit? Wann neigen Sie dazu, Dinge aufzuschieben? Welche Konsequenzen haben Sie zu befürchten? Wie unterscheiden Sie Faulheit von einer gesunden „Work-Life-Balance"?*

Dienstag, 9. Mai — Sprüche 6,12-19

Hüte Dich vor den Unheilstiftern (und werde nicht selbst einer)!
● Es geht in diesem Text um einen **wirklich schlechten Menschen**. Das in V 12a verwendete Wort „belial" ist stark negativ. Einige seiner Kennzeichen:

→ Seine **Augen, Füße und Hände** gebraucht er zur versteckten Kommunikation. Was genau er mit diesen Zeichen in seiner Kultur erreichte, ist heute nicht mehr nachvollziehbar. Doch klar ist: Er beabsichtigt damit nichts Gutes.

→ Wie bei den Menschen zur Zeit Noahs ist sein „**Herz**", seine innere Einstellung, „nur böse immerdar" (1Mose 6,5). Daraus resultiert Unfrieden.

→ Der Untergang dieses Menschen kommt plötzlich über ihn und ist endgültig („ohne Heilung").

● In V 16-19 finden wir die Stilfigur eines **Zahlenspruchs**. Es handelt sich nicht um eine geschlossene Liste, denn es gibt noch mehr Dinge, die der HERR hasst, und die genannten Gräuel werden an anderer Stelle auch anderen Typen zugeschrieben. Diese Liste korrespondiert mit V 12-15: dieselben Körperteile werden genannt, vergleichbare schädliche Verhaltensweisen angesprochen.

→ V 17 nennt **drei Körperteile**, deren Wirkung zunehmend Schaden anrichtet. Stolz kann eine Weile unbemerkt bleiben, ist aber das Gegenteil von Furcht Gottes und die Grundlage für das arrogante, egoistische Verhalten.

→ In V 18 wirken **Herz und Füße** in unheilvoller Weise zusammen: Die Füße eilen, um auszuführen, was sich das Herz ausdenkt.

→ Neben der eigenen Beziehung zu seinen Mitmenschen **verletzt** der Unheilstifter auch **die Beziehung seiner Mitmenschen untereinander**.

Die Fallen im Umgang mit einem solchen Menschen sind vielfältig. Wie gehen Sie mit ihm um, wenn Sie ihm nicht aus dem Weg gehen können?

Mittwoch, 10. Mai — Sprüche 7,1-27

● Es ist die **letzte Lehrrede** im ersten Teil des Sprüchebuchs und die dritte, bei der es um die „fremde Frau" geht (nach Kap. 5 und 6,20ff). V 3 klingt an 5Mose 6,6ff an: Die Gebote sollen immer präsent sein, die Hände jederzeit bereit, sie umzusetzen. Die Weisheit soll wie eine Schwester sein, wobei mit „Schwester" auch die eigene Ehefrau bezeichnet werden konnte. Das schützt vor der Verführung durch die Frau eines anderen.

● Den Hauptteil nimmt eine **Beispielgeschichte** ein, die der Lehrer im Stil des Augenzeugenberichts als Warnung erzählt.

→ Es geht um einen **unweisen jungen Mann**, der sich noch dazu von seinen Gefährten entfernt. Er hat keine Ahnung, dass er sich in Gefahr begibt. Es ist fast dunkel.

→ **Die Frau** ist gekleidet wie eine Prostituierte, ist aber wohl keine. Sie ist rastlos, auf der Suche nach einem Abenteuer, und dreist.

→ Das „Dankopfer" gibt ihrer Rede einen frommen Anstrich, doch in Wahrheit ist sie alles andere als fromm. An ihrer Absicht lässt sie keinen Zweifel: Sie möchte eine Liebesnacht und hat alles dafür vorbereitet, keine Gefahr droht.

→ Sie betört den jungen Mann mit ihren Worten. Was Wahrheit ist, was Lüge, ist offen. Arglos geht er in die Falle wie ein Tier.

● Festzuhalten ist: 1. Heute finden wir häufiger Beispiele in den Medien, in denen Männer die Verführer sind und Frauen in einer Opferrolle. Das Setting des Buches bestimmt die Rollenverteilung in dieser Beispielgeschichte. 2. Die Frau in dieser Geschichte ist übergriffig und dem jungen Mann klar überlegen. Er ist aber nicht von ihr abhängig und begibt sich ohne Zwang in diese Situation.

> ✎ *Wer hat in dieser Beispielgeschichte welche Schuld, welche Verantwortung? Wie ordnen Sie das ein in heutige Diskussionen um sexuelle Belästigung und Skandale um gefallene Vorbilder?*

Donnerstag, 11. Mai   **Sprüche 8,1-21**

- **Die Weisheit** wird hier als Person dargestellt, die ab V 4 eine Rede hält. Sie steht im Kontrast zu der fremden Frau in Kap. 7.
- Sie hält sich auf im Tor und auf den Straßen, öffentlich, dort, wo Handel getrieben und Recht gesprochen wird. **Mit lauter Stimme wirbt sie um Beachtung.**
→ Ihre Adressaten sind alle Menschen, insbesondere die Unerfahrenen, die noch lernfähigen „Unverständigen", die sich nicht bereits fest für den Weg der Torheit entschieden haben.
→ Ein Hauptmerkmal der Weisheit ist die Verpflichtung zu absoluter Wahrheit und Aufrichtigkeit.
→ In V 10-11 verspricht die Weisheit nicht **materiellen Reichtum**, sondern sie wird höher bewertet als dieser. In unserer materialistischen Gesellschaft ist es herausfordernd, dies nicht nur in der Theorie zu akzeptieren, sondern auch im täglichen Leben zu befolgen.
→ Ebenso herausfordernd ist es, **Wissen und Macht** nicht in arroganter und missbräuchlicher Weise einzusetzen (V 12-14). Weisheit beinhaltet auch die richtige Umsetzung zum Bau zwischenmenschlicher Beziehungen und Wohl der Gesellschaft.
→ V 15-16 unterstreichen den immateriellen Nutzen der Weisheit: Auch (gerechte) Regierung und Rechtsprechung kommen ohne sie nicht aus.
→ Weisheit ist **frei verfügbar, kein Geheimwissen.** Doch man muss sich aktiv darum bemühen, um sie zu erlangen („suchen", V 17).
→ V 18-21 ergänzen V 10-11: Zwar ist Weisheit wichtiger als Reichtum. Doch Weisheit, richtig eingesetzt, ist von Vorteil für den Einzelnen und die Gemeinschaft, in der er lebt, grundsätzlich auch in materieller Hinsicht. König Salomo ist ein Beispiel, wie das Streben nach Weisheit auch zu materiellem Gewinn führen kann (1Kön 3).

Setzen Sie sich mehr dafür ein, am Ende Ihres Lebens für Ihre Weisheit bekannt zu sein, oder für Ihren Besitz? Warum?

Freitag, 12. Mai   **Sprüche 8,22-36**

- Der heutige Text ist eine Fortsetzung des gestrigen Textes. Er feiert die **Weisheit Gottes, die wir in der Schöpfung beobachten können**. Für das Verständnis des Textes ist es wichtig, dass wir hier einen poetischen Text haben und die Personifizierung der Weisheit eine literarische Stilfigur ist. Im Lauf der Zeit wurde gelegentlich zu viel in den Text gelegt. Aufgrund von Texten wie z.B. Kol 2,1ff wurde **Jesus mit der Weisheit identifiziert**. Das galt gar als Begründung, dass Jesus lediglich ein Geschöpf Gottes sei, nicht Gott selbst. Doch während Jesus wie kein anderer Gottes Weisheit verkörpert, ist er nicht die „Person Weisheit" aus Spr 8, sondern **mehr als das**.

> ✎ *Welche Begebenheiten aus Jesu Leben und Aussagen von ihm fallen Ihnen ein, die seine Weisheit oder seine Schöpferrolle darstellen?*

- V 22-29 beschreiben poetisch die **Erschaffung der Welt**, von der Urtiefe bis zum Ackerboden, vom All zum Ufer des Meeres, von der Ferne bis zur Umgebung der Menschen. Die Weisheit existierte vor der Schöpfung. Das gibt ihr eine hohe Bedeutung, sie steht über der Schöpfung. Da sie schon vor den Menschen da war, ist sie ihnen an Wissen über die Hintergründe der Welt überlegen.
- Die Verbindung von Schöpfung und Weisheit ist bedeutsam, denn **die Ordnungen, die der Erschaffung der Welt zugrunde liegen, sind Gottes Ordnungen**. Sie haben sich als weise erwiesen. Ebenso ist es auch gut, wenn Gottes Ordnungen menschliches Zusammenleben bestimmen.
- In V 30f feiert die Weisheit Gottes Schöpfung und freut sich über die Menschheit. „Spielen vor Gott" wird in der Regel nicht als kindliches Spielen verstanden, sondern kultisch, als Anbetung.
- Mit der Autorität ihrer Existenz vor der Schöpfung ausgestattet, appelliert die Weisheit nochmals, sie zu suchen, zum eigenen Wohl.

Samstag, 13. Mai   Sprüche 9,1-18

● Zum Ende des ersten Teils des Sprüchebuchs treten „Frau Weisheit" und „Frau Torheit" gegeneinander an. Die Weisheit wird, wie im vorherigen Kapitel, als Frau dargestellt, ebenso die Torheit. Frau Torheit hat Ähnlichkeit u.a. mit der „fremden Frau" in Kap. 7. Frau Weisheit und Frau Torheit **sprechen beide eine Einladung aus.**
→ Alles bei Frau Weisheit ist schön und klar (V 1-6). Sie hat ein prächtiges Haus, sendet ihre Mägde aus und lädt zu einem Opferfest ein. Der Einladung zu folgen verspricht Leben und Klugheit.
→ Anders Frau Torheit (V 13-18). Sie ist laut, bringt vom Eingang ihres Hauses Menschen vom rechten Weg ab. Mit falschen Versprechen preist sie unehrliches Wasser und Brot an. Ihrer Einladung zu folgen bringt Schatten und Tod.

> *Obwohl Frau Weisheit das bessere Angebot macht, greifen immer wieder Menschen zum Angebot von Frau Torheit. Wie kommt es dazu – im Text und im Leben? Wann sind Sie „Frau Torheit" (fast) auf den Leim gegangen?*

● Zwischen beiden Einladungen werden **Weise und Spötter gegenübergestellt.**
→ Anders als Unverständige sind Spötter nicht mehr empfänglich für Weisheit. Sie zu belehren, ist fruchtlos und sogar unangenehm für den Belehrenden (V 7f). Dagegen nehmen Weise Belehrung dankbar an und wissen sie zu nutzen (V 8f).
→ Wenn auch weises und törichtes Verhalten Auswirkung für Mitmenschen hat, ist es letzten Endes Gewinn oder Verlust der weisen bzw. törichten Person selbst (V 12).
● Im Zentrum des Kapitels steht der **Mottovers** (V 10f). Es geht nicht einfach nur um Lebensweisheit und ein gelingendes Leben. Gut ist nicht, was guttut, keinen Schaden anrichtet oder keinen Anstoß erregt. Gut ist eine Entscheidung nicht dann, wenn sie praktikabel ist oder gut ausgeht. **Gut und weise ist, was Gottes Geboten entspricht und in Ehrfurcht vor ihm geschieht.**

Sonntag, 14. Mai — Psalm 111

- Ps 111 stellt uns eine Szene aus dem Gemeindeleben im alten Israel vor Augen. In der Gemeindeversammlung steht einer auf und richtet das Wort an alle. Er trägt eine kunstvolle Dichtung vor: Jeder Halbsatz beginnt mit dem nächsten Buchstaben aus dem hebräischen Alphabet. Es ist ein ergreifendes Glaubenszeugnis zu den großen Werken JHWHs in der Geschichte. **Nicht die eigenen Befindlichkeiten, nicht persönliche Glaubenserfahrungen möchte der Vortragende mitteilen, sondern den Blick lenken auf die Majestät JHWHs, den Herrn der Geschichte.**

> *Welche Ereignisse der Geschichte Israels können Sie in diesem Psalm angedeutet entdecken?*

- Neben die Erinnerung an JHWHs Tun tritt als weiterer Schwerpunkt der Blick nach vorn. JHWHs Bund, sein Liebesbündnis mit Israel – und in Christus mit allen Menschen –, hat Ewigkeitsdimension (V 5.8f). Für den Sprecher ist es undenkbar, dass Gott jemals von seinen Bündnisverpflichtungen absehen könnte. Und dazu gehören Wahrheit und Recht. Aller Versuchung, zum eigenen Vorteil Unrecht zu tun, wird hier eine Absage erteilt. **Wahrheit und Recht gehören zu Gottes ewigen Ordnungen. Ohne sie kann und wird es kein gelingendes Leben geben.**

- So hat der Psalm die Absicht, den Zuhörenden etwas beizubringen. Die alphabetische Struktur hilft, den Text auswendig zu lernen. Und diese Beschäftigung mit dem Glauben macht Freude (V 2). Wer dabei bleibt, wird weise und wahrhaft klug (V 10). Die „Furcht des Herrn" hat nichts mit Angst zu tun, sondern mit Ehrfurcht: In allen Lebensbeziehungen mit der Realität Gottes rechnen, ihm die Ehre geben und so in einer innigen Beziehung bleiben mit Gott und seiner Gemeinde. **Wer so in der Geschichte Gottes mit seinem Volk lebt, der ist klug und gerüstet für alle Herausforderungen auch unserer Gegenwart.**

Der Brief des Paulus an die Philipper

Paulus schreibt aus dem Gefängnis (1,13f). Zu dieser ersten Gemeinde auf europäischem Boden hatte er von Anfang an ein besonderes Verhältnis (4,15). Sie hat ihm durch Epaphroditus Hilfe zum Unterhalt überbringen lassen (2,25; 4,16). Dieser war bei Paulus „todkrank" geworden – sehr zum Kummer der Gemeinde (2,26.28). Nun geht es ihm besser, er kann zurückkehren und soll diesen Brief mitnehmen.

Wo Paulus gefangen gehalten wird, ist unklar. Einiges spricht für Ephesus. Als Abfassungszeit käme dann die Zeit um das Jahr 54 n. Chr. infrage. Von der Gemeinde in Philippi erfahren wir, dass sie missionseifrig ist (1,14), wenn auch bei einigen Mitarbeitern selbstsüchtige Motive eine Rolle spielen. Paulus sieht das, aber ihn bestimmt die Freude, dass das Evangelium auch ohne ihn ausgebreitet wird (1,18), ja durch seine Gefangenschaft die Verantwortung der Gemeinden für die Mission wächst.

Die Situation im Gefängnis ist äußerst kritisch, sodass Paulus auf beides vorbereitet ist, auf den Tod wie auf die Entlassung (1,20ff). Doch auch ein möglicher Tod kann seine Freude nicht beeinträchtigen, denn „Christus ist sein Leben" (1,21).

Neben diesen vielen persönlichen Notizen bestimmen drei Themen den Brief:

1. Die Ermahnung zur selbstlosen Einheit (2,1-4) mit dem Hinweis auf das Beispiel Jesu (2,5), wobei Paulus einen in der Urchristenheit bekannten Christushymnus zitiert (2,6-11).
2. Die Warnung vor judenchristlichen Scharfmachern, die zusätzlich zum Glauben an Jesus eine jüdische Beschneidung und damit das Halten des jüdischen Gesetzes fordern (3,2). An seinem Leben zeigt Paulus, wie Jesus für den Glaubenden ein und alles ist (3,3-21).
3. Der eindringliche Ruf zur Freude in Christus (3,1), d. h. zu einer Freude, die nur der kennt, der ganz in und mit Christus lebt. Wie Paulus selbst aus dieser Freude auch in den kritischsten Momenten lebt (1,18), so sollen es alle Christen halten.

Montag, 15. Mai **Philipper 1,1-11**

Frauen-Gebetstreff im Grünen. Lydia, von Beruf Textilkauffrau, wird Christin. Paulus und Silas erregen Aufmerksamkeit – und landen im Gefängnis. Dann ein Erdbeben. Fesseln fallen. Der Gefängnisdirektor kommt zum Glauben. Eine Gemeinde entsteht. Das alles geschah in Philippi. (Nachzulesen in Apg 16,11-40.)

● Seit diesen Anfängen blieb **die Beziehung zwischen der Gemeinde und Paulus herzlich** („weil ich euch in meinem Herzen habe", V 7). Die Philipper haben Paulus immer wieder unterstützt. Später im Brief (4,10ff) dankt Paulus für eine Gabe, die ihm ein Mitarbeiter namens Epaphroditus (4,18) überbracht hat.

● Paulus hat diese Gabe im Gefängnis erhalten. Der Apostel ist gefesselt, kann aber Besuch empfangen. Den Brief nach Philippi hat er vermutlich dem Timotheus diktiert; beide sind als Absender genannt und beide verstehen sich als „Knechte Christi Jesu" (V 1, auch mit „Diener von Christus Jesus" zu übersetzen).

● Was kann man von einem, der unschuldig in Haft sitzt, erwarten? Erst recht von jemand, der mit dem Todesurteil rechnen muss? Wütende Klage, Verzweiflung oder Hilferufe wären verständlich. Ganz anders Paulus: Er schlägt gleich am Anfang des Briefes einen **Grundton der Freude an. Herzlichkeit, Dank und Fürbitte stehen an erster Stelle.** Warum? In den nächsten Briefabschnitten wird es deutlich. Aber schon hier betont Paulus: Das Evangelium läuft (V 7)!

> ✎ *Welchen Ton schlagen wir in schwierigen Situationen an? Wie kann Paulus Sie ermutigen, wenn Enttäuschungen, Leid und Sorgen Sie „gefangen" nehmen?*

● **Der Philipperbrief strahlt wie ein Diamant unter den Paulusbriefen: Er strahlt schon in den ersten Sätzen Freude aus.** Das Thema „Freude" zieht sich durch den ganzen Brief hindurch. Freuen Sie sich auf die nächsten Tage.

Dienstag, 16. Mai   Philipper 1,12-18a

● Natürlich wollen die Christen in Philippi wissen, wie es Paulus geht. Was antwortet er? Sinngemäß so: **Danke, dem Evangelium geht es ausgezeichnet!** Es läuft kräftig, sogar im Knast. Dabei hätte Paulus allen Grund gehabt zu jammern und seine Haft in dunklen Farben zu schildern. **Wichtiger als sein persönliches Befinden ist ihm, dass Menschen zu Jesus finden.** Bedeutender als seine Fesseln ist, dass sogar Mitgefangene vom Evangelium gefesselt werden und Christus kennenlernen. **Die „Förderung des Evangeliums" (V 12) steht in der Prioritätenskala des Paulus höher als alles andere.**

> *Paulus trägt seine „Fesseln für Christus" (V 13). Das motiviert zur Fürbitte für Christen, die wegen ihres Glaubens verfolgt werden und inhaftiert sind. Es wirft aber auch die Frage auf: Wo bin ich bereit, auch in persönlich schwierigen Situationen (Krisen, Krankheiten, Bedrohungen) am Glauben festzuhalten und für Christus einzustehen, wenn nötig sogar für ihn zu leiden?*

● Das Prätorium (V 13) war die offizielle Residenz des römischen Statthalters (Prokurator); wo Paulus den Brief schreibt, ist nicht sicher, vermutlich in Ephesus (vgl. die Einleitung). Jedenfalls haben nicht nur Gefangene, sondern auch Beamte, Soldaten und andere durch die Fesseln des Paulus etwas vom Evangelium erfahren.

● V 14-18: Wie gehen andere Jesus-Verkündiger mit der Nachricht um, dass Paulus inhaftiert ist und mit der Todesstrafe rechnen muss? Unterschiedlich! Manche Neider setzen sich kritisch von Paulus ab; vielleicht werfen sie ihm vor, dass er sich selbst durch die Art seiner Verkündigung in die missliche Lage gebracht hat. Andere aber halten zu Paulus und bleiben in Liebe (V 16) mit ihm verbunden. **Paulus reagiert mit einer erstaunlichen Weite und inneren Freiheit: Hauptsache, Christus wird verkündigt!**

Mittwoch, 17. Mai   Philipper 1,18b-26

● Paulus ist innerlich hin- und hergerissen. Was soll er sich wünschen? Er lässt die Christen in Philippi an seinen Gedanken teilhaben:

→ **Einerseits würde er am liebsten sterben.** Ist er lebensmüde? Hat er genug von den Gefängnis-Qualen? Er kann ja sogar behaupten: „Sterben ist mein Gewinn". Um ihn nicht falsch zu verstehen: Er hat keinen Gedanken daran, sich selbst das Leben zu nehmen. Er muss vielmehr mit der Möglichkeit seines Todesurteils rechnen. Und was wäre dann? Hätte er so verloren? Nein, auch der Tod wäre dann Zeugnis für Christus. Und vor allem: Er wäre nicht das Ende, sondern der Anfang des neuen Lebens bei Christus. **Noch bevor „Sterben ist Gewinn" gilt, steht fest: „Christus ist mein Leben"** (V 21).

> *Sehen Sie schon mal Phil 3,14 und 3,20 an. – Wie denken Sie über den Tod? Was ändert sich, wenn jemand weiß: Sterben heißt für mich „bei Christus sein" (V 23)? In manchen Todesanzeigen steht: „Gekämpft und doch verloren". Was denken Sie darüber?*

→ **Andererseits möchte Paulus aber auch am Leben bleiben.** Er möchte weiter dazu beitragen, dass in Philippi und anderswo der Glaube an Jesus Christus wächst – und die Freude daran.

● Paulus weiß nicht, wie es mit ihm weitergeht. Aber er verzweifelt nicht. **Er lebt mit einer „sehnsüchtigen, festen Erwartung und Hoffnung"** (V 20). Stirbt er, ist es gut. Bleibt er am Leben, ist es auch gut. In jedem Fall wird es ihm „zum Heil ausgehen" (V 19). Und in jedem Fall soll „Christus verherrlicht werden" (V 20); „an meinem Leib" bedeutet: an meinem ganzen Leben, in allem, was mir geschieht. Diese Grundhaltung macht Paulus auch im Gefängnis zu einem erstaunlich freien Menschen, und aus dieser Freiheit heraus kann er sich selbst in Fesseln freuen (V 18b).

Himmelfahrt, 18. Mai — Psalm 110

- „Er sitzt zur Rechten Gottes, des allmächtigen Vaters", heißt es im Glaubensbekenntnis. **Dies beschreibt die Königsherrschaft Jesu Christi über alle Welt, die wir am Himmelfahrtstag besingen und bekennen.** Mithilfe von Ps 110 hat die Christenheit dieses Bekenntnis ausformuliert.
- Ps 110 erlaubt uns blitzlichtartige Einblicke in das **Ritual der Inthronisation eines Königs in Israel.**
→ Der amtierende Priester spricht ein Gotteswort zu seinem Herrn, dem König (V 1). Der Sitz „zu meiner Rechten" ist im Allerheiligsten des Tempels neben der Bundeslade zu vermuten, die als Thron JHWHs verstanden wurde. Der König wird zum Mitregenten JHWHs berufen!
→ V 3b stellt die wunderbare Geburt des Königs heraus, die man in Anlehnung an Ps 2,7 verstehen muss.
→ Der Jerusalemer König tritt in **das Priestertum Melchisedeks** ein, sodass er politischer und geistlicher Führer zugleich ist.

> *Erkunden Sie, was die Bibel über den geheimnisvollen Melchisedek überliefert (1Mose 14,18-20; Hebr 5,6ff; 7,1ff)!*

→ Dem König wird die Überwindung aller Feinde zugesagt (V 1.2.5.6). Gott wird Gericht halten über die Völker und Recht schaffen – die grausame Sprache nimmt die Bilderwelt des Krieges auf und ist für uns heute schwer nachzuvollziehen.
- Ps 110 weist weit über die Inthronisation eines irdischen Königs hinaus. **Die frühe Christenheit hat schon in V 1 die Majestät des auferstandenen und erhöhten Christus entdeckt** (Röm 8,34). Die Auferstehung Jesu bedeutet ja den Sieg über die Feinde Sünde, Tod und Teufel (1Kor 15,25f).
- Ps 110 ist ein Beispiel dafür, dass uns die Bibel oft herausfordert, aus Bruchstücken heraus Zusammenhänge zu denken. Das ist manchmal sehr anspruchsvoll und oft ganz beglückend.

Freitag, 19. Mai Philipper 1,27–2,4

- Bis jetzt hat Paulus viel über seine Situation, seine Gedanken und Erwartungen berichtet. **Jetzt geht es um die Gemeinde in Philippi.** Paulus ermahnt und ermutigt sie – im Blick sowohl auf ihre Wirkung nach außen (vor allem in 1,27-30) als auch auf die Beziehungen innerhalb der Gemeinde (vor allem ab 2,1ff).
- Sowohl in der Wirkung nach außen wie nach innen **mahnt Paulus, „einträchtig" und „einmütig" zu leben** (1,27 und 2,2). Das bedeutet nicht, stets gleicher Meinung zu sein. Paulus scheute Auseinandersetzungen nicht (z.B. Apg 15; Gal 2,11ff). Wichtig ist aber, von welchem Geist sie bestimmt sind. Ist es der Geist liebloser Rechthaberei oder der Heilige Geist, der Christen verbindet (vgl. V 27)?
- Dabei kann es Ihnen wie dem Paulus gehen: dem Evangelium droht Widerstand. **Glauben kann auch „Kampf" (V 30) bedeuten.** Durchhaltekraft und Leidensbereitschaft gehören dazu.

> *Was macht Ihnen Mut zu einem fröhlichen Christus-Bekenntnis? Und was bewahrt Sie vor lieblosem Richtgeist?*

- „Tut nichts aus Eigennutz oder um eitler Ehre willen" (2,3) – gelingt das? Was in unseren Ohren wunderbar, fast idealistisch klingt, **trotzte schon damals dem Trend menschlicher Ehr- und Eigensucht.** In der Stadt Philippi lebten viele altgediente römische Soldaten mit ihren Familien. Man war stolz, ein Römer zu sein. Natürlich ging es um „eitle Ehre". Und schon damals dürfte eine gekränkte Ehre oft zu Streit und Leid geführt haben. Nun sollten die Philipper dagegen leben: „In Demut den anderen höher achten als sich selbst" (V 3) – wer kann das? Gibt es dafür ein Vorbild? Als ob Paulus solche Fragen gehört hätte, hält er nun keinen moralischen Vortrag, sondern er malt Jesus Christus vor Augen. Und wie!? Kein Appell, sondern ein Lied (2,6-11). Lasst euch von ihm, dem gekreuzigten und auferstandenen Herrn, prägen.

Samstag, 20. Mai — Philipper 2,5-11

● Wie soll es Christen gelingen, liebevoll miteinander umzugehen? Einander höher zu achten als sich selbst (2,3)? Paulus will es zeigen. Dazu malt er Christus vor Augen. Er schreibt ein – der Gemeinde vielleicht schon bekanntes – Christuslied auf. Ein starker Song! Er reicht vom Anfang der Welt bis zu ihrem Ende, von der Höhe in die Tiefe und wieder in die Höhe. Er besingt **den Weg von Jesus:**

→ **Weihnachten:** Jesus kommt von Gott, wird Mensch, erniedrigt sich als Baby in Windeln – und ist doch Heiland der Welt!

→ **Karfreitag:** Jetzt wird der Hymnus zum Passionslied. Jesus geht den Weg in die Tiefe, ins Leiden, in den Tod. Und das mit dem Ziel, in den Tiefen unserer Schuld und Todesangst bei uns zu sein. Er erniedrigt sich auch in die Schatten unseres Lebens: „Vater, vergib", bittet er am Kreuz. So von Gott zu denken, war im römischen Philippi anstößig; man verehrte starke Götter, strahlende Helden. Aber einen Gott, der sich erniedrigt und kreuzigen lässt? Doch Gottes Antwort: Der Gekreuzigte lebt!

→ **Ostern:** Gott hat Jesus nicht im Tod gelassen. Er hat ihn „erhöht". Man kann den Christus-Weg in einer Kurve nachzeichnen: Sie führt zunächst nach unten. „Gestorben, begraben …" (Glaubensbekenntnis) – das ist der Tiefpunkt. Doch jetzt führt der Weg wieder aufwärts, wieder ins Leben, wieder zu Gott. Und das Leben der Christen soll diesem Weg folgen: auch im Tod nicht einfach abwärts ins Nichts, sondern hin zu Gott.

→ **Himmelfahrt und Wiederkunft:** Der wieder in den Himmel aufgefahrene Christus ist nicht einfach weg. Sondern er regiert. Und er wird einmal wiederkommen. Jetzt wird der Blick weit: Einmal wird sich vor Christus „jedes Knie beugen – im Himmel, auf der Erde und unter der Erde". „Jesus ist Herr" (griech: „Iesus kyrios") ist eines der ältesten Christus-Bekenntnisse. Was Christen schon heute bezeugen, das werden einmal „alle Zungen" bekennen. Ein gewaltiger Schlussakkord.

Sonntag, 21. Mai Psalm 27

Der Psalm erscheint wie ein Drehbuch für den Weg des Glaubens durch verschiedene Lebenslagen hindurch.
- V 1-3: **Das hat der Beter von Kindesbeinen an gelernt: Gottvertrauen hilft gegen die Angst.** Wenn missgünstige Menschen auftreten – JHWH ist stärker als sie und bringt sie zu Fall. Selbst im Krieg ist Verlass auf JHWHs Schutz.

> *In welcher Phase befindet sich Ihr Glaubensleben derzeit? Ist die erlernte Glaubenszuversicht lebendig oder verspüren Sie eine krisenhafte Entwicklung?*

- V 4-6: Das Urvertrauen des Glaubens kommt in die Krise, wenn tatsächlich Gegner auftreten, die den Beter verfolgen und vor Gericht verklagen. Da sehnt er sich nach der Geborgenheit des Tempels, und er sucht Asyl im Gotteshaus. Dort im Gottesdienst erwartet er Schutz vor seinen Verfolgern.
- V 7-10: Aber auch im Tempel findet der Beter keine Ruhe. Seine Hilferufe werden dringlicher, fordernder. Er beruft sich auf ein Gotteswort, er erkämpft sich einen Platz in der Nähe JHWHs. Dort, so hofft er, findet er Aufnahme und Schutz.
- V 11-13: **Das Gebet wird konkret: JHWH möge ihm Wegweisung geben,** sodass alle seine Rechtschaffenheit sehen. Die Gegner mit ihren falschen Zeugen sind so stark! Der Beter sieht sich in Lebensgefahr und hofft auf Rettung.
- V 14 lässt erkennen, dass dieser Glaubenskampf tatsächlich im Tempel stattfindet. **Der amtierende Priester spricht dem Beter ein Gotteswort zu, das ihm Trost und Ermutigung verheißt.**
- Dieses „Drehbuch des Glaubens" ist durch die Geschichte hindurch ungezählten Menschen auch außerhalb des Gotteshauses in Not und Verfolgung zum Halt geworden. Sie öffnen vor Gott ihr Herz, und sie empfangen Weisung, Stärkung, Zuversicht. **Und dabei wächst die Gewissheit, dass Gott in Christus alle Beschuldigungen auf sich genommen hat** (Röm 8,33f).

Montag, 22. Mai   Philipper 2,12-18

Es ist mir unvergesslich. Wir waren zusammen auf einer Schülerfreizeit. In der Bibelgruppe lasen wir zusammen Mt 5,13-16. Da schaute ein etwa 14-jähriges, aufgewecktes Mädchen auf und sagte: „Das soll von mir gelten. ,Licht der Welt', das möchte ich sein."

● Genauso sieht Paulus seine **Gemeinde in Philippi**. Er versichert ihr: Dadurch dass ihr euch an das Evangelium haltet, strahlt ihr unübersehbar aus in dieser Welt (V 15).

● Paulus sitzt im Gefängnis. Ihm droht die Todesstrafe. Dazu bedrängt ihn die Frage: Durch meinen Dienst sind Gemeinden entstanden, an denen ich meine helle Freude habe. Werden sie Bestand haben? Oder war alles umsonst?

● Wer denkt da heute nicht daran, dass in unseren Kirchen die Zahl der Mitglieder schrumpft, auch die Zahl derjenigen, die Pfarrer und Pfarrerinnen werden wollen? War alles vergeblich?

● Aber dieser Gedanke beherrscht Paulus nicht. Gerade hat er das großartige Christus-Lied (V 5-11) zitiert. Jesus ist den Weg der Erniedrigung gegangen, und dann wurde er von Gott erhöht.

● Jetzt folgt hier in Phil 2 eine **kraftvolle Aussage, die ausgesprochen widersprüchlich zu sein scheint**: Schafft mit allem, was in euch ist, dass ihr selig werdet, denn Gott wirkt alles, was ihr euch vornehmt und was ihr in die Tat umsetzt.

● Wir kommen dem **Geheimnis dieses vermeintlichen Widerspruchs** näher, wenn wir das Wirken des Heiligen Geistes zu verstehen versuchen. Der Geist Gottes beginnt bereits an uns zu wirken, bevor wir überhaupt daran denken. Und zugleich bewegt er uns Menschen in unserem Wünschen, Planen und Wollen. Also tut, was ihr vom Geist Gottes her könnt!

● Wichtig für Paulus ist noch, dass er auf den Tag der Wiederkunft Christi zu lebt. Dann wird offenbar werden, was in seinem Leben und Wirken Bestand hatte und was nicht.

● Und schließlich: Wenn er jetzt an seine Gemeinde in Philippi denkt, ist er **voller Freude**.

Dienstag, 23. Mai   **Philipper 2,19-30**

● Der Dienst des Paulus ist nicht zu denken ohne die Schar seiner Mitarbeiter. Einer seiner engsten Gefährten ist **Timotheus**, sozusagen sein geistlicher Sohn. Paulus lobt ihn über die Maßen (V 20) und kündigt an, ihn bald nach Philippi zu senden.

● Ein anderer Mitarbeiter ist **Epaphroditus**, den die Gemeinde mit einem Lebensmittelpaket zu dem Apostel im Gefängnis gesandt hatte, um ihm auf diese Weise ihre Dankbarkeit zu zeigen. Er war dort angekommen, hatte das Geschenk der Gemeinde übergeben und ganz viel erzählt. Dann aber war er sterbenskrank geworden. Paulus hatte sich – trotz seiner Fesseln – intensiv um ihn kümmern müssen. Es ist erstaunlich, wie der Apostel in dieser Situation mit seinem Mitarbeiter umgeht. **Anerkennend spricht er davon, dass Epaphroditus sich wegen des Dienstes für Paulus nicht geschont hat und darum alle Wertschätzung verdient** (V 29.30). Darum war, ist und bleibt Epaphroditus einer seiner Mitarbeiter auf seinen Missionsreisen, auch wenn sein Name in den andern Paulusbriefen nicht mehr auftaucht. Vier Mal wird in diesen Versen das Wort „senden" verwandt, obwohl ihre Pläne durch die schwere Erkrankung von Epaphroditus durchkreuzt wurden. Paulus sieht, wie bei Epaphroditus die Kräfte langsam wieder kommen, und überlegt mit ihm, wie es nun weitergehen soll. Wie es ihm selbst jetzt als Gefangener geht, steht dabei nicht im Mittelpunkt.

● Paulus schickt nun den genesenen Epaphroditus mit diesem Brief zurück. Er ist der Überbringer einer ausgesprochen Mut machenden Nachricht: Gott hat ihn wieder gesund gemacht – und das ist Grund zur Freude und Dankbarkeit.

> ✎ *Wo hat Gott in Ihrem Leben oder im Leben nahestehender Menschen Pläne durchkreuzt? Wie fanden Sie dann zu neuer Freude und Gewissheit?*

Montag, 5. Juni   1. Mose 27,30-40

● Esau kommt zu spät. Sein jüngerer Bruder Jakob war schneller gewesen und hat ihn um den Segen des Erstgeborenen betrogen. Das Erbe ist also vergeben. Der volle, reiche Segen des Vaters kommt dem skrupellosen Jüngeren, Jakob, zu.

● Für den hilflosen Ältesten, Esau, bleibt nur: Du wirst „fern vom Fett der Erde und vom Tau, der vom Himmel kommt" wohnen (V 39); wirst dich „von deinem Schwert" ernähren und deinem Bruder dienen (V 40a). Nicht sehr verheißungsvoll. Nicht nur für Esau, auch für das Volk, das aus ihm werden soll, die Edomiter.

● Esau erhält nur noch so etwas wie einen schwachen „Restsegen": Aber irgendwann wirst du „sein Joch von deinem Hals reißen" (V 40b). Esau ist am Boden zerstört (V 41), aber er wird sich aufraffen und etwas aus seinem Leben machen – ohne den Rückenwind des Segens Gottes.

> *Wie hat sich das Leben Esaus entwickelt: 28,7f; 33,1.9.12; 36,40?*

● Eigenständig wird Esau sein. Durchsetzungsstark und widerstandsfähig. Er hat die Kraft, sein Leben zu bestehen. Aber **im Heilsplan Gottes wird er nur eine Nebenrolle spielen.** Letztlich ist das Gottes Entscheidung gewesen (25,23), auch wenn sich in Esaus Leben Ereignisse finden, die diese göttliche Wahl bestätigen und er selber seinem Erstgeburtsrecht gegenüber gleichgültig war (25,29ff).

● Für das menschliche Leben sind Gottes Wege manchmal ähnlich schwer zu verstehen. Entscheidungen, Lebensereignisse, Schicksalsschläge. Manches logisch und vorhersehbar. Manches scheinbar grundlos, tragisch. Es ist leicht, Esau zu beschuldigen, er würde Gott nicht ernst nehmen, und deshalb wäre ihm das alles widerfahren. Man kann ihn bedauern, dass er den Intrigen der anderen ausgeliefert sei. Oder man kann ihn beglückwünschen, dass er eine Rolle in Gottes Heilsplan spielt. **Eine Nebenrolle zwar – aber immerhin.**

Dienstag, 6. Juni   **1. Mose 27,41–28,9**

● Jakob ist am Ziel, er hat den Erstgeburtssegen bekommen. **Doch zu welchem Preis?** Nur seine Mutter Rebekka hält noch zu ihm, hat sie doch bei dem Betrug mitgewirkt. Eine zerrissene Familie. Und durch sie soll der Segen Gottes von Abraham zu allen Völkern gehen (1Mose 12,3)?

> *Kann von einer zerstrittenen Gemeinschaft überhaupt Segen ausgehen? Oder ist der Segen nicht an Verbundenheit und Eintracht gebunden?*

● Wie die Familie zerbricht, sieht man an den unterschiedlichen Heiratsstrategien der beiden Söhne. **Jakob** muss zu seinem Onkel Laban, dem Bruder seiner **Mutter**, fliehen (V 43). Sowohl Mutter (V 46) als auch Vater (28,1-2) beschönigen Jakobs Flucht damit, dass er doch keine kanaanäische Frau heiraten solle. Dass es durchaus auch anders geht, macht **Esau** deutlich, der seine Cousine **väterlicherseits** heiratet (V 9). Beide stärken auch die Verbundenheit zu dem jeweiligen Teil der Familie, aber schwächen den Zusammenhalt der Familie Jakobs.

● Es sind einfache und nüchterne Entscheidungen, die die Beteiligten treffen. Folgerichtig und auch der Tradition entsprechend. Aber sie beruhen, bei aller inneren Logik, auf der familiären Katastrophe des erschlichenen Segens. Sie sind Schadensbegrenzung und zugleich Zeichen der Entfremdung. Der Segen Gottes, der doch eigentlich der Familie, der Gemeinschaft, zugutekommen soll, wird zum Keil, der die Gemeinschaft trennt. **Gottes gute Gabe trifft auf menschliches Begehren und bewirkt fast das Gegenteil von dem, was es bewirken soll.** Dass am Ende sowohl Jakob mit Wohlstand gesegnet wird als auch Esau ein gutes Leben führen kann (33,9), bedeutet nicht, dass Gott damit das Verhalten der Beteiligten billigt. Es macht nur deutlich: Gott hält Wort!

Freitag, 9. Juni   1. Mose 29,14b-30

● Jakob arbeitet mit. Er macht sich nützlich im Haushalt Labans. **Zeit, einen angemessenen Lohn auszuhandeln.** Der Vorschlag Jakobs ist – je nachdem – erstaunlich oder romantisch: „Ich will dir sieben Jahre um Rahel, deine jüngere Tochter, dienen." (V 18). Endlich hatte Jakob etwas, wofür er sich einsetzte. Eine Beziehung, die ihm etwas bedeutete und die sein Engagement wert war. Er, der segenssüchtige Einzelgänger, fühlt sich mit jemandem verbunden. Das spornt ihn an – aber macht ihn auch angreifbar.

● Sein Onkel Laban sah eine Chance, ein Problem zu lösen und zugleich seinen tüchtigen Neffen an sich zu binden. In der Logik seiner Zeit war es wichtig, alle seine Töchter zu verheiraten. Auch die nicht so ansehnliche Schwester: „Leas Augen waren sanft, Rahel aber war schön von Gestalt und von Angesicht" (V 17). Moralisch zweifelhaft, aber in Labans Selbsteinschätzung sicherlich listig, gab Laban seinem Neffen nach sieben arbeitsreichen Jahren die falsche Schwester zur Braut (V 25). Labans Begründung: „Es ist nicht Sitte in unserem Lande, dass man die Jüngere weggebe vor der Älteren" (V 26).

● **Jakob, der gewiefte Betrüger, wird selbst betrogen.** Dieses Mal steht er auf der anderen Seite. Er hat – abgesehen vielleicht von seiner Mutter Rebekka – zum ersten Mal in seinem Leben gespürt, wie wertvoll ein anderer Mensch für ihn ist. Jemand, der es wert ist, Lebenszeit für ihn zu opfern. Das bereitet Schmerzen, als er merkt, dass er betrogen ist (V 25). Aber zugleich ist es ein Schritt heraus aus seinem selbstbezogenen Leben.

● Nochmal sieben Jahre muss Jakob für seinen Onkel arbeiten – jetzt allerdings mit der Hochzeit am Anfang dieser Arbeitszeit (V 27.30). **Jakob ist am Ziel. Er hat seine Traumfrau Rahel geheiratet. Aber Gott ist noch nicht am Ziel mit ihm.**

Samstag, 10. Juni   1. Mose 31,1-7.14-32

● Es war **Jakobs Entschluss**, mit seiner Familie die Sippe Labans zu verlassen (30,25f). Der Auslöser war die Missgunst der anderen Söhne Labans, die Jakob unterstellten, dass er seinen Schwiegervater betrogen habe und so ihr zukünftiges Erbe schmälern würde (V 1). Die Vorwürfe scheinen Laban beeindruckt zu haben (V 2). Die Atmosphäre wurde frostiger. Diese problematischen Lebensumstände sind auch von Jakob selbst herbeigeführt worden.

● Der zweite Beweggrund: **Gottes Auftrag** (31,3) und Gottes Versprechen, ihn zu begleiten und ihn wieder nach Hause zurückzubringen (28,15).

● Gott spricht Jakob in diesem neuen Lebensübergang wieder persönlich an. Der Aufbruch Jakobs ist nicht nur Flucht, sondern auch Rückkehr. Die Verheißung Gottes, die Jakob vor vielen Jahren in einer verzweifelten, vereinsamten Situation erhalten hat (28,13-15), soll sich zum Teil erfüllen.

> ✎ *Was hat sich von der Verheißung Gottes in 1Mose 28,13-15 schon erfüllt? Was steht noch aus? Welche Bedeutung hat diese Verheißung jetzt in Jakobs Leben?*

● Es muss jetzt schnell gehen. Und dennoch müssen sich Jakob und seine Frauen noch einmal selbst überzeugen, warum dieser Entschluss zu gehen gerechtfertigt ist. Laban habe zehnmal den Lohn für Jakobs Mitarbeit geändert (V 7), und wenn ihm nicht ein Engel den Tipp mit den verschiedenfleckigen Tieren gegeben hätte, wäre Jakob leer ausgegangen (V 8-12). Und seine Frauen werfen ihrem Vater vor, er habe sie an Jakob verkauft und den Kaufpreis verprasst (V 15). Beides klingt nach **Argumenten, sich selbst zu überzeugen, obwohl man selbst nicht überzeugt ist**. Man spürt den Zwiespalt, in dem sich Jakob und seine Frauen befinden. Mag es auch Gottes Wegweisung sein, die Jakob zum Aufbruch drängt, so ist es aber auch der menschliche Zweifel, der diesen Aufbruch belastet.

Sonntag, 11. Juni — Psalm 34

> *Lesen Sie einmal in Ruhe Ps 34,1-5, dann 1Sam 21-22 und noch einmal Ps 34,1-5.*

● Die Überschrift verknüpft den Psalm mit den Texten aus 1Sam. Abimelech könnte ein weiterer Name von Achisch aus 1Sam sein oder ein Königstitel. Die Verbindung der ersten Verse zu der Erzählung in 1Sam stellt aber vor allem die Gefahr für David heraus und dass er das Gelingen seiner List als ein Geschenk Gottes verstanden hat. David lobt nicht seine Klugheit; er wusste, dass er in Gottes Hand war. **Wie leicht schreibe ich es mir selbst zu, wenn meine Gedanken zu einem guten Ende führen? Wie leicht mache ich menschliche Überlegungen und Gottes Eingreifen zu Gegensätzen? David macht beides nicht.**

● Es ging um Leben und Tod. Das war echt knapp. Rettung und Befreiung sind daher zentral wichtig für den Psalm (V 5.7.8.18. 19.20). Man kann aber an V 10.11.18 oder 21 hängen bleiben. Diese Aussagen klingen so allgemein, so als ob man mit Gott keine Probleme mehr im Leben hätte. Das war **nicht** Davids Situation. Es geht um die Bewahrung **inmitten** der Bedrängnis. Davids grundsätzliches Problem – dass Saul ihm nach dem Leben trachtete – war mit dieser Rettung auch **nicht** gelöst. In V 9 + 23 findet sich der Gedanke, „sich bei Gott zu bergen". Dies betont, dass Herausforderungen und Gefahren **bleiben**.

● Beim Aufbau des Psalms fällt auf, wie David seine Erfahrung (V 1-5) in die Erfahrung vieler (wohl gottesfürchtiger) Menschen stellt (V 6-8) und ein Fazit daraus zieht (V 9-11). Der Rest des Psalms ist dann Davids Weisung (V 12), die mit vielen Aspekten eine Lehre aus alledem zieht, also etwas Grundsätzliche(re)s sagen will.

● V 12-23 kann man auch als Eingeständnis und Selbstkritik Davids lesen. Er versteht nun, dass er nicht so weitermachen kann wie bisher; es muss sich etwas ändern (vgl. 1Sam 24-26).

Montag, 12. Juni   1. Mose 31,33-54

● Da hat sich **eine Menge angestaut zwischen Jakob und seinem Onkel Laban.** 20 Jahre hat Jakob bei ihm geschuftet! Bei Wind und Wetter hatte er die Herden zu hüten, mit manch schlafloser Nacht; Verluste musste er ersetzen, auch wenn es nicht seine Schuld war; immer wieder hat Laban Jakobs Lohn „angepasst" – und dabei hat Jakob sorgfältig auf dessen Herde aufgepasst (V 38-41).

● Doch Jakob wusste sich nicht anders zu helfen, als heimlich zu flüchten (V 17) – und gab seinem Schwiegervater **nicht einmal die Gelegenheit, sich von seinen Töchtern und Enkeln zu verabschieden.** So geht das nicht, Jakob. Du zerreißt wieder Familienbande. Der Anlass ist anders als damals, als du deinen Vater Isaak um den Segen betrogen hast. Aber siehst du nicht das Muster in deinem Handeln? Du bist gesegnet. Du weißt, dass du nicht einfach nur Glück hattest, oder dir alles selbst erarbeitet hast. Gott ist auf deiner Seite (V 42). Und trotzdem gelingt es dir nicht, Beziehungen zu Menschen, die dir etwas zu sagen haben, angemessen zu gestalten – und zu beenden. Du gehst nicht einfach – du fliehst. Wovor?

● Jakob ist weit gekommen. Er hat sich etwas aufgebaut: die große Familie, sein reicher Besitz. Er hat es zu etwas gebracht. Und doch fehlt noch etwas in seinem Leben. Diese letzte Souveränität und innere Stärke, die aus einem so erfolgreichen und gesegneten Leben erwachsen sollte.

● Man spürt, wie bei Jakob seine belastenden und beglückenden Lebenserfahrungen, seine charakterliche Prägung, aber auch sein Glauben an Gott, miteinander ringen. Die vielen Einflüsse, die sein Leben bestimmen. **Der Segen Gottes löst nicht alle Lebensprobleme von Jakob. Der Segen Gottes schafft auch nicht einfach gelingende Beziehungen. Aber Gott hört nicht auf, in das Leben dessen einzuwirken, der ihm vertraut und der von ihm gesegnet ist. Gott kann lange Wege gehen, bis ein äußerer Segen auch zu einem inneren Segen wird.**

Dienstag, 13. Juni 1. Mose 32,1-22

● Die **entscheidende Konfrontation mit seinem Bruder Esau** liegt vor Jakob. Man spürt, wie nervös er dieser Begegnung entgegengeht (V 8). Esaus letzte Worte vor Jakobs Flucht werden ihm noch in den Ohren klingen – er wollte Jakob töten, sobald Issak tot ist (27,41). Hat die Zeit den Zorn Esaus über seinen hinterhältigen Bruder besänftigt – oder angefacht? Für Jakob steht alles auf dem Spiel.

● Also teilt Jakob seine Herden auf. Nacheinander sollen sie Esau und seinen vierhundert Männern begegnen (V 7). Sorgsam gestaffelt sollen die Herden auf Esau treffen. Jedes Mal mit dem Auftrag, Esau zu sagen: „Es gehört deinem Knechte Jakob, der sendet es als Geschenk seinem Herrn Esau, und er selbst zieht hinter uns her" (V 19). Jakob gibt seinem Bruder Esau etwas von dem gestohlenen Segen zurück. **Drei Begegnungen – drei Geschenke – dreimal die Bitte um Versöhnung.** Eine sorgsame durchkomponierte Inszenierung.

> ✎ *Jakob versucht, einen Weg zur Versöhnung zu bahnen. Versöhnung kann man nicht erzwingen. Aber man kann Hindernisse auf dem Weg beseitigen. Wie gelingt es, Menschen versöhnlich zu stimmen?*

● **Jakob überlässt nichts dem Zufall.** Zu gefährlich erscheint ihm die Begegnung mit seinem Bruder Esau. Spätestens jetzt spürt er, wie ihn die Vergangenheit einholt. Gott hat ihm zwar durch eine Begegnung mit Engeln seine kraftvolle Gegenwart zugesprochen (V 2-3), aber die Angst sitzt tief, dass sich Esau zu einem späten Racheakt hinreißen lässt.

● In einem **Gebet** dankt Jakob noch einmal für Gottes unverdiente Barmherzigkeit und Treue, verleiht ehrlich seiner Angst Ausdruck und bittet ihn um Rettung vor seinem Bruder (V 12). Wirklich beruhigt scheint er nicht. Alles kann geschehen. Nichts ist sicher. Bisher hat sich Jakob immer wieder auf Gottes Zusagen verlassen können. Aber ob das auch jetzt noch gilt?

Mittwoch, 14. Juni   1. Mose 32,23-33

- Am **Fluss Jabbok** schließt sich für Jakob ein Kreis: Als Jakob fliehen musste, weil er Esau betrogen hatte, begegnete er seinem Gott ein erstes Mal. Nun muss er vor Laban fliehen, der wiederum ihn betrogen hatte, und Gott begegnet ihm erneut.
- Jakob macht noch dazu in der Nacht etwas sehr Gefährliches: Er bleibt alleine auf der anderen Flussseite zurück. Seine Motive dafür bleiben im Dunklen.
- Wieder einmal kämpft Jakob um den Segen Gottes. Statt sich mit Betrogenen wie Esau oder mit Betrügern wie Laban zu messen, kommt es nun aber zu einem Ringkampf mit Gott selbst. Dieser Kampf dauert die verbliebene restliche Nacht und endet mit einer chronischen körperlichen Verletzung der Hüfte. **Jakob will Gott nicht gehen lassen, bevor er ihn gesegnet hat.**
- Jakob „gewinnt" den Kampf. Nun hat er nicht nur das Erstgeburtsrecht ergaunert, sondern **mit Gott selbst um den Segen gerungen.** Jetzt kann er seinem Bruder begegnen und sich seiner Vergangenheit stellen.
- An dieser Stelle wird der Betrug Jakobs mit einem Geständnis beigelegt. Gott fragt ihn, wie damals sein Vater Isaak: „Wie heißt du?" Anstelle sich wieder als jemand anderes auszugeben, antwortet Jakob dieses Mal wahrheitsgemäß „Jakob." In dem Namen schwingt auch mit **„Ja, ich bin der, der betrogen hat und betrogen wurde. Ich komme aus diesen unheilen Familiengeschichten und -mustern."**
- Nach diesem Bekenntnis empfängt Jakob seinen neuen Namen: **Israel – Gottesstreiter.** Israel wird als Volk immer daran erinnert werden, dass es seinen Namen von Jakob, dem Betrüger, bekommen hat. Aus dem Streiter mit Gott soll ein Streiter für Gott werden.
- Jakobs „Mahnmal", das ihn immer wieder an seine Begegnung mit Gott erinnern wird, ist seine schmerzende Hüfte.

Welches Erinnerungsmerkmal an Gottes Berufung tragen Sie bei sich?

Donnerstag, 15. Juni   **1. Mose 33,1-20**

- Nach der denkwürdigen Nacht am Jabbok kommt es zu der lang erwarteten **Begegnung mit Esau**. War Jakob der Letzte, der den Fluss querte, so ist er jetzt der Erste, der allen voran Esau entgegentritt. Nach seinem Kampf übernimmt er mutig die Führung der Karawane, obwohl Esau ihm nach wie vor mit vierhundert Leuten entgegentritt.
- Seine Familie hat er hinter sich sortiert. Diese Reihenfolge entspricht nicht der Erbfolge, sondern dem Herzen Jakobs, bei der seine mittleren Söhne vorne, seine ältesten und sein jüngster ihm weiter hinten folgen. Gerade erst hatte Jakob mit Gott gekämpft und seinen neuen Namen Israel erhalten, schon agiert er wieder als Jakob. Die **Bevorzugung seines jüngsten Sohnes Josef** sowie die Positionen von Ruben und Juda innerhalb der Söhne Jakobs beginnen hier und sind Teil der Josefsgeschichte.
- Jakob hat sich verschiedene Formen der **Beschwichtigung** überlegt: Verneigen (in der vollkommenen Zahl sieben), wertvolle Geschenke, Ablehnung sämtlichen Geleitschutzes und letztlich auch die Auswahl eines anderen Wohnortes.
- Esau dagegen ist zur Versöhnung bereit: Er läuft seinem Bruder Jakob entgegen. Wir finden diese Formulierung später bei Jesus, wenn er von dem Vater der verlorenen Söhne erzählt. Dennoch gehören die Nötigungen Jakobs, dass Esau die Geschenke annimmt und ihn auch nicht begleitet, zum kulturellen Spiel. **Jakob ist dadurch frei von seiner Schuld – er kann sich niederlassen, wo er möchte**, und zieht auch nicht seinem Bruder Esau hinterher, der im Gebirge Seir lebt, das nicht zum Land Kanaan gehört.
- Was beiden hilft, sich neu zu begegnen, bündelt sich in der Aussage Esaus „Ich habe genug, mein Bruder."

> *An welcher Stelle können Sie heute die versöhnliche Haltung einnehmen „Ich habe genug"?*

Freitag, 16. Juni   **1. Mose 37,1-11**

- Jakob und seine Familie sind **im Land Kanaan angekommen**. Sie sind dort nicht länger fremd, auch wenn sie im Land weiterhin umherziehen. Zuletzt wohnte die Familie im Süden des Landes Kanaan. Dennoch scheinen sie auch weiter im Norden, in Sichem und Dotan, bekannt gewesen zu sein.
- Das **alte Familienmuster der Bevorzugung einzelner Personen** kann Jakob bis zu seinem Tod nicht ablegen. Damit setzt er, wie schon seine Mutter Rebekka, den jüngsten Sohn an die erste Stelle (1Mose 25,28). Der junge **Josef** nimmt unter seinen Brüdern eine **Sonderstellung** ein. Er bekommt ein besonderes Kleidungsstück, er unterbreitet seinem Vater die Lästereien seiner mittleren Brüder, und er bleibt zu Hause, statt das Vieh zu hüten.
- Außerdem besitzt Josef eine außergewöhnliche Gabe: Er kann **in Träumen zukünftige Dinge sehen**. Die ersten Träume nutzt er aber, um seine eigene Stellung hervorzuheben und zu untermauern. Er ist auch noch dumm genug, überall in seiner Familie davon zu erzählen. Seine Gabe ist wie ein **ungeschliffener Rohdiamant**. Er stößt alle mit seiner Angeberei vor den Kopf. Ärger und Neid der Brüder sind vorprogrammiert.

> ✎ *Welche besondere Fähigkeit von Gott haben Sie, die noch geschliffen werden muss, um ihre volle Entfaltung zu erlangen?*

- Während wir die Reaktion Jakobs auf den ersten Traum Josefs nicht kennen, geht ihm der zweite Traum zu weit, in dem er sich ebenfalls angesprochen weiß. In diesem gerät nicht nur die Erbfolge unter den Brüdern, sondern auch die Generationenfolge durcheinander.
- Im Gegensatz zu den Brüdern nimmt Jakob aber die Worte seines Sohnes ernst, auch wenn er diese zunächst für sich selbst behält.

Samstag, 17. Juni   1. Mose 37,12-36

● **Das Drama nimmt seinen Lauf,** als sich den Brüdern Josefs eine günstige Gelegenheit bietet. Ihr Neid ist in Hass umgeschlagen, und so schmieden sie einen Plan, Josef loszuwerden

● **Ruben** ist hier noch in der Rolle des ältesten Sohnes und übernimmt das Kommando. Er verhält sich wie der verantwortungsbewusste Erbe seines Vaters. Dennoch verschweigt er gegenüber den anderen seinen Plan, Josef zu retten und zu Jakob zurückzubringen. Seine Position scheint also schon geschwächt zu sein.

● **Juda** übernimmt in Rubens Abwesenheit die Führungsrolle. Hier bahnt sich der **Aufstieg des Viertältesten an, aus dessen Nachkommen König David hervorgehen wird.**

● Statt getötet zu werden, wird Josef für 20 Silberlinge als Sklave verkauft. In 2Mose 21,32 wird der Preis von 30 Silberlingen für einen toten Sklaven festgesetzt. Auch wenn sich die Zeiten nicht einfach gleichsetzen lassen, ist es doch interessant, dass Josef den Brüdern nur zwei Drittel des Verkaufspreises eines toten Sklaven wert war.

● Rubens Plan, den Bruder zu retten, ist gescheitert. Auch später wird Jakob auf Juda und nicht auf Ruben hören, wenn es darum geht, ein zweites Mal nach Ägypten zu ziehen (1Mose 42,37; 43,3).

> ✎ *Kennen Sie Situationen, in denen Sie eingreifen mussten, um Schlimmeres zu verhüten? Was kann man aus Rubens Misserfolg lernen?*

● Während die **Ismaeliter** das Geschäft ihres Lebens gemacht haben, brauchen die Brüder jetzt eine Geschichte, die sie Jakob auftischen können. Dabei überlassen sie Jakob die Interpretation des blutbeschmierten, zerrissenen Rockes. Gegen seine Trauer können sie nichts ausrichten. So bleibt der Neid und zudem eine große Lüge.

Sonntag, 18. Juni — Psalm 4

● Die Reihenfolge der Psalmen erzählt an vielen Stellen eine Geschichte, die über die einzelnen Psalmen hinausgeht. Psalm 1 + 2 haben keine Überschriften und führen in die Bedeutung von Tora („Gesetz") und Königtum ein. Psalm 3 eröffnet somit die Sammlung von vielen Psalmen im ersten Psalmenbuch, die Not und Bedrängnis der Beter – oft von David – zum Mittelpunkt haben. Psalm 4 schließt sich ganz eng an Psalm 3 an. **Lesen Sie einmal die beiden Psalmen hintereinander!**

● In beiden Psalmen ist die Gefahr noch nicht abgewehrt. David spricht **mitten in der Situation** zu Gott. Dabei wendet er sich in Ps 3 vor allem an Gott (V 2.4.8) und in Ps 4 vor allem an die Gegner (V 3-6). Die Ansprache an die Gegner gründet in der Zuversicht von Ps 3,9 und 4,2. Darauf kommt David schließlich auch zurück (V 7-9). Behält man diese Abfolge und dieses Zusammenspiel im Blick, werden diese atemberaubenden Schlussverse des Psalms noch faszinierender.

● Die Angriffe der „vielen" kommen zuerst von „außen" – in Ps 3,3 sprechen offensichtlich Gegner Davids. Dann aber machen sich Zweifel bei Davids Mitstreitern breit; vgl. das „uns" in 4,7. Sie wenden sich an Gott, als David schon Freude und Ruhe erfährt (V 8-9). Man mag sich fragen, ob die Verse 3-6 nicht diese Mitstreiter ansprechen.

● In alledem spricht David von einem „ruhigen" Schlaf, von Frieden und Sicherheit (V 9). Das alles entspricht *nicht* der Situation, in der er sich befindet. Was er sieht und hört, was andere sagen, entspricht *nicht* seinem „inneren" Halt. David geht es hier *nicht* um eine „Innerlichkeit." Er rechnet fest mit Gottes sichtbarem Eingreifen (4,4), wie das schon der Fall war (Ps 3,8b.9). Aber sein Frieden und seine Sicherheit gehen weit über das hinaus, was man sehen und hören kann. **Wird mein Leben auch von solch einer Gewissheit getragen? Inmitten der Herausforderungen und Schwierigkeiten?**

Montag 19. Juni   **1. Mose 39,1-23**

- Josef landet beim Finanzverwalter und Leiter der Leibwache des Pharaos von Ägypten. Auch wenn er dort **Sklave** ist: Ein Lebensweg mit **extremeren Gegensätzen** ist kaum denkbar: Vom verhätschelten Sohn über die Todesangst in der Zisterne, dem qualvollen Zug mit der Karawane und der Demütigung auf dem Sklavenmarkt bis hin zur Karriere im Dienst bei Potifar.
- Josef ist so erfolgreich, dass er das **Vertrauen von Potifar** gewinnt. Schnell steigt er auf zum obersten Verwalter des Hauses. Das ist schon sehr ungewöhnlich für einen ausländischen Sklaven. Ob er noch an seine Träume gedacht hat? Nie hätte er sie und ihren Inhalt mehr infrage stellen können.
- Doch es folgt die nächste extreme Wendung: Als **Potifars Frau** eindringliches Interesse an ihm zeigt, welches er ihr aber standhaft verweigert, dreht sie den Spieß um und klagt Josef der Vergewaltigung an. Josef hat vielleicht ein Déjà-vu: Nichts ahnend will er seiner Arbeit nachgehen und sieht sich plötzlich Verleumdung und Verrat ausgesetzt, denen er als Sklave nichts entgegensetzen kann. Hat er noch bei seinen Brüdern den Neid gegen sich mit provoziert, lesen wir hier nichts davon, dass er Potifars Frau Hoffnungen gemacht habe.
- Verständlicherweise glaubt Potifar eher seiner Frau als einem ausländischen Sklaven, dem er anscheinend zu viele Freiheiten zugestanden hat. Josef wird in das Gefängnis des Pharaos gebracht – immerhin.

Dort wendet sich das Blatt von Josef ein nächstes Mal. Wieder entpuppt sich Josef als verantwortungsbewusster Musterknabe, sodass alle Dienste durch Josef verrichtet werden.

> ✎ *Wir sind schnell dabei, Menschen, die uns vertraut sind oder gesellschaftlich und kulturell nahestehen, eher zu glauben. Wo könnten Sie heute Personen außerhalb dieses Kreises freundlich und ohne Vorurteile begegnen?*

Dienstag, 20. Juni   **1. Mose 40,1-23**

- Josef wird zwei in Ungnade gefallenen Leitern der kulinarischen Versorgung des Pharaos zugeteilt. Was den Pharao so zornig gemacht hat, wissen wir nicht. Die spätere Wiederherstellung des Mundschenks bei Pharaos Geburtstag wirkt so, als bräuchte es nicht viel, um den Pharao zu erzürnen oder zu besänftigen. **Doch werden alle Erfahrungen des Auf und Ab Josef später helfen, der zweite Mann in Ägypten zu werden.**
- Es geht wieder um Träume. Josef hat die Gabe des Träumedeutens immer noch. Gewandelt hat sich allerdings das Wissen, dass die Auslegung allein bei Gott liegt. An dieser Stelle lesen wir das zweite Mal etwas vom Glauben des Josef. Anscheinend hat er in dem ganzen Drama seiner Erhöhungen und Erniedrigungen einen Anker in seinem Glauben gefunden. **Dabei hat gerade sein Glaube dazu beigetragen, dass er jetzt im Gefängnis ist,** weil er der Frau Potifars nicht nachgegeben hat.
- Die Träume des Mundschenken und des Bäckers haben eine ähnliche Struktur und jeweils mit ihrer Arbeit zu tun – so erklärt sich auch ihre Besorgnis über das zeitgleich Geträumte und dessen Bedeutung.
- Josef ist interessiert am Inhalt der Träume und ganz Ohr. Der Mundschenk bekommt eine angenehme Nachricht, der Bäcker erhält sein Todesurteil. Die Reaktion der beiden Betroffenen auf jeweils ihre Traumauslegung ist nicht überliefert, wohl aber, dass Josef Hoffnung schöpft. Endlich dient er jemandem, der ein gutes Wort für ihn einlegen und ihm, den unschuldig im Gefängnis sitzenden, helfen kann – Josef wittert seine Chance. **Doch seine Hoffnung erfüllt sich nicht. Zwei weitere Jahre im Gefängnis folgen.**

> *Wo haben Sie Hoffnung auf Hilfe gesetzt, die nicht eingetroffen ist? Wie halten Sie dabei Ihren Glauben an Gott frisch?*

Mittwoch, 21. Juni 1. Mose 41,1-36

● **Nun träumt auch der Pharao!** Und das ist keine Privatsache, denn Königsträume galten im Altertum als bedeutsam für das gesamte Volk. Dass durch Träume göttliche Botschaften an Herrscher versandt werden, war damals Konsens.

● Der Pharao ist „bekümmert", denn er ahnt schon im Aufwachen: Die Träume von den fetten und ausgehungerten Kühen und von den dicken und dürren Ähren bedeuten nichts Gutes für sein Volk. Deshalb lässt er nicht nur die Weisen und Wahrsager aus seinem Hofstaat, sondern sogar aus dem ganzen Land zusammenrufen. Doch niemand von ihnen kann ihm eine verlässliche Deutung anbieten.

● Nun wird ersichtlich: **Es war Gottes Plan, dass Josef die Träume von Bäcker und Mundschenk gedeutet hat.** Denn der Überlebende erinnert sich an die Fähigkeiten des Gefangenen und empfiehlt ihn dem Pharao. Dass ein Häftling an den Hof gebracht wird, ist zutiefst ungewöhnlich. Der Klassenunterschied wird illustriert durch eine kleine Bemerkung (V 14): Josef brauchte erst einmal eine ordentliche Frisur und anständige Kleidung.

● Der Pharao beauftragt Josef mit der Traumdeutung, doch der weist von sich weg: Er kann nicht aus eigenem Vermögen heraus den Sinn der Träume erkennen, sondern es ist **Gottes Gabe an ihn**. Bemerkenswert: Josef ist sich jetzt schon sicher, dass Gott ihn Gutes verkünden lassen wird (V 16). Hier klingt schon an, was Josef später im Rückblick auf seinen gesamten Lebensweg sagen wird: „**Gott gedachte es gut zu machen**" (1Mose 50,20).

● Josef erläutert den Sinn: In sieben Jahren wird eine schreckliche, lang andauernde Hungersnot kommen. Entscheidend ist der Rat, den Josef damit verbindet und ohne den die Träume ihr Ziel verfehlen würden: **Jetzt sind Maßnahmen zu ergreifen!** Noch ist Zeit! Sieben Jahre noch können Vorbereitungen getroffen werden, um das Schicksal zu lindern. Und: **Der Pharao geht darauf ein. Das ist vermutlich das eigentliche Wunder in dieser Erzählung.**

Donnerstag, 22. Juni   **1. Mose 41,37-57**

- Die Fragen des Pharaos sind rhetorisch: Natürlich hat er längst erkannt, dass niemand in seinem Reich an Josefs Weisheit und Verstand heranreicht. Und selbst dem Pharao blieb nicht verborgen: Die Eigenschaften, mit denen Josef die Ägypter durch die Krise manövrieren wird, **sind Gaben Gottes** (V 38). So wird Josef Ägypten retten – und „alle Welt" (V 57).
- Mit dem Siegelring ausgestattet, kann Josef nun Staatsurkunden unterzeichnen. Die Amtskette und der moderne Wagen, in dem man stehend fuhr, unterstreichen seine herausgehobene Stellung (V 42f).
- Vor Josef her wird „**Abrek**" ausgerufen (V 43). Die Bedeutung dieses Wortes ist unbekannt. Buber/Rosenzweig oder auch die Zürcher Bibel zitieren es daher unkommentiert auf Hebräisch. In der Lutherbibel 1984 wurde es als Ehrentitel gedeutet „Des Landes Vaters". Die neue Lutherübersetzung von 2017 formuliert anders: „Auf die Knie!" Martin Luther selbst schrieb dazu: „Was Abrek heißt, lassen wir die Zänker suchen bis an den Jüngsten Tag."
- Josef bekommt einen ägyptischen Namen und heiratet. Ein Priester des Sonnenkults wird sein Schwiegervater! Das wird völlig **wertfrei erzählt**. In späterer Zeit hätte man das sicherlich anders gewertet. Etwa während des babylonischen Exils, als Israel um seine Existenz bangte und sich deshalb nicht mit anderen Völkern vermengen wollte. Zu jener Zeit urteilte man rückblickend hart über König Salomo, weil er ausländische Frauen geliebt hatte (1Kön 11,1f).
- Die beiden Söhne erhalten aber keine ägyptischen Namen. Josef hat seine Herkunft nämlich nicht vergessen. Seine Nachkommen sollen auch seine Kultur und seinen Gott kennen. **In den beiden Namen klingt der Dank an Gott an, der Josef in der Fremde neues Glück schenkt.**

Freitag, 23. Juni   1. Mose 42,1-28

● **Perspektivwechsel:** Auch Jakob und seine Sippschaft leiden unter der Hungersnot. Sie erfahren: In Ägypten gibt es Hilfe. Jakob schickt zehn seiner Söhne los. Nur Benjamin soll bei ihm bleiben. Er hat anscheinend nach dem vermeintlichen Tod des Josef die Stelle des Lieblingssohnes eingenommen (V 4).

● Die Träume des jungen Josef (37,5-9) gehen in Erfüllung: Die Brüder neigen sich vor ihm mit ihrer Bitte um Getreide – ja, mit ihrer Bitte ums Überleben. Verständlich, dass sie ihren Bruder in seiner neuen Rolle und aufgrund der fremden Sprache (V 23) nicht erkennen. Er weiß aber sofort, wer vor ihm steht.

● Josef will wissen, ob sie sich geändert haben. Sein Motiv ist dabei nicht Rache, und er will wohl auch nicht, dass sie sich einfach seiner neuen Macht beugen. Er bereitet eine **echte Versöhnung** vor. Deshalb stellt er sie auf die Probe mit dem Vorwurf, seine Hilfsaktion zu Spionagezwecken zu missbrauchen. Der politische Hintergrund: Ägypten musste damals seine Nordostgrenze besonders sichern, um von dort Angriffe aus Nachbarländern wie Kanaan zu unterbinden.

● Josef stellt Forderungen: Der jüngste Bruder soll hergeholt werden. Einer der Brüder, Simeon, muss als Unterpfand zurückbleiben. Dadurch werden nun auch die Brüder an die Vergangenheit erinnert. **Sie beginnen, offen über die Schuld zu reden, die sie auf sich luden, als sie Josef verkauften.** Durch die Angst, die sie jetzt fühlen, können sie nachvollziehen, wie er damals empfunden haben muss (V 21). Dieses ehrliche Gespräch ist für die Brüder wichtig und auch für Josef, der unerkannt zuhört, ein entscheidender Schritt auf dem Weg zur Versöhnung.

● Er wird deshalb fürsorglicher: Heimlich legt er den Brüdern Reiseproviant in ihr Gepäck und erstattet ihnen auch die Kosten für das Getreide. Als einer der Brüder dies bemerkt, erschrecken sie und vermuten eine Finte. Ja noch mehr: Sie fürchten die Strafe Gottes (V 28).

Samstag, 24. Juni   1. Mose 42,29-38

● Zurück bei ihrem Vater **erzählen** die Söhne ausführlich, was ihnen widerfahren ist. Allerdings schönen sie ihren Bericht, denn Josef hatte ihnen mitnichten zugesagt, sich im Lande frei bewegen zu können (V 34, anders V 20: ihr müsst nicht sterben). Die Übersetzung „Handel treiben" aus der Lutherbibel trifft nicht ganz den Wortsinn.

● Dann **entdecken** die Brüder: Nicht nur in einem der Säcke (V 27), sondern in allen finden sich Proviant und Geld. Das erschreckt nun nicht nur sie, sondern auch den Vater. Er traut seinen Söhnen nicht und vermutet nun sogar, dass sie dahinterstecken und ihm jetzt auch Simeon und Benjamin wegnehmen wollen.

● Jakob stimmt eine **Klage** an (V 36) und wählt dabei ähnliche Worte wie in seiner Trauer um Josef (vgl. 37,33-35). Nun klingt es aber noch dramatischer, denn er ahnt: Er selbst würde den erneuten Verlust eines Sohnes nicht überleben.

● Ruben will ihn überzeugen, dass sie es wirklich ernst meinen, und bietet das Leben seiner eigenen Söhne als Garantie an. Damit wird nicht nur deren Existenz in die Waagschale geworfen, sondern auch die gesamte Zukunft seiner Sippe. Wertvolleres kann Ruben nicht als Unterpfand anbieten. Doch Jakob bleibt dabei: Benjamin wird nicht nach Ägypten gebracht werden.

✎ Vermutlich bringt Ihnen die Josefsgeschichte auch Details aus Ihrer eigenen Familiengeschichte in Erinnerung: Verwandte, mit denen Sie sich einmal gut verstanden, zu denen der Kontakt aber über die Jahre abgebrochen ist. Mögen Sie ihnen heute ein Lebenszeichen geben? Vielleicht gibt es auch Familienangehörige, mit denen Sie sich sogar überhaupt nicht mehr verstehen. Da wird eine Kontaktaufnahme nicht leicht sein. Versöhnung kann man nicht übers Knie brechen. Aber Sie könnten heute für sie beten – ein wichtiger erster Schritt.

Donnerstag, 29. Juni   **1. Mose 45,1–24**

● V 1-3: Das Spiel ist aus. Josef kann nicht länger seine Rolle als ägyptischer Herrscher spielen. Was Juda gesagt hatte, treibt ihm die Tränen in die Augen. Er stellt die für ihn wichtigste Frage, ob sein Vater noch lebe. Hat er es nicht eben von Juda gehört? Doch Vergewisserung braucht immer wieder dieselben Fragen und Antworten.

● V 4-13: Josef holt seine Brüder aus der Distanz. Nur kurz erwähnt er den Verkauf nach Ägypten. Der Schwerpunkt seiner Worte liegt auf der Versöhnung und dem Lob für Gottes Plan. **Nicht Zorn oder Rache bestimmen Josef, sondern Einsicht und Dankbarkeit.** Gott selbst hat diese so verworren und verquer erscheinende Geschichte geschrieben. Er hat das Unrecht der Brüder dazu benützt, Leben zu erhalten.

● Aus dem Sklaven wurde der oberste Mann Ägyptens. Seltsam klingt der Ausdruck, er sei dem Pharao zum Vater gesetzt (V 8).

● Schon hier leuchtet auf, was Josef am Ende sagen wird: **Gegen alles Böse hatte Gott Gutes vor** (1Mose 50,20).

● V 14-21: Benjamin liegt Josef besonders am Herzen. Immer wieder wird er bevorzugt. Aber mit allen seinen Brüdern versöhnt sich Josef innig und leibhaftig.

● V 17-20: Der Pharao sorgt für großzügige Reiseausstattung und verspricht auch für die Rückkehr nach Ägypten eine üppige Versorgung. In Ägypten ist alles da, sie müssen ihren Hausrat nicht mitnehmen.

● V 24: Warum gibt Josef seinen Brüdern den Rat auf den Weg, **nicht zu streiten?** Vielleicht wegen der Unterschiede unter ihnen. Benjamin hat viel mehr als sie bekommen. Damals hatten die Bevorzugung Josefs durch Jakob, gewiss auch sein eigenes Verhalten, den Verkauf in die Sklaverei befeuert. **Sollen die Brüder jetzt zeigen, dass sie ihre Lektion gelernt haben?**

✎ *Wenn Sie Ihre Lebensgeschichte betrachten: Wo ist aus Ärger und Frust Einsicht und Dankbarkeit geworden?*

Freitag, 30. Juni 1. Mose 45,25–46,7

● V 25-28: Zurück in Kanaan haben die Söhne die umwerfende Nachricht für ihren Vater: Josef lebt und herrscht über ganz Ägypten. **Aber Jakob lässt das kalt.** Zu tief hat sich der Schmerz in seine Seele eingegraben. Auch ihre vielen Worte berühren ihn nicht. Erst als er die Wagen sieht, die Josef ihm geschickt hatte, lebt er wieder auf. Erkennt er in den Wagen die Liebe seines Sohnes? Ist diese Liebe der Funke, der neu das Feuer in ihm entfacht, ihn auftauen lässt wie Eis in der Sonne?

● V 46,1: Dass Jakob hier mit dem Namen **Israel** genannt wird (ebenso 45,28), hebt ihn in seiner Rolle als Stammvater des Volkes Israel hervor. Es geht damit immer auch darum, wie Gottes Verheißung an Abraham sich erfüllt (1Mose 12) – und damit um Gottes Heilsgeschichte mit der Welt.

● V 46,1-5a: Auf dem Weg nach Ägypten macht Jakob in Beerscheba Station. Hier hatte **Isaak** Gott einen Altar gebaut (1Mose 26,23ff), der Ort ist also besonders mit ihm verbunden. Deswegen wird Gott hier auch der „**Gott seines Vaters Isaak**" genannt.

● Gott spricht Jakob zweimal mit seinem Namen an – vgl. die doppelte Namensnennung auch in 1Mose 22,11; 1Sam 3,10; Apg 9,4. Das hebt die besondere Bedeutung der Situation hervor.

● Gott bestätigt seine Verheißung und gibt ihm die Zusage: Er selbst will mit nach Ägypten hinab- und wieder nach Kanaan hinaufziehen. Die Reise nach Ägypten ist nicht das Abenteuer eines alten Mannes. Sie ist **Teil von Gottes Plan und dient zur Erfüllung der Verheißung an Abraham. In Ägypten wird aus Israel ein großes Volk werden.**

● V 5b-7: Die große Nachkommenschaft und auch die ausdrücklich erwähnten Enkel und Enkelinnen sind Ausdruck des **großen Segens**, den Gott ihm und seiner Familie gegeben hat.

> ✎ *Gott geht selber mit (V 46,4): Welche Personen und Stationen fallen Ihnen spontan dazu aus der Bibel ein?*

Montag, 3. Juli 1. Mose 47,1-12

● V 1-6: **Josef informiert den Pharao über die Ankunft seiner Familie.**

→ V 2: Warum er für die Audienz beim Pharao fünf seiner Brüder auswählt, wird uns nicht erzählt, ebenso wenig, welche es sind. Mit Josef zusammen bilden sie die Hälfte der Zwölf. Eine repräsentative, aber nicht zu massive Gruppe?

→ V 3f: Im Gespräch mit dem Pharao verhalten sie sich genau so, wie Josef sie angewiesen hatte. Als Nomaden teilten sie bisher das Los, überall Fremde zu sein. Bereits Abraham wurde es so angesagt (1Mose 15,3). Ägypten wird nicht ihre Heimat werden.

→ V 5f: Goschen als Siedlungsgebiet ist bereits reserviert. Der Pharao stimmt zu. Josef kann tüchtige Leute aus seiner Verwandtschaft zu Aufsehern des königlichen Viehbestands machen.

● V 7-10: **Jakob bekommt seine eigene Audienz.**

→ Er wirft sich nicht wie bei Hoheiten üblich vor dem Pharao nieder, sondern segnet ihn. Was für ein Bild! **Das Oberhaupt einer kanaanäischen Nomadensippe segnet den gottähnlichen Pharao.** Darin vollzieht sich die Verheißung an Abraham (1Mose 12,3).

→ V 8f: Gefragt nach seinem Alter, gibt Jakob eine belastende Bilanz seines Lebens. Schweres hatte er erlebt: die Flucht vor Esau, die Fremde, die Konflikte um Rahel und dann ihr Tod, die Vergewaltigung der Dina und die Last mit seinen Söhnen. Dass er seine Tage im Vergleich mit den anderen Erzvätern (vgl. 1Mose 25,7; 35,28) als „wenig" bezeichnet, ist schwer nachzuvollziehen.

● V 11f: **Josef gibt seinem Vater und seinen Brüdern mit Goschen das passende Land.** Das Wort dafür bedeutet ein Wohn- und Verfügungsrecht, kein Eigentum. Genauso, wie sie es auch in Kanaan hatten. Doch sie können hier leben.

> ✎ *Das Leben als Fremdling (V 9) ist auch ein Bild für den Weg des Christen. Lesen Sie dazu 1Petr 1,17; 2Kor 5,9; Phil 3,20.*

Dienstag, 4. Juli   **1. Mose 47,27-31**

- Ob der Abschnitt mit V 27 + 28 beginnt, oder diese nicht vielmehr den vorigen Abschnitt beenden, darüber kann man streiten. Auf jeden Fall beginnt spätestens **mit V 29 ein neuer Abschnitt**, der bis 1Mose 50,14 reicht. Es geht um Sterben, Tod und Begräbnis von Jakob – und damit verbunden um den Segen für seine Kinder (und Enkel Manasse und Efraim).
- Jakob war eine Art **Wirtschaftsflüchtling**. Die Not hatte ihn nach Ägypten getrieben. **17 Jahre lebte Jakob in Ägypten** (V 27), aber heimisch ist er dort nie geworden. V 29 am Ende und 30 machen das deutlich: Der erste Wunsch ist, ihn wegzubringen aus Ägypten, und erst dann heißt es: Bestatte mich bei meinen Vorfahren. Es braucht lange, bis man nach einem Umzug wirklich angekommen ist. Und es braucht lange, bis andere jemand Neuen als wirklich dazugehörig betrachten. Nach meinem Umzug ins Ruhrgebiet wurde ich noch nach etlichen Jahren gefragt, ob ich mich gut eingelebt hätte.

> ✎ . *Vgl. 1Mose 50,5. Dem Pharao gegenüber erwähnt Josef den ersten Wunsch nicht.*

- Jakob weiß, dass Josef – anders als er selber – sehr heimisch in Ägypten ist. Deshalb lässt er ihn hier sogar zweimal schwören. Einmal vorher – mit der Schwurhandlung –, und dann noch einmal nach Nennung des Wunsches. Er will ganz sicher gehen.
- Die Geste des Schwurs (V 29; Luther: Hand unter die Hüfte, BasisBibel: zwischen die Beine) meint vermutlich tatsächlich die männlichen Genitalien. Hier wird bei der Manneskraft geschworen. Sie soll ihm verdorren, wenn Josef sein Wort nicht hält.
- Am Ende verneigt sich Jakob alias Israel. Vermutlich hat er am Kopfende seines Bettes gesessen. Diese Geste zeigt das Einverständnis des Familienoberhauptes an. So ist es gut. Die gleiche Geste wird von David in 1Kön 1,47 beschrieben.

Mittwoch, 5. Juli   1. Mose 48,1-22

● Eine intensive **Begegnung zwischen Jakob und Josef und dessen beiden Söhnen.** Wenn diese Geschichte tatsächlich an die vorherige anschließt, dann müssten Manasse und Ephraim um die 20 Jahre alt sein. Auf Kunstwerken sind sie oft noch als Kinder dargestellt, und in der Geschichte selbst hat man auch eher diesen Eindruck. Die Ereignisse müssen nicht in ihrer chronologischen Reihenfolge berichtet sein.

● **Es geht hier um den Fortbestand der Familie.** Jakob hat zwölf Söhne. Es soll zwölf Stämme mit eigenem Gebiet in dem verheißenen Land geben. Aber der Stamm **Levi** bekommt kein Land, sondern von ihm kommen die Priester und Leviten. **Josef,** als der Lieblingssohn und der, der Israel gerettet hat, bekommt hier zwei Gebiete – für seine beiden Söhne **Manasse** und **Ephraim**. Dazu werden **die beiden Söhne Josefs quasi adoptiert** (V 5) bzw. in den gleichen Rang versetzt wie Ruben und Simeon, die beiden ältesten Söhne.

● Eine schöne Episode sind die Verse 13-19, **erinnern sie doch an Jakobs eigene Geschichte** in 1Mose 27. Wieder wird das in der Kultur fest verwurzelte Erstgeburtsrecht ausgehebelt. Wird hier ein göttliches Prinzip erkennbar – die Ersten werden die Letzten sein … (Mt 19,30)? Jakob musste sich den **Segen des „Erstgeborenen" erschleichen – als eigentlich jüngerer.** Hier nun bevorzugt er bewusst den jüngeren Ephraim, selbst wenn er dann über Kreuz segnen muss. So erinnern Jakobs letzte Handlungen wieder an seine ersten. Es schließt sich ein Kreis. Oft haben unsere Handlungen in späteren Lebensjahren mit unserem früheren Handeln zu tun. Wir sind nicht frei von unserem Erleben. Sind wir uns dessen bewusst – z. B. im Blick auf Kinder und Enkelkinder?

> ✎ *Schließen sich in unserem Leben auch manchmal solche Kreise?*

Donnerstag, 6. Juli — 1. Mose 49,1-28

- Ein ganz gesonderter Abschnitt begegnet uns hier. **Zwölf Sprüche zu den zwölf Stämmen Israels.** Ein Blick in die Zukunft. Durch V 28 werden sie als Segensworte gekennzeichnet, wenngleich manche Worte eher als Fluch erscheinen.
- Besonders gewichtig, sowohl von der Länge als auch vom Inhalt her, sind die Worte über **Juda** (V 8-12) und **Josef** (V 22-28). Juda ist der spätere – nach der Teilung des Reiches nach Salomo – führende Stamm im **Südreich Juda,** Josef (Ephraim und Manasse) der führende Stamm im **Nordreich Israel.**
- V 8-10: Hier wird quasi *Juda das Erstgeburtsrecht* gegeben, dass Ruben weggenommen wird (V 4). Sprachlich schön ist in V 8 im hebräischen Grundtext: Das Wort für preisen oder loben (jdh) ist in Aussehen und Klang ganz ähnlich wie Juda (jhdh). Er wird hier seinem Namen gerecht.
- Ab V 10 wird dem Stamm **Juda** die **Vorherrschaft und das Königtum** versprochen. Versteckt sich hier auch eine messianische Verheißung? Wie verstehen Sie die Worte?
- Geht es in den V 8-10 vor allem um die Kraft und Macht, so kommen in den V 11 und 12 ausschließlich Vergleiche von Genuss, Überfluss und Schönheit vor. Damit drückt sich eigentlich der Schalom aus, der mehr ist als Abwesenheit von Krieg. **Schalom** meint: Es ist gut – es ist mehr als ausreichend da. Schalom hat etwas mit Überfluss im guten Sinn zu tun.
- V 28b: **Jeder bekommt einen eigenen, besonderen Segen.** Wir machen das oft in besonderen Gottesdiensten oder anderen geistlichen Gelegenheiten, dass wir **persönlich segnen.** Selbst wenn dabei – anders als bei Jakob – die Worte manchmal dieselben sind, sind sie doch persönlich. Selbst am Ende des Gottesdienstes ist der Segen immer persönlich, besonders für Dich.

> *Wie erleben Sie es, gesegnet zu werden? Wem könnten Sie heute einen persönlichen Segen zusprechen?*

Freitag, 7. Juli   1. Mose 49,29–50,14

● Es geht um **Tod und Begräbnis von Jakob**. Hier endet die sogenannte Vätergeschichte, die mit Abraham begann.

● 49,29-33: Was Jakob in 47,29f nur von Josef erbittet, befiehlt er hier allen seinen zwölf Söhnen. Am Anfang der Vätergeschichte wurde Abraham ein neues Land verheißen (1Mose 13,14). Jetzt ist Jakob, sein Enkel, nicht im verheißenen Land, sondern in Ägypten und stirbt dort. Aber es gibt ein kleines Stück in Kanaan, das ihnen tatsächlich gehört (vgl. 1Mose 23,1-20; siehe die Auslegung am 11. Februar). Dreimal wird es betont, dass das Stück Land gekauft ist (49,30.32; 50,13) – eine erste Anzahlung auf die Erfüllung der Verheißung.

● 50,1-14: Dem Wunsch von Jakob wird entsprochen. Seine Leiche wird mumifiziert wie ein besonders wichtiger Mensch in Ägypten. Josef richtet die Bitte dem Pharao aus. Der schickt gleich noch einen würdigen Trauerzug mit – und das wird auch bemerkt (V 11). Die Beerdigung selbst findet aber im kleinen Kreis der Söhne Jakobs statt (V 12 + 13).

● Josef trauert – und der ganze Abschnitt zeigt seinen Trauerprozess. Trauer ist ein wichtiger Teil des Abschiednehmens. Sicherlich trauerten die anderen Söhne auch, aber zwischen Jakob und Josef bestand ein besonders inniges Band. So war auch die erste Frage, die er seinen Brüdern stellte: „Lebt Euer/mein Vater noch?" (43,7 + 45,3).

● **Trauer braucht seine Zeit.** Und wenn man sich die nicht nimmt, dann wird es auf die Dauer noch schwerer. Hier sind es 70 Tage offizielle Trauer, dann noch der Weg nach Kanaan und die Bestattung.

● Auch für Christen, die an ein ewiges Leben bei Gott glauben, ist die Zeit zum Trauern beim Abschied eines lieben Menschen wichtig. Aber genauso wichtig ist auch die **Rückkehr zurück ins Leben. So endet auch dieser Abschnitt mit der Rückkehr.**

Samstag, 8. Juli — 1. Mose 50,15-26

Was für ein schöner Text am Ende des Buches Genesis!

● **Der erste Teil** (V 15-21) wiederholt die **Versöhnung zwischen Josef und seinen Brüdern** aus Kap. 45, allerdings mit interessanten Unterschieden. In Kap. 45 geht es nicht um das Thema **Schuld**. Josef sagt seinen Brüdern dort gleich: Macht euch keine Vorwürfe! Dennoch sitzt Schuld oft tiefer. Und das bricht hier durch. Wenn man das Gefühl hat, etwas sei nicht vergeben, nicht in Ordnung, dann macht das Angst. Und so geht es hier den Brüdern von Josef. Wie oft tragen auch wir noch Schuldgefühle von Vergangenem mit uns herum. Dass die Brüder es aussprechen ist gut – auch wenn es Josef betrübt. Aber hier kann er es – anders als in Kap. 45 – auch benennen: Ja, ihr hattet Böses geplant. Aber Gott hat es dennoch zum Guten gewendet. – **Zur Vergebung gehört, dass Schuld auch benannt wird.**

● **Der zweite Abschnitt** (V 22-26) erzählt von dem weiteren Leben und Tod von Josef. Bis zu seinen Urenkeln sieht Josef seine Familie wachsen. V 23 wird Machir erwähnt, ein Enkel Josefs. Er scheint, das legt die Formulierung nahe, als weiterer Sohn gezählt worden zu sein. (Eigentlich steht dort: Die Kinder wurden auf Josefs Schoß bzw. Knien geboren. Luther 2017 übersetzt: „sie wurden dem Hause Josefs zugerechnet.") Machir wird in Ri 5,14 als andere Bezeichnung für den Stamm Manasse erwähnt.

● V 25f: Josef lässt sich ebenso wie sein Vater Jakob versprechen: Begrabt mich nicht in Ägypten, sondern in Kanaan. Hier wird die **Brücke zur Auszugsgeschichte** geschlagen.

Dann stirbt Josef und wird – wie schon Jakob – mumifiziert und in einen Sarg gelegt. Die Beerdigung muss aber noch sehr, sehr lange warten. In Exodus 13,19 wird erzählt, wie Mose die Gebeine Josefs mitnimmt, und erst in Jos 24,32 wird dann das Begräbnis vollzogen.

Dienstag, 11. Juli — Matthäus 4,23-25

- **Galiläa** ist klein (kleiner als das Saarland), war damals jedoch dicht besiedelt. Die **Zusammenfassung beschreibt den umfangreichen Dienst von Jesus.**
- Das Evangelium, die „gute Botschaft" vom Reich, wird in der nun folgenden Bergpredigt ausgeführt. Das **Reich** ist die Herrschaft Gottes, das Herrschafts-„Gebiet" sind die Herzen der Menschen, die Jesus folgen. **Denn das Reich kommt mit Jesus.** Er bricht die Macht von Krankheit und Dämonen. Versklavte Menschen werden frei. Das verheißt bereits Jes 35,5f; 61,1f; Offb 21,3f beschreibt das Reich in Vollendung: Gott wischt alle Tränen ab.
- **„Mondsüchtig"** wurden Menschen mit verrücktem oder irrationalem Verhalten genannt. Nach Mt 17,15 z. B. wirft sich ein mondsüchtiger Junge oft ins Feuer und Wasser. Diese Welt leidet unter den Folgen des Sündenfalls. Das Böse knechtet Menschen auf verschiedenste Weise. **Aber bei Jesus gibt es keine hoffnungslosen Fälle.**

> *Doch was ist mit denen, die nicht geheilt werden? Die Reaktion von Paulus ist in diesem Fall nicht Resignation, sondern Beharrlichkeit, bis Gott ihm auf sein Gebet antwortet (2Kor 12,8f). Jesus kann auch heute noch „über alles hinaus, was wir bitten oder verstehen", tun (Eph 3,20). – Für welchen Menschen bzw. welche Situation benötigen Sie neue Hoffnung?*

- **Syria** umfasste hier wohl das alttestamentliche Syrien im Norden und ganz Israel. V 25 nennt die heidnischen Provinzen Peräa (**jenseits des Jordans**) und Dekapolis (**Zehn Städte**). Das Licht Gottes aus V 15f leuchtet über geografische und ethnische Grenzen hinaus.
- Die Aussicht auf Heilung treibt **große Menschenmengen** zu Jesus. 5,1 unterscheidet jedoch zwei Gruppen: Nicht jeder, der etwas von Jesus will (und bekommt),– sei es Heilung oder Wunderkraft –, wird auch sein Jünger.

Mittwoch, 12. Juli   Matthäus 5,1-12

- Jesus formuliert unterschiedlich. In der „Feldrede" – der Parallele zur Bergpredigt – beschreibt er in Lk 6,20-22, was die Jünger um seinetwillen *sind*: arm, hungrig, weinend, gehasst. Mt 5 betont stärker ethisch, was sie *sein sollen*.
- Das griech. „makarios" („selig") beschreibt kein frommes Ideal, sondern handfestes Glück – allerdings eins, das überwiegend in der Zukunft liegt: Beachten Sie **das Futur** in den meisten Seligpreisungen: „Sie *werden*" ... Es erinnert uns daran, dass **beständiges Glück nur in der Zukunft bei Gott in seinem vollendeten Reich zu finden ist.**
- Es gibt viele Seligpreisungen im AT (Ps 1; 32; 112 u. ö.): Selig ist der Fromme, denn Gott segnet ihn mit Freude, Reichtum, Erfolg. **Jesus provoziert durch einen radikalen Kontrast, um vor Selbstgerechtigkeit zu warnen.**
- Der Mystiker Gregor von Nyssa (um 340–394) deutet Mt 5 als „Sprossenwerk einer Leiter". Auch ich sehe eine Entwicklung:
→ *Ehrlichkeit zu sich selbst:* **geistlich arm** (nicht geistig!) heißt, seinen geistlichen Bankrott vor Gott anerkennen und darüber **Leid tragen; sanftmütig** bedeutet: dieses Urteil auch von anderen annehmen.
→ *Sehnsucht nach Veränderung:* **hungern und dürsten nach der Gerechtigkeit** Gottes, die im eigenen Leben anfangen muss. Das ist nur dem möglich, der **barmherzig** mit anderen ist (6,14f).
→ *Bekehrung und Nachfolge:* **reinen Herzens**, rein und ungeheuchelt hingegeben, **Frieden stiftend** zwischen Menschen und mit Gott, dabei **um der Gerechtigkeit willen verfolgt**.
- **Ziel ist das Himmelreich** (V 3.10), überraschenderweise wird es mit dem „ist" den Jüngern heute schon zugesprochen. Gregor schreibt: Jesus zeigt dir den Schatz und er will dein Schatz sein (darum: **um meinetwillen**, V 11).
- **Vorbild und Verheißung motivieren** (V 12), das Entscheidende ist jedoch die Gemeinschaft mit Jesus, der tröstet, satt macht, barmherzig ist, Autorität verleiht, den Vater offenbart und mich zu Gottes Kind macht.

Donnerstag, 13. Juli   **Matthäus 5,13-20**

● Jesus sagt nicht: „Strengt euch an!", sondern: **Ihr *seid* bereits Licht und Salz.** Jesus, das Licht der Welt (Joh 8,12), leuchtet durch seine Nachfolger. **Es geht nicht um die Mühe, etwas zu werden, sondern um den Mut, etwas zu sein.**

● Die Herausforderung ist hochaktuell: Immer stärker wird der Druck auf Christen in Europa, sich den vorherrschenden Moralvorstellungen **anzupassen**. Es geht nicht mehr um Toleranz, sondern um Gleichschaltung.

● **Christen** dürfen nicht nur **völlig anders denken und leben** als die Welt. Sie müssen es sogar – um der Welt und ihrer selbst willen. Dafür werden sie **Hass, aber auch Respekt** ernten.

● Der Rückzug von **den Menschen** ist nach V 16 keine Option. Ich muss offensichtlich den Verdacht der Selbstdarstellung in Kauf nehmen – gleichzeitig aber einzig und alleine auf Gottes Ehre bedacht sein (1Petr 2,12), gewiss eine Gratwanderung.

● Jesus **erfüllt** nicht nur durch sein Leben und Sterben die Verheißungen der Propheten (V 17). Seine Lehre „erfüllt" auch das Gesetz. Was heißt das? Lk 16,16 zeigt, dass das Gesetz bis Johannes dem Täufer wirksam ist. **Mit der Lehre vom Reich Gottes beginnt eine neue Heilsepoche.** Diese löst das Gesetz nicht auf (Lk 16,17). Vielmehr läuft das Gesetz auf die neue Heilsepoche zu und findet in ihr sein Ziel: den Willen Gottes im Herzen der Menschen (Jer 31,33).

● Auch wenn nur Israel die Gebote der Tora halten musste, **bleibt das AT Offenbarung von Gottes Willen für alle Menschen.** *Jeder* Buchstabe des Gesetzes ist bis heute „gültig". Jesus zeigt im Folgenden an vielen Beispielen, wie ich es auf mein Leben übertragen kann.

✎ *Macht Ihnen V 20 Angst? Trotz harter Vorwürfe (Mt 3,7f) galten die Pharisäer als die Frömmsten der Frommen. „Ja, wer kann dann selig werden?" Eine Antwort finden Sie in Mt 19,26. Was hätten Sie geantwortet?*

Freitag, 14. Juli   **Matthäus 5,21-26**

- Jesus beginnt seine „Sehschule" zum Thema Gesetz gerade mit dem Gebot, das damals (wie heute) für kaum jemanden ein Problem war. Das kann doch jeder als erfüllt abhaken – oder?
- Aber Jesus setzt sich mit einem schroffen „Ich aber sage euch" von diesem gängigen Verständnis ab. Mit einer Autorität, wie sie nur der Sohn Gottes haben kann, offenbart er die wahre Zielrichtung des 5. Gebots.
- **Ihr tötet nicht nur mit Taten, sondern auch mit Gedanken und Worten.** Schon wenn du dich innerlich deiner Wut oder Bitterkeit hingibst („Zorn"), mehr noch, wenn du den anderen verachtest und spitze Bemerkungen fallen lässt („Trampel") und erst recht, wenn du den anderen gezielt verletzt oder seinen Ruf schädigst, zerstörst du das Miteinander, wirst am anderen schuldig und verfällst dem Gericht Gottes.
- **Wie reagiere ich auf diese glasklare Zuspitzung,** vor allem, wenn mir da konkret etwas einfällt? Prinzipielle Zustimmung reicht nicht. **Jesus ruft zur „Umkehr" im wahrsten Sinne** (V 23ff), selbst wenn sie unbequem ist: Wenn du spürst, dass da etwas zwischen dir und einem deiner Nächsten steht (selbst wenn *du* damit kein Problem hast! V 23b) – geh auf ihn zu und versöhne dich mit ihm. Solange das nicht geklärt ist, kannst du nicht recht Gottesdienst feiern (V 24) – denn **ungeklärte zwischenmenschliche Beziehungen haben Auswirkungen auf deine Beziehung zu Gott.** „Gott will nicht geehrt sein, wenn ein Bruder entehrt wird" (Dietrich Bonhoeffer).
- Gemäß V 20 gilt dabei: Begnüge dich nicht mit der Gerechtigkeit der Pharisäer (Ich töte nicht/ich versöhne mich, *damit* ich gerecht bin), sondern **suche die „bessere" Gerechtigkeit Christi:** *Weil* ich gerecht gesprochen bin durch die Gemeinschaft mit Christus, will ich mich versöhnen.

> ✎ *Wie können Sie heute Versöhnung leben? Auf wen sollten Sie neu zugehen?*

Montag, 17. Juli — Matthäus 5,33-37

• Rückblick: Gott hat bei der Schöpfung etwas von seinem Wesen in die Welt eingebracht, z. B. Liebe, Beziehung, Wahrheit. Diese Ordnungen sind seit dem Sündenfall der Macht des Bösen ausgesetzt. Aber Gott hat sie durch die Zehn Gebote unter seinen Schutz gestellt und will, dass sie in seinem Reich wieder neu zum Leuchten kommen (V 21-48).

• **Die Wahrheit im zwischenmenschlichen Umgang hat Gott durch das 8. Gebot geschützt.** Dagegen war der Schwur zur Beteuerung der Wahrheit bei den Nachbarvölkern üblich, im Gesetz Israels aber nicht geboten. Gott hatte ihn, wie den Scheidebrief, nur als Notordnung erlaubt. Denn **schwören muss man nur, wo bereits Unwahrhaftigkeit und Misstrauen herrschen.** Das zeigt **die immer spitzfindiger werdende Praxis des Schwurs zur Zeit Jesu:** Je nachdem bei wem oder was geschworen wurde, war der Schwur mehr oder weniger glaubwürdig. Jesus karikiert das in V 34-36. Er stellt klar: Dieses System stammt „von dem Bösen" (V 37).

• Autoritativ setzt Jesus dagegen. **Im Reich Gottes sollen Wahrhaftigkeit und Vertrauen herrschen.** Ein Ja sei ein Ja, ein Nein ein Nein. Wer „aus der Wahrheit ist" (vgl. Joh 18,37), braucht keinen Eid.

• Ist die Frage heute relevant, **ob man als Christ schwören darf?** Wer mit Luther unterscheidet zwischen Reich Gottes und Reich der Welt, kann als Staatsbürger in der gefallenen Welt den Eid praktizieren. Selbst Jesus hat im Prozess unter Eid ausgesagt (Mt 26,63f).

• **Herausfordernder ist heute die Frage, wie ich mit der Wahrheit umgehe!** Habe ich die Tendenz, sie zurechtzubiegen, bis sie mir passt? Wie gehe ich mit dem postmodernen Trend um, Wahrheit dem eigenen Empfinden anzupassen: Jeder hat seine, die er sich von Gleichgesinnten bestätigen lässt?

„Wer aus der Wahrheit ist, höret meine Stimme." Lassen Sie sich heute vom Geist der Wahrheit leiten!

Dienstag, 18. Juli   **Matthäus 5,38-48**

- Auch dieser Teil der Bergpredigt kann nicht losgelöst vom Bergprediger („*Ich* aber") und von der Zielgruppe („sage *euch*", meinen Nachfolgern) verstanden werden. Sonst kann er propagiert werden als gesellschaftspolitisches Prinzip der Wehrlosigkeit, das aber die von Gott gnädig erhaltene Ordnung der Welt zerstören würde.
- Der Schlüssel liegt in V 45a: „… auf dass ihr Kinder seid eures Vaters im Himmel". **Nur in dieser Vater-Kind-Beziehung kann das geschehen, was Jesus hier sagt!** Gottes Wesen soll und wird sich in seinen Kindern widerspiegeln (V 48; „ach, ganz der Vater"). **Was heißt das in der Nachfolge konkret?**

→ Nicht „wie du mir, so ich dir". Der **Grundsatz der Vergeltung** (V 38) sollte die Verhältnismäßigkeit der Strafe sichern und der Eskalation wehren. Recht wird hier exakt berechnet. **So muss staatliches Recht richten.**

→ Was aber Jesus in seinem Reich will, ist in einem Wort zusammengefasst: „agape" (griech. für Liebe). **Jene Liebe, die nicht rechnet** (V 45b-46), **die bedingungslos** (V 44.47) **und freiwillig schenkt** (V 40-42) – die als solche aber auch nicht einklagbar ist („Als Christ musst du doch …"). Die Beispiele spiegeln das Wesen des Vaters im Himmel wider, das sich auch in Jesus zeigt.

- Aber ist der, der „dem Übel nicht widerstreben" soll (V 39a), nicht **der Willkür des Bösen schutzlos ausgeliefert?** Gerade Jesus weiß doch um die Macht des Bösen! Eben deshalb aber **sind die Jünger nicht ungeschützt.** Sie stehen vielleicht wie David ohne Rüstung vor Goliath, aber sie wissen: „Ich komme im Namen des Herrn der Heerscharen" (1Sam 17,45); der wird für mich kämpfen (2Mose 14,14); in seine Hand gebe ich meinen Feind (Röm 12,19-21).
- **Wer kann so leben? Der Schlüssel ist wieder das „Kind sein":** neu geboren, vollkommen (!) angewiesen, geliebt, liebend, hörend, lernend, scheiternd, in Vaters Arme laufend, von seinem Geist je und je geleitet (Röm 8,14), begnadigt.

Mittwoch, 19. Juli — Matthäus 6,1-4

● Nachdem Jesus mit seinen Schülern in Kap. 5 über die **Außenseite** des Glaubens gesprochen hat, legt er nun den Fokus auf die **Innenseite**. Es geht um die Praxis des neuen Lebens, bei den Juden damals: **Wohltätigkeit** (V 2-4), **Gebet** (V 5-13), **Fasten** (V 16-18).

● Jesus lehrt die Jünger liebevoll wie ein Vater, der seine Kinder warnen will („habt acht"). Ist die Innenseite noch gefährdeter als die Außenseite? **Worin besteht die Gefahr?**

→ Dass du die Innenseite zur Außenseite machst, zur „Schau" (V 1), Gutes tust, dich engagierst, **um bewundert zu werden**. So wie damals die Großspender, die in der Synagoge mit Posaunenfanfaren geehrt wurden. Die haben ihren Lohn damit schon weg. **Prüfe deine Motive!** Steckt Berechnung dahinter? Bedenke: Liebe rechnet nicht! Aber es gibt noch eine weitere Gefahr:

→ **Dich selbst zu bewundern** und darin zu sonnen, dass du besser bist als andere. Deshalb Jesu Rat: „Lass deine Linke nicht wissen, was die Rechte tut". Physiologisch geht das nur, wenn das Hirn (also die Reflexion) ausgeschaltet ist. Deine gute Tat soll auch für dich selbst verborgen bleiben (V 4a).

● Jesus leitet uns damit an, ganz „**Nachfolger**" zu sein, auf der schmalen Mauer der Glaubenspraxis die Balance zu finden, indem wir weder zurück auf die andern schauen noch in uns hinein, sondern nur nach vorn auf den Meister, dessen Liebe wir folgen.

● Und der **Lohn** – das, was Gott mir „vergelten" wird? Jesus lässt hier wohl bewusst offen, was das sein wird. Damit wir nicht darauf spekulieren. Sicher keine exakt berechnete „Lohnzahlung" (vgl. Mt 20,1-16), sondern **eine überfließende Überraschung des Vaters.** Darauf dürfen wir uns wie Kinder freuen. Denn Jesus fordert keine heroische Tugend der Selbstlosigkeit, sondern will, dass wir Kinder sind – die wissen: Bei meinem Papa komm ich nicht zu kurz. Ich helfe ihm gern, und ab und zu bringt er mir auch eine Überraschung mit.

Donnerstag, 20. Juli Matthäus 6,5-15

● Wer betet, spricht mit Gott. Beten ist keine Selbstdarstellung und darf nicht zur Frömmigkeit heuchelnden Show entarten. Nicht viele kluge oder wohl formulierte Worte, sondern **die Herzenshaltung machen das Gebet zu einem Gespräch mit Gott.** Jesus zeigt uns, worauf wir unser Herz ausrichten sollen. Weil Betern die richtigen Worte fehlen, schenkt er ihnen **das „Vaterunser".** Dass es aber weniger ein liturgisches Gebet, sondern vielmehr **ein Modellgebet** ist, zeigt sich daran, dass der Wortlaut, den Lukas überliefert, nicht exakt dem Wortlaut aus der Bergpredigt entspricht. Jesus hat bei unterschiedlichen Gelegenheiten unterschiedlich formuliert.

> ✎ *Kann das „Vaterunser" Ihnen helfen, neue Inhalte bzw. Schwerpunkte für Ihr persönliches Beten zu entdecken?*

● Mit der Anrede zeigt uns Jesus, dass sein Vater auch unser Vater ist. **Wir dürfen die gleiche Vertrauensbeziehung zu Gott haben, die der Sohn Gottes lebt.** Dass wir zu unserem „Vater im Himmel" beten, bedeutet nicht, dass Gott unendlich weit von uns entfernt wäre. „Im Himmel" ist Ausdruck absoluter Weltherrschaft (Helmut Traub). Gott hat unendliche Liebe und unendliche Macht. Und mit diesem Gott dürfen wir sprechen. Das ist atemberaubend.

● Die Bitte: „Und führe uns nicht in Versuchung" ist umstritten, zumal es in Jak 1,1 heißt „Denn Gott kann nicht versucht werden zum Bösen, und er selbst versucht niemand." **Der eigentliche Versucher ist der Teufel.** Das zeigt sich, als Jesus in der Wüste 40 Tage fastet und betet. **Gott will durch Prüfungen den Glauben stärken. Der Teufel will durch Versuchungen den Glauben zerstören.** „Und führe uns nicht in Versuchung" bedeutet demnach: Lieber Vater, bewahre uns vor Situationen, in denen der Teufel uns den Glauben raubt. Folgerichtig schließt sich die Bitte an: „Sondern erlöse uns von dem Bösen".

Donnerstag, 27. Juli   **Matthäus 7,12-23**

● Wenn Jesus vom Gericht spricht und das endgültige Verlorengehen nicht verschweigt, dann kann niemand das als primitive Drohbotschaft abtun. Schließlich ist es Jesus, der die Sünder liebt und für alle Menschen am Kreuz gestorben ist. **Seine Botschaft will vielmehr aus einer scheinfrommen und trügerischen Selbstsicherheit aufschrecken.**

● Jesus spricht von „jenem Tage" und meint das „Jüngste Gericht". Das bedeutet: **Es wird einen Tag geben, an dem wird Jesus, der Herr, erscheinen. Alle Menschen werden sich vor ihm verantworten müssen.** An jenem Tag wird das „Jüngste Gericht" Wirklichkeit. Dann wird Recht gesprochen, so klar und so gerecht, wie es kein menschlicher Richter vermag. Deshalb wird das Urteil unanfechtbar sein. Jesus wird entscheiden, wer ins Himmelreich gelangt und wer nicht. **Es ist erschreckend, dass es „viele" sind, die keinen Anteil am Reich Gottes haben werden.** Selbst Menschen, die ein Lippenbekenntnis zu Jesus abgegeben haben, gehören zu den vielen, die verloren gehen. Sie hatten im Namen von Jesus Christus sogar Wunder vollbracht. Aber sie hatten keine Gemeinschaft mit dem Sohn Gottes. Deshalb wird Jesus zu ihnen sagen: „Ich habe euch noch nie gekannt". Mit Jesus hätten sie die enge Pforte entdeckt und den schmalen Weg gewählt. Jesus hätte ihnen die Kraft und den Mut geschenkt, nach dem Willen Gottes zu leben und nicht dem bequemen Mainstream zu folgen. **Es ist heilsnotwendig, dass wir die zweite Bitte des „Vaterunser": „Dein Wille geschehe" ehrlich und persönlich auf unsere Lebensentscheidungen hin beten.**

✎ Paulus nennt eine Voraussetzung, dass man Gottes Willen herausfinden kann: „Stellt euch nicht dieser Welt gleich, sondern ändert euch durch die Erneuerung eures Sinnes, damit ihr prüfen könnt, was der Wille Gottes ist …", empfiehlt er in Röm 12,2.

Freitag, 28. Juli   **Matthäus 7,24-29**

● Zu Beginn der Bergpredigt spricht Jesus zu seinen Jüngern (Mt 5,1f). Während seiner Predigt muss die Zuhörerschaft angewachsen sein. **Am Ende seiner Predigt wendet sich Jesus an das Volk (Mt 7,28).** Die Menschen sind fassungslos. Das, was Jesus sagt, hinterlässt einen gewaltigen Eindruck. Eine so klare Botschaft haben sie noch nie gehört. Ihre Lehrer (Schriftgelehrte und Pharisäer) haben das gelehrt, was sie in ihren Rabbinenschulen gelernt haben. Jetzt hören sie Gottes Wort. **„Er lehrte sie mit Vollmacht" bedeutet: Jesus sagt genau das, was dem Willen Gottes entspricht.** Die Menschen hören das pure Wort Gottes.

● Wenn Jesus zwischen klug und dumm unterscheidet, dann gilt für ihn ein besonderer Maßstab. Klug bedeutet nicht, dass jemand intellektuell begabt ist, sondern **klug ist, wer dem Wort Gottes gehorcht. Dumm dagegen ist jemand, der Gottes Wort nicht ernst nimmt und sein Leben nach eigenem Ermessen gestaltet.**

● Konkret bedeutet das: Es reicht nicht, Gottes Wort zu hören. Es reicht auch nicht, Gottes Wort verstanden zu haben. Es reicht noch nicht einmal, von der Wahrheit des Wortes Gottes überzeugt zu sein. **Jesus möchte, dass wir unser Leben nach dem Wort Gottes ausrichten.**

● Deshalb ist es nicht klug, für einen Lebensstil, der dem Wort Gottes nicht entspricht, nach „klugen" Begründungen zu suchen. **Eine theologische Ethik, die sich von dem klaren Wort Gottes entfernt, verführt die Gemeinde.** Diese Ethik trägt nicht. Sie gleicht einem schön gestalteten Haus, dem das Fundament fehlt. In den letzten Versen der Bergpredigt widerspricht Jesus vehement der Vorstellung, als sei die biblische Ethik zweitrangig. Für Jesus geht es dabei um Tod und Leben.

> ✎ *Was können wir tun, wenn wir feststellen, dass unser Leben dem Geist und der Botschaft der Bergpredigt nicht entspricht?*

Samstag, 29. Juli — Matthäus 8,1-4

● Die Bergpredigt hat bei den Zuhörern einen gewaltigen Eindruck hinterlassen. Das Volk spürt die **Vollmacht,** mit der Jesus lehrt. Daher folgt ihm auch eine große Volksmenge nach, als er den Berg verlässt. Bestimmt waren viele Kranke unter dem Volk. Doch einer hat Mut, den großen Lehrer direkt anzusprechen und ihn um Heilung zu bitten.

● Eigentlich hätte sich der Kranke gar nicht Jesus nähern dürfen. Denn **Aussätzige** waren verpflichtet, in großem Abstand zur Gesellschaft zu leben (3Mose 13,45f). Sie **hatten keine Teilhabe am normalen Leben,** sondern führten ein tristes Dasein und warteten im Grunde nur auf den Tod.

● Der Aussätzige – möglicherweise war er an einer Form von Lepra erkrankt – spricht Jesus mit „Herr" an und erkennt damit seine Autorität an, die er in seiner Bergpredigt (z.B. Mt 7,21) zum Ausdruck gebracht hat. Umgehend heilt Jesus den Aussätzigen. Damit hat er ein **messianisches Wunder** vollbracht. Denn wer einen Aussätzigen spontan heilen kann, musste nach jüdischer Überzeugung der Messias sein.

● **Jesus verbietet** dem Geheilten, die Heilung anderen mitzuteilen, und befiehlt ihm, sich den Priestern zu zeigen und die vom AT geforderten Opfer darzubringen (3Mose 14,3ff). Damit beweist Jesus, dass er eindeutig zum Gesetz steht, wie er es in der Bergpredigt schon klar zum Ausdruck gebracht hatte (Mt 5,17ff). Gerätselt wird manchmal, **warum** Jesus es verboten hat, anderen die Heilung mitzuteilen. Denn jeder versteht die überschäumende Freude des Geheilten, der natürlich seiner Familie und seinen Freunden dieses Wunder erzählen möchte. Aber auch so dürfte es in seiner Umgebung nicht verborgen bleiben, welche wunderbare Heilung ihm widerfahren ist.

> *Bitte lesen Sie die Parallelstelle in Mk 1,45. Warum also verbietet Jesus dem Geheilten, das Wunder zu erzählen?*

Sonntag, 30. Juli   Psalm 106,24-48

● Der Psalmist macht eines ganz klar: Die Geschichte seines Volkes Israel ist eine **Geschichte der Treue Gottes und der andauernden Untreue des auserwählten Volkes**. Er spricht vom Unglauben (V 24), vom Ungehorsam (V 34) und dem Götzendienst (V 28.36-39). Dieser Götzendienst führt zu Auswüchsen, die für das Volk Gottes eigentlich undenkbar sind: Söhne und Töchter werden den „bösen Geistern" geopfert (V 37f). Wenn in V 28 vom Essen von den Opfern „für die Toten" die Rede ist, mag dies eine Verspottung der (leblosen) Götzen sein.

● Auch wenn Israels Handeln immer wieder **Gottes Gericht auslöst** (V 26f, 29, 40ff), **so bleibt Gottes Treue doch größer**. In seinem Erbarmen ließ er von der bereits beschlossenen Vernichtung immer wieder ab (V 45). Dieses Erbarmen ist auch die Grundlage für die Hoffnung für Israel, das wohl im Augenblick in der Verbannung lebt. So wird auch das Ziel des Psalms klar: Es geht um die **Heimkehr der in die Ferne verstreuten Israeliten** (V 47).

● Untreue und Treue – diese Spannung begegnet uns nicht nur in diesem Psalm, sondern taucht im gesamten AT und NT auf.

→ Zum Beispiel bei Hosea: Die Untreue Israels wird durch die Aufforderung Gottes an Hosea greifbar: „Geh ... nimm eine hurende Frau ...; denn das Land läuft vom Herrn weg der Hurerei nach" (Hos 1,2). Dieses Beispiel des Hurens taucht wörtlich in unserem Psalm auf; V 39 heißt eigentlich „... und hurten durch ihr Tun." Aber ein Kapitel später wird Gottes Treue durch den Neuanfang sichtbar (Hos 2,16): „Ich will freundlich mit ihr reden ..."

→ Im NT taucht der gleiche Gedanke in 2Tim 2,13 auf: Sind wir untreu, so bleibt er treu; denn er kann sich selbst nicht verleugnen." Diese **Treue Gottes gipfelt am Kreuz**: Gott hat sich selbst hingegeben, um an seinem Bund mit den Menschen festhalten zu können.

Mittwoch, 2. August — Matthäus 8,18-22

• Am Westufer des Sees Genezareth hat Jesus bereits intensiv gewirkt. Nun setzt er mit seinen Jüngern ans Ostufer hinüber. Dort begegnet ihm ein jüdischer Theologe. Was dieser tut, ist durchaus unüblich. Denn die jüdische Geistlichkeit stand Jesus kritisch bis ablehnend gegenüber. Freilich wissen wir nicht mit Sicherheit, ob der Mann es ernst meint oder Jesus lediglich versuchen will. Jesus aber nimmt ihn ernst und konfrontiert ihn unmissverständlich mit den **Kosten der Nachfolge: wozu der Verzicht auf ein normales Leben und auf ein „Dach über dem Kopf" gehört.** Ob der Mann unter diesen Umständen bereit war, Jesus zu folgen, lässt der Text offen.

• Ein anderer, der offensichtlich auch bereit ist, Jesus nachzufolgen, möchte doch zuvor den gestorbenen Vater beerdigen. Obgleich es Jesus natürlich fernliegt, das Gebot, die Eltern zu ehren, infrage zu stellen, macht er dem Mann deutlich, dass hier und jetzt etwas anderes Vorrang hat. Denn mit seinem Kommen ist das Reich Gottes angebrochen. **Der „Menschensohn" ist da, und ihm nachzufolgen, ist das Gebot der Stunde.** Die Toten können auch von anderen, nämlich den geistlich Toten (= Menschen, die Jesus ablehnen), begraben werden.

• Der Ruf, Jesus nachzufolgen, ergeht auch heute. **Und noch immer hat die Nachfolge ihren Preis:** den Verzicht auf ein angepasstes, bequemes Leben; die Bereitschaft, gegen den Strom zu schwimmen und dafür womöglich Häme, Spott und Ausgrenzung in Kauf zu nehmen. Darüber hinaus werden Christen in manchen Ländern eingesperrt und getötet. **Sind wir bereit, angesichts solcher Nachteile Jesus die Treue zu halten und uns auch öffentlich zu ihm zu bekennen?**

In den Evangelien bezeichnet sich Jesus mehr als 80 Mal als „Menschensohn". Was will er mit dieser Formulierung sagen? Lesen Sie bitte Dan 7,13f und Offb 1,13.

Donnerstag, 3. August   **Matthäus 8,23-27**

- Der See Genezareth liegt rund 200 m unter dem Meeresspiegel. Nördlich des Sees erhebt sich das Hermongebirge bis auf 2.800 m Höhe. Von ihm fallen vor allem in den Monaten Mai bis Oktober heftige Winde hinab in die Senke und verursachen so auf dem See Stürme, die selbst erfahrene Fischer in Todesangst versetzen können.
- **Die heutige Bibellese stellt uns Jesus auf eindrückliche Weise als Mensch und Gott vor Augen.** Als Mensch hatte er dieselben Grundbedürfnisse wie wir. Er aß und trank, weinte und schlief, wenn er müde war, ganz so wie wir alle. Doch er war eben nicht nur Mensch, sondern auch Gott. Daher konnte er mit einem einzigen Wort den Sturm stillen.
- Zwar hatten die Jünger in den vergangenen Monaten bereits mehrfach die Wunder wirkende Kraft von Jesus erlebt; doch in Grenzsituationen des Lebens sind solche Erfahrungen schnell vergessen. Geht es uns nicht auch oft so? Wir haben wunderbare Gebetserhörungen erleben dürfen. Doch dann erreicht uns ein Schicksalsschlag und die Zweifel an Gott werden so stark, dass wir sogar seine Existenz infrage stellen. Dabei befinden wir uns in guter Gesellschaft. Den Jüngern erging es nicht anders. **Jesus tadelt sie allerdings wegen ihres Kleinglaubens.** Und auch uns wird er manchmal wegen unseres mangelnden Vertrauens tadeln müssen. **Doch seien wir gewiss: Jesus ist ein barmherziger Gott.** Er hat die Tiefen des Menschseins durchlebt und kennt uns genau. Auch wenn wir ihn durch mangelnden Glauben enttäuscht haben sollten: Der Weg zu ihm steht immer offen und die „Telefonnummer" Gottes bleibt bis heute dieselbe. Deshalb sollten wir die 5015 (Psalm 50,15) immer parat haben.

Lesen Sie bitte Hebr 2,17f und 4,15f. Warum dürfen wir immer wieder neu – trotz unserer Schwachheiten und Zweifel – mit Zuversicht im Gebet zu Gott kommen?

Freitag, 4. August   Matthäus 8,28-34

● An der Ostseite des Sees Genezareth lebten überwiegend Nichtjuden. Dadurch erklärt sich, dass hier von einer großen Schweineherde die Rede ist; denn Schweine sind für Juden unreine Tiere und dürfen nicht gegessen werden (3Mose 11,7). Die aus den Besessenen sprechenden **Dämonen** bitten Jesus darum, in diese Schweine fahren zu dürfen und nicht in den Abgrund geschickt zu werden. In der Parallelstelle in Lk 8,31 wird ausdrücklich erwähnt, dass die Dämonen Angst davor hatten, dass Jesus sie ins Gefängnis des Abgrunds werfen könnte. Laut 2Petr 2,4 und Jud 6 befinden sich „in der Hölle" bzw. „Finsternis" schon heute Engel, die gegen Gott rebelliert haben.

● Es ist schon interessant, dass die Dämonen angesichts der Konfrontation mit dem Gottessohn **keine Chance für ein Entrinnen** erkennen. Sie wissen nicht nur, dass ihnen in Jesus der allmächtige Gott gegenübersteht. Vielmehr ist ihnen auch bewusst, dass sie dem Gericht entgegengehen. Allerdings ist es ihr Wunsch, nicht „vor der Zeit", also vor dem von Gott vorgesehenen Endgericht, in die Qual der Hölle zu müssen. Darum flehen sie Jesus an, nicht in den Abgrund geschickt zu werden, sondern in die Schweine fahren zu dürfen, um so zumindest noch vorläufig auf Erden bleiben zu können. Warum Jesus seine (und unsere) Feinde nicht augenblicklich unschädlich macht, sondern auf ihre Bitte eingeht, wissen wir nicht. Auf jeden Fall befreit er die beiden Besessenen von ihrer Qual und macht so die ganze Gegend wieder sicher. **Jesus möchte, dass wir Menschen nicht vom Teufel und seinen Dienern beherrscht werden, sondern in Freiheit dem lebendigen Gott dienen.**

> *Der Text gibt keine Antwort auf die Frage, warum die Bewohner der Gegend Jesus bitten, ihr Gebiet zu verlassen. Welche Antworten sind Ihrer Meinung nach denkbar?*

Samstag, 5. August **Matthäus 9,1-8**

● Sünden zu vergeben ist ein Vorrecht Gottes. Jesus beansprucht mit Blick auf seinen Opfertod (Mt 26,28) dieses Privileg. Daran entzündet sich der Vorwurf, Gott zu lästern, worauf die Todesstrafe steht (4Mose 15,30f; Mt 26,63-66).

● Jesus untermauert seinen Anspruch in doppelter Weise:

→ **Er durchschaut die Schriftgelehrten** (V 4). Gott allein kann in die Herzen der Menschen blicken (vgl. 1Sam 16,7).

→ Jesus spricht von sich als dem „Menschensohn", dem Gott nach Dan 7,13f das Endgericht übertragen hat. Darum kann Jesus schon heute (V 6: „auf Erden") Sünden vergeben.

● Überraschend: Für Jesus ist der Glaube der Leute entscheidend, die den Kranken bringen (V 2: „ihr Glaube", und nicht so sehr der Glaube des Gelähmten (vgl. Mt 8,5-13).

> *Kann man stellvertretend für jemanden glauben? Hat so ein Glaube „Grenzen"?*

● Die Geschichte verdeutlicht **die beiden grundlegenden Übel, unter denen wir Menschen leiden: die Trennung von Gott („Sünde") und das Leiden an Krankheit/Not.** Im AT wird immer wieder Sünde als Ursache für Krankheit gedeutet: so etwa von den Freunden Hiobs (Hiob 8,4-6; 9,13-20; 15,3-6 u.ö.). Wie Gott am Ende die Reden der Freunde verurteilt (Hiob 42,7), so lehnt auch Jesus in Joh 9,2f; Lk 13,2f diesen Zusammenhang unmissverständlich ab. Gedanken wie „Womit habe ich das verdient?" oder „Wenn's dir gut geht, belohnt dich Gott, wenn's dir schlecht geht, liegt das an deiner Schuld" entsprechen nicht der Botschaft Jesu.

● Die Heilung ist „ein vergewissernder Hinweis darauf, dass **sich durch den Zuspruch der Sündenvergebung im Leben dieses Menschen wirklich etwas verändert hat**" (Walter Klaiber). Heil (biblisch: „Schalom") schließt die Befreiung von Sünde und von Krankheit/Not mit ein; die neue Schöpfung wird davon gekennzeichnet sein (Offb 21,1ff).

Sonntag, 6. August — Psalm 63

Wo kann ich Gott begegnen?

● In die Gattung „**Minnelied**" (Liebeslied) stellt ein Ausleger diesen Psalm. Und er begründet dies mit der innigen Sehnsucht, die aus den Versen spricht.

● Der Psalm steht in einem historischen **Kontext: David in der Wüste Juda**. Eine vergleichbare Situation finden wir zweimal im Leben Davids beschrieben. Zum einen auf der Flucht vor Saul (1Sam 26), zum anderen auf der Flucht vor seinem eigenen Sohn Absalom (2Sam 15ff). Wenn sich David in V 12 als König bezeichnet, liegt Letzteres nahe.

● David ist in der Wüste Juda nicht nur dem körperlichen Durst und auch Hunger ausgeliefert, sondern **seine Seele** (V 2) **sehnt sich nach Gott**. Mitten in der Not (V 10f) ist es das erste Bestreben des Beters, Gott zu begegnen. Die Gottesbegegnung sucht er im „**Heiligtum**". (Der Tempel wird erst durch seinen Sohn Salomo gebaut.) War Begegnung mit Gott in der Zeit der Wüstenwanderung in der Stiftshütte möglich, so hatte David die Bundeslade nach Jerusalem gebracht. Wenn der Beter jedoch gerade auf der Flucht ist, dann fehlt ihm der Zugang zu diesem äußerlichen Platz für die Gottesbegegnung. Jahrhundertelang war dem Volk Israel mit dem Tempel in der Hauptstadt dieser Ort gegeben. David aber weiß (noch), dass Gott nicht auf einen Raum oder Ort reduziert ist, sondern man ihm überall begegnen kann: durch Gebet (5a), Lob Gottes (5a.6) und Nachsinnen über Gott (7f). Seit Jesus Christus besteht der Tempel aus lebendigen Steinen – Gott wohnt in menschlichen Herzen, nicht in einem Gebäude (Joh 4,23; 1Kor 6,19).

● Alle Gottesbegegnung führt den Beter zum Spitzensatz des Psalms: „**Denn Deine Güte ist besser als Leben!**" Gottes Güte ist mehr als irdisches Leben – auch wenn wir unser von Gott geschenktes Leben nicht niedrig achten werden.

✎ *Wo begegnet Gott mir?*

Montag, 7. August   **Matthäus 9,9-13**

● Der Ruf in die Nachfolge hat die (Lebens-)Gemeinschaft mit Jesus zum Ziel. Jesus feiert ein Fest mit Zöllnern und Sündern. Überraschend dabei:

→ Jesus feiert mit Menschen, die von anderen stigmatisiert und gemieden werden (V 11); so lässt er sie Gottes rettende und heilende Gemeinschaft erleben. Jesus stellt keine Vorbedingungen. **Umkehr oder Glaube sind keine Voraussetzung für die Annahme durch Jesus, sondern „befreite Reaktion von ‚Verlorenen' auf die Begegnung mit Gott"** (Walter Klaiber).

→ Israels Arzt ist Gott, der Herr (2Mose 15,26). Indem Jesus von sich als dem „Arzt" spricht, beansprucht er an Gottes Stelle zu helfen. Seine heilende Zuwendung gilt den Kranken, d.h. den verlorenen Kindern Israels (Hes 34,16). **Jesu Arzt-Wort beinhaltet eine klare Diagnose zum Zustand seines Volkes bzw. der Menschheit überhaupt:** Wir leiden unter der Krankheit „Sünde" (V 13); wir sind Gott verloren gegangen (Hes 34,16; Lk 15,3-32), weil wir ohne ihn leben. Heilung bzw. Rettung ist nur durch Jesus möglich und vollzieht sich im Hören auf seinen Ruf in die Nachfolge und die Gemeinschaft mit ihm.

→ Mit seinem Bildwort von den „Gesunden" und „Kranken" greift Jesus die Pharisäer nicht an (V 12); für ihn sind sie durchaus „Gerechte" (V 13). **Jesus wertet ihre Frömmigkeit und ihren Lebensstil nicht ab.**

→ Jesus begründet sein Handeln, indem er Hos 6,6 zitiert (vgl. auch Mt 12,7). Damit warnt er davor zu glauben, kultische Gebote (Opfer, Reinigungsvorschriften, Absonderung von den Sündern), die man äußerlich vollzieht, könnten genügen, um vor Gott zu bestehen. Stattdessen macht er deutlich: **Gottes Barmherzigkeit ist entscheidend, um mit ihm Gemeinschaft zu haben** (grundlegend 2Mose 34,6). **Diese Barmherzigkeit soll aber auch das Miteinander von Menschen bestimmen.** Mit seinem Verhalten den Sündern gegenüber erweist sich Jesus als derjenige, der wirklich das Gesetz erfüllt (Mt 5,17-48).

Dienstag, 8. August   Matthäus 9,14-17

● Zur jüdischen Frömmigkeit gehörte **das Fasten**. Anlässe waren Todesfälle (1Sam 31,13; 2Sam 12,21f), private und öffentliche Notsituationen (Jer 14,12; Sach 7,1ff) oder auch Zeiten der Vorbereitung auf die Gottesbegegnung (2Mose 34,28; Lk 2,37) bzw. Buße (Esra 8,23). Gesetzlich vorgeschrieben war das Fasten am Großen Versöhnungstag (3Mose 16,29ff). Zur Zeit Jesu fasteten vor allem die Pharisäer öffentlichkeitswirksam montags und donnerstags (Lk 18,12), um unwissentlich begangene Sünden zu sühnen. Auch Johannes der Täufer und seine Jünger wollten im Fasten ihre Bußhaltung zum Ausdruck bringen (Mt 11,18). **Fasten hat dabei „das Ziel, sein Verhältnis zu Gott und zu sich selbst" zu klären** (Hermann Dietzfelbinger).

● Auf die Frage der Johannesjünger (V 14) antwortet Jesus ebenfalls mit einer Frage, deren Antwort klar ist: So wie kein Gast einer Hochzeitsfeier fastet, so **gibt es auch dann keinen Anlass zum Fasten, wenn Jesus mit Menschen feiert und sie damit die heilvolle Gegenwart Gottes erleben lässt.**

● Erst nachdem Jesus durch seinen Tod von seinen Jüngern genommen ist, werden sie fasten. **Doch das Fasten bekommt eine andere Bedeutung. Es dient dazu, die Gemeinschaft mit Jesus zu vertiefen und neu für ihn offen zu werden** (Mt 6,16-18). Als Begründung führt Jesus zwei Bildworte an (V 16f): Das Neue, das mit ihm anbricht, „ist mit den alten Formen überlieferter Frömmigkeit nicht zu vereinbaren. Es sind neue Verhaltensweisen nötig, um die Dynamik von Gottes befreiender Herrschaft zu erfassen und zu bewahren" (Walter Klaiber).

● Seit seiner Himmelfahrt ist Jesus unsichtbar gegenwärtig und nicht mehr leiblich zu erleben. Darum haben Christen sich an die Worte Jesu zum Fasten erinnert und regelmäßig gefastet (vgl. Apg 13,2f; 2Kor 6,5).

✎ *Welche Bedeutung hat das Fasten für Ihren Glauben?*

Mittwoch, 9. August — Matthäus 9,18-26

- Eine Frau, die an Blutungen leidet, und der Vater eines verstorbenen Mädchens suchen Hilfe bei Jesus und erleben, wie Jesus sie heilt und vom Tod rettet. **Beide Wunder zeigen, dass mit Jesus die Heilszeit** (vgl. 11,3-5) **begonnen hat** Das griechische Wort für „heilen" kann **auch mit „retten" übersetzt werden** (so z.B. in Mt 1,21; 19,25; 24,13).
- Die Frau ist aufgrund ihrer Krankheit religiös und sozial isoliert; wen oder was sie berührt, wird kultisch unrein (3Mose 15,19-33). Indem Jesus die Frau heilt, rettet er sie

→ ... denn er ermöglicht ihr, wieder am religiösen Leben teilzunehmen. Jesus nimmt sie also damit zugleich in die **Gemeinschaft mit Gott** auf.

→ ... aus dem sozialen Tod und integriert sie wieder in die **Gemeinschaft der Menschen.**

- Die Frau und der Vater des verstorbenen Mädchens bringen beide Jesus **besonderes Vertrauen** entgegen:

→ Die Frau berührt als Unberührbare einen gesetzestreuen Juden. Als solchen kennzeichnet Mt Jesus, denn nur gesetzestreue Juden tragen an ihrer Kleidung „Quasten" (die Lutherbibel ist mit ihrer Übersetzung „Saum" ungenau).

→ Der Vater bittet Jesus, seine tote Tochter ins Leben zurückzuholen. Das zeigt ein einzigartiges Vertrauen auf Jesus (V 18).

- An beiden wird deutlich, was **Glaube** bedeutet: **seine Hoffnung ganz auf Jesus zu setzen und alles von ihm zu erwarten; ein solcher Glaube rettet** (V 22).
- Wichtig: Es handelt sich bei beiden Heilungen um **Zeichenhandlungen.** Das Mädchen trägt noch nicht den Auferstehungsleib (1Kor 15,35ff); darum wird es wieder sterben. **Die Heilung ist vorläufig, die Rettung hingegen endgültig.**

Achten Sie heute darauf, worauf sich Ihr Gebet richtet; ist Ihnen wichtig(er), bei Jesus zu bleiben oder vor Unfällen/Leid bewahrt zu werden?

Donnerstag, 10. August   Matthäus 9,27-34

● Schon seit Kap. 8,1 berichtet Mt von Wundern, auf die Jesus später den Täufer Johannes hinweisen und seine Messianität begründen wird (Mt 11,1-5). Dabei fehlt noch die Heilung der Blinden und Taubstummen; diese berichtet Mt jetzt.
● Der Ruf „Erbarme dich unser, Sohn Davids" (V 27b) **verbindet die Bitte mit dem Bekenntnis.** Das „Erbarme dich (unser)" kommt häufig in den Psalmen vor und wurde zum gottesdienstlichen Bittruf „Kyrie eleison".
● Wer **Jesus** als **„Sohn Davids"** anruft (vgl. auch 15,22; 20,30 u.ö.), greift u.a. auf 2Sam 7,14; Jes 9,1-6 und Ps 110,1 zurück und erkennt in ihm den Messias (Christus) und endzeitlichen Herrscher, den Gott verheißen hat.
● In V 29 sagt Jesus „Euch geschehe nach eurem Glauben". **Glaube ist die Offenheit für Jesu Handeln.** Wer glaubt, vertraut und hofft auf das, was Jesus tun kann (V 28). **Sich ihm ganz auszuliefern und ihn wirken zu lassen – das ist der Glaube, den Jesus in V 29 sucht.** Eine ausbleibende Heilung ist darum auch kein Zeichen für mangelnden oder fehlenden Glauben. Jesus hat dann schlicht anders entschieden. So wird eben auch heute nicht jede Bitte um Heilung von ihm erhört.
● Der Bericht von der **Heilung des Taubstummen** (V 32-34) greift nochmals abschließend die Frage auf, **in wessen Vollmacht Jesus handelt**: Ist er der Sohn Davids (V 27), durch den Gott seine Verheißungen an Israel (vgl. V 33b) erfüllt, wie die beiden Blinden bekennen, die zwar physisch blind sind, aber geistlich die Wahrheit erkennen (V 27). Oder ist er der „Anführer" (Lutherbibel: „Oberste") der Dämonen, wie die Pharisäer meinen (V 34). Jesus lässt den Vorwurf zunächst unbeantwortet; später wird er ihn widerlegen (Mt 12,22-32). Doch auch hier wird wieder deutlich: **An Jesus scheiden sich die Geister.** Eine neutrale Haltung ihm gegenüber gibt es nicht. **Die Begegnung mit ihm stellt in die Entscheidung** (vgl. 10,13ff); dabei geht es um Glaube (V 27.28) oder Unglaube.

Freitag, 11. August   **Matthäus 9,35–10,4**

Mt fasst in diesem Abschnitt das Wirken Jesu zusammen:

● Jesus *lehrt* Gottes Willen, *predigt* (= *verkündigt*) das Evangelium und *heilt* Kranke und Besessene. V 35 ist identisch mit Mt 4,23; die beiden Verse rahmen die Kap. 5–9 ein, in denen Mt beispielhaft aufzeigt, wie Jesus lehrt, predigt und heilt.

● Jesus wirkt „in allen Städten und Dörfern" (V 35); d.h. keiner ist von ihm übersehen oder ausgeschlossen: weder die vielen Menschen in den Städten noch die Einzelnen in den überschaubaren Dörfern. Das Wort „alle" weist darauf hin: **Bei Jesus finden Menschen unbegrenzte Hilfe.**

● Grund für Jesu Sendung durch Gott ist **der desolate innere und äußere Zustand Israels** (V 36). Jesus deutet die Situation seines Volkes auf dem Hintergrund alttestamentlicher Texte wie 1Kön 22,17 oder Hes 34,5. Zugleich nimmt er für sich in Anspruch, der angekündigte Hirte zu sein, durch den Gott sich selbst seiner Herde annimmt und sein Volk wieder sammelt und es weidet.

● **Jesus beteiligt die zwölf Jünger an seinem Auftrag und gibt ihnen Anteil an seiner Vollmacht; auch sie sollen heilen und predigen** (10,1.7). Die Zwölf

→ ... sind eine einmalige Größe (darum zählt Mt ihre Namen auf).

→ ... sind die Repräsentanten des von Jesus (wieder) gesammelten und erneuerten endzeitlichen Gottesvolkes (zwölf als Zahl der Stämme Israels).

→ ... stehen, wie der Titel „Apostel" zeigt (V 2), für die nachösterliche Gemeinde. **Bis heute ist die Aufgabe der Gemeinde, den Auftrag, den Gott Jesus gab, weiterzuführen** (vgl. Joh 20,21b).

● Sendung beginnt mit Gebet (V 38). Jesus selbst erwählt und sendet seine Boten („Apostel"; 10,2). Tröstlich: Die Aufzählung der Zwölf wird von zwei Namen gerahmt, die „versagt" haben: Dem Verleugner Petrus und dem Verräter Judas. **Jesus beruft keine Helden, sondern Menschen, die auf ihn als ihren Hirten hören, sich von ihm heilen und dann in seiner Vollmacht senden lassen.**

Samstag, 12. August   **Matthäus 10,5-15**

- Nachdem Jesus seine zwölf Apostel namentlich berufen und mit Vollmacht ausgestattet hat, sendet er sie ganz bewusst zum Volk Israel. Dies macht einerseits deutlich, dass Jesus seine Jünger für die jeweilige Aufgabe auch mit der nötigen Gabe ausrüstet. Andererseits wird deutlich, dass **Gottes Heilsplan zur Rettung der Menschheit ganz konkret bei Israel beginnt.** Es ist eine **besondere Stunde der Gnade für Gottes Volk.**

> *Gibt es auch heute noch solche Gnadenstunden für Völker, Gemeinden oder auch Einzelpersonen? Können Sie sich an eine besondere Gnadenstunde in Ihrem Leben erinnern?*

- Ziel der Sendung der Jünger ist es, **die Verlorenen mit Gott in Verbindung zu bringen.**
- **V 7.8 beschreiben den konkreten Auftrag:**
→ **Die Verkündigung des Reiches Gottes.** Diese Botschaft steht an erster Stelle – wie auch schon bei Jesus selbst: Mk 1,15. Sie ist als Evangelium Mut machend, weil sie dem Sünder die Chance der Umkehr zu Gott anbietet.
→ **Die Wundertaten sind die prophetischen Anzeichen der Gottesherrschaft.** Wie bei Jesus selber nehmen sie punktuell vorweg, was einmal umfassend da sein wird. Die Apostel sollen diese ohne Vorleistung der jeweiligen Person vollbringen.
- **V 9.10 beschreiben die Methode der Mission:**
Jesu Anweisungen für seine Jünger sind richtungsweisend für die Mission bis zu seiner Wiederkunft:
→ Gott versorgt die, die ihm dienen.
→ Mission geschieht unbedingt gewaltfrei.
→ Ein einfacher Lebensstil ist gefragt.
→ Das Vertrauen auf den Herrn ist nötig und wird belohnt.
- Jesus ermutigt seine Jünger zu einer **Mission der offenen Türen,** (Gerhard Maier) um bei den Menschen innerlich wie äußerlich anzukommen.

Sonntag, 13. August — Psalm 78,1-31

- **Asaf** war Zeitgenosse Davids und das Sippenoberhaupt der levitischen Tempelsänger (1Chr 6,16–18.24; 25,1f) – Kirchenmusikdirektor, würden wir heute sagen. Der Psalm kann jedoch frühestens in die **Regierungszeit Salomos** fallen, denn Juda, der Stamm Davids, wird vor Ephraim, dem Stamm Sauls, gesehen (V 67f). Außerdem scheint der Tempel auf dem Zion schon gebaut zu sein (V 68f). Die Überschrift könnte als Zuordnung des Psalms zu der Sängerfamilie Asafs verstanden werden.
- Das Ziel Asafs ist es, dem Volk deutlich zu machen, dass **jede Generation den Auftrag von Gott hat, die großen Taten Gottes der nächsten weiterzugeben**. Es ist wie ein Generationenvertrag (1-7). Der zentrale Erinnerungsgedanke ist die Gabe der Thora (des „Gesetzes"), die Asaf in die Mitte der Eingangsverse stellt (V 5). Wobei die Thora mehr ist als ein Gesetzbuch: Es geht um das Wesen Gottes.
- Der Psalmist blickt (nicht chronologisch) in die Geschichte Israels und macht deutlich, dass die Zuversicht (so der Begriff „Hoffnung" in V 7) darin begründet ist, dass **Gott** in der Vergangenheit treu seinem Volk gegenüber war und es **sicher und verlässlich** geführt hat. Dem steht aber die **Sünde des Volkes** gegenüber: der Söhne Ephraims (V 9ff) und des Volks, das sich auf der Wanderung durch die Wüste gegen Gott erhob (V 17ff).
- Ist uns Gottes Geschichte mit jedem von uns eigentlich bewusst? Erzählen wir der nächsten Generation von Gottes großen Taten? Sehen wir in unserer Lebensgeschichte Gottes Eingreifen oder nur den Zufall? Jesus Christus will unser Leben gestalten, führen, lenken, das heißt segnen – ist uns das noch begreifbar?

> *Schreiben Sie doch mal auf, wo Sie in den vergangenen Jahren „Glück" gehabt haben. An welchen Stellen sollten Sie vielleicht den Ausdruck „Zufall" durch „Gottes Eingreifen" oder „Glück" durch „Segen" ersetzen?*

Montag, 14. August   Matthäus 10,16-26a

- Ab V 16 greift Jesus das Stichwort „Sendung" wieder auf. Thematisiert werden jetzt allerdings **die Kosten der Sendung** Dabei klingen die Worte Jesu zunächst wie eine Anti-Werbung, d. h. fast schon abschreckend.
- Jesus sendet seine Jünger **wie Schafe unter die Wölfe.** Schafe sind den Wölfen ohne Bewachung schutzlos ausgeliefert. Einzigen **Schutz bietet ihnen der sie hütende Hirte.** „Die Waffe der Schafe, der ausgesandten Jünger, ist die göttliche Bewahrung und Fürsorge" (Gerhard Maier).
- Mit zwei Bildworten beschreibt Jesus die **Vorgehensweise der Jünger.** Sie sollen „klug wie die Schlangen" und „ohne Falsch (arglos) wie die Tauben" sein. Wie die Schlange in 1Mose 3,1 sollen sie bei ihrer Arbeit den Erfolg versprechenden Anknüpfungspunkt finden, allerdings ohne dabei im Umgang mit den Menschen hinterlistig, undurchschaubar oder böse zu sein.
- In den V 18-26 beschreibt Jesus ernüchternd, wie die Menschen auf die Tätigkeit der Jünger reagieren werden. **Die Welt „empfindet die Christen nicht als Menschheitsbeglücker"** (Gerhard Maier). Das hat zur Folge, dass Jesus seine Gemeinde zu jeder Zeit als angefochtene und leidende Gemeinde sieht. Was zuallererst er selber erlebt, ergeht den Aposteln der ersten Gemeinde nicht anders und setzt sich bis in viele Länder heute fort, in denen Christen verfolgt werden und um ihres Glaubens willen leiden.
- **Der Hass,** der den Jüngern entgegenschlagen wird, **entzündet sich einzig an der Tatsache, dass sie zu Jesus gehören** („um meinetwillen" V 18). Wer unter dieser Last bis zum Ende (Ende = Lebensende oder Ende der Verfolgung oder der Welt) bleibt (beharren = drunter bleiben), wer sie erträgt und in der Spur Jesu bleibt, der wird gerettet.

Wodurch macht Jesus seinen Jüngern für diese besonders herausfordernden Situationen Mut?

Dienstag, 15. August   **Matthäus 10,26b-33**

- Das tragende Motiv in diesem Abschnitt ist die **Stärkung der Jünger angesichts der heraufziehenden Leiden.**

> *Vergleichen Sie dazu die Aussagen in den Abschiedsreden Jesu in Joh 15,18–16,33.*

- Das von Jesus verwendete Sprichwort in V 26b bedeutet hier, dass Gottes Wirken auf dieser Erde nicht geheim gehalten werden kann. **Wer Jünger ist, lebt mit Gott und muss andere auf ihn aufmerksam machen.** Allerdings geht dem der vertraute Umgang mit Jesus und seinem Wort voraus (BasisBibel: „Was ich euch ins Ohr flüstere" …).
- V 28 spricht von der schlimmsten Bedrohung für den natürlichen Menschen: **die Bedrohung von Leib und Leben.** Das erlitten Christen zu allen Zeiten. Allerdings können die Verfolger zwar den Leib, aber nicht die Seele töten. Seele meint hier die menschliche Persönlichkeit, die auch ohne irdischen Leib existiert, und bei der Auferstehung einen geistlichen Leib erhalten wird (1Kor 15,44). Wer Gott mehr fürchtet als die Verfolger, bleibt in der konkreten Verfolgungssituation treu.
- V 29-31: Anhand von Beispielen aus dem Alltag veranschaulicht Jesus, dass es **Gott ist, der alles bestimmt.** Jeder kleine Spatz ist bei Gott bekannt, ebenso sind die Haare jedes Menschen bei Gott gezählt. Keines von beiden geht ohne Gottes Willen verloren. **Damit will er das Vertrauen der Jünger auf einen festen Grund stellen.**
- V 32-33: „Bekennen" und „Verleugnen": Es geht bei beiden Verhaltensweisen um die Entscheidung, entweder an Jesus als dem Christus festzuhalten oder sich von ihm loszusagen. Beides geschieht nicht im Verborgenen, sondern „vor den Menschen".

> „Heimliches Christsein bzw. Christbleiben genügt also nicht. Herz und Handeln sollen zusammenstimmen."
> Gerhard Maier

Mittwoch, 16. August Matthäus 10,34-39

● V 34-36: Diese Verse haben sowohl die konkrete Situation der Israelmission als auch grundsätzlich die spätere Völkermission im Blick. **Dabei räumt Jesus mit dem weitverbreiteten Missverständnis auf, dass der Messias den äußeren Frieden über Israel und die Welt bringen wird.** Deutlich wird dieses Verständnis durch den Zusatz „auf die Erde" (V 34).

> *Im AT gibt es viele Weissagungen, die die Erwartung nährten, dass der erwartete Messias ein Friedensherrscher sein werde. Vgl. Sie dazu Jes 9,5f; 32,18; 52,7; Ps 72,7.*

● Jesus widerspricht damit der Vorstellung, dass durch ihn bzw. die Jünger der äußere Weltfriede möglich wird. **Die Verheißung des inneren Friedens,** den Jesus seinen Jüngern geben will, **bleibt aber gültig** (vgl. Joh 14,27; 16,33; Röm 5,1).
● Wenn Jesus davon spricht, dass er das Schwert bringt, meint er nicht, dass die Jünger zum Schwert greifen sollen (vgl. Mt 26,52). Gemeint ist das Schwert, das die Verfolger gegen die Jünger erheben.
● **Konsequente Nachfolge kann Kampf und Feindschaft sogar im engsten Kreis der Familie bringen.** Die Spaltung entsteht durch die unterschiedliche Haltung zu Jesus.
● V 37: An verschiedenen Stellen hat Jesus davon gesprochen, dass er den ersten Platz im Leben seiner Jünger einnehmen will. Nach dem Schma Jisrael, einem der wichtigsten Gebete im Judentum, soll Israel Gott „von ganzem Herzen, von ganzer Seele und mit all deiner Kraft lieb haben" (5Mose 6,5). **Jesus unterstreicht also hier den Anspruch, dass Gott, der Vater, und er eine Einheit bilden** (Joh 17,22).
● V 38.39: „Sein Kreuz nehmen" bedeutete im frühen Judentum gekreuzigt werden oder dem Glauben absagen. **Der Jünger steht hier vor der Entscheidung: Überleben oder ewiges Leben!** Der Zusatz „und mir nachfolgt" schließt die Bereitschaft ein, Jesus auf dem Leidensweg zu folgen.

Donnerstag, 17. August   **Matthäus 10,40-42**

- Diese Verse machen etwas deutlich von der **Würde der Jünger und der uneingeschränkten Identifikation Jesu mit ihnen**. Sie kommt gerade darin zum Ausdruck, dass diejenigen, die Ihnen Gutes tun, von Gott reichen Lohn empfangen.
- V 40: Beim „**Aufnehmen**" beobachten wir **eine doppelte Bedeutung**: einerseits **die gastfreundliche Aufnahme** der Jünger in die Hausgemeinschaft, andererseits **die innere Annahme der Botschaft der Jünger.**

> *Vgl. Sie dazu Gal 4,14 oder Apg 16,15. Bei Lydia wird dieses Aufnehmen in doppelter Hinsicht besonders deutlich.*

- Jesus macht den engen Zusammenhang deutlich zwischen seinen Jüngern und ihm, aber auch zwischen ihm und seinem Vater. **In den Jüngern kommt also Gott selbst zu den Menschen.** In den oft einfachen und schwachen Worten der Jünger damals wie heute wirkt Gottes Geist.
- V 41: Gemeint sind hier nicht herausragende Prophetengestalten oder hervorragende Gerechte aus der Zeit des AT. Vielmehr sind nach neutestamentlichem Verständnis **alle echten Jünger Gerechte** (Röm 3,21ff; 5,1ff) und **manche haben auch das Charisma der Prophetie**, da sie das Evangelium verkündigen (Mt 10,7; Eph 4,11). Aufnehmen meint die Aufnahme eines Gastes und die Annahme von dessen Botschaft. Beides wird nicht unvergolten bleiben. Vielmehr wird Gott das als keimenden Glauben werten und daraufhin den Lohn des ewigen Lebens geben.
- V 42: Selbst wer seinen Jüngern nur einen Becher Wasser reicht, wird belohnt werden. Jesus redet hier von den Jüngern als den **Kleinen**. Diese Bezeichnung wird nach der Auffassung vieler Ausleger auch an anderen Stellen für die Jünger verwendet (Mt 25,40; 18,6ff). Ihnen soll auf diese Weise bewusst bleiben, dass sie für sich nichts Besonderes gelten und nur ihr Herr, Jesus, aus ihrem Leben etwas Großes machen kann.

Freitag, 18. August — Matthäus 11,1-19

Wer ist wer? – Die alles entscheidende Frage

● Der Fragesteller sitzt im Kerker, betroffen von Jesu Wort, dass das Himmelreich Gewalt leidet, weil es Gewalttäter gibt, die es an sich reißen möchten (V 12) und Propheten wie ihn willkürlich ins Gefängnis werfen lassen. Die karge Fasten-Lebensweise des Täufers wird als Ausweis ausgelegt, er sei von Dämonen besessen. Und wenn Jesus nicht fastet, wird er als „Fresser und Weinsäufer" difamiert. Wer nicht nach der Pfeife solcher Menschen tanzt, wird mangels Anerkennung aus dem Weg geräumt. Gehör findet da nur, wer ihnen nach dem Munde redet.

● Und doch besteht trotz allem Hoffnung: **Die Welt und ihre Verhältnisse müssen nicht bleiben, wie sie sind – der Menschensohn** (V 19) **wird die verkehrte Welt in Ordnung bringen** (V 5 mit Anklängen an Jes 26,19; 35,5f; 61,1). Es wird sich zeigen, dass ihm „alle Gewalt im Himmel und auf Erden" (Mt 28,18) gegeben ist, auch wenn diese neue Wirklichkeit – auch für den Täufer – noch nicht deutlich sichtbar ist und nicht zu der von ihm erhofften Befreiung führt.

● Ihm, dem **Täufer,** kommt dabei eine **wichtige Rolle** zu **als Wegbereiter des von vielen erwarteten und von manchen Mächtigen gefürchteten Messias,** als Prophet, der Gottes Perspektive auf die Wirklichkeit deutlich macht, als der erwartete Elia, der auf Gottes Willen aufmerksam machen will. Auf der Schwelle zum Wirken Jesu ist der Täufer damit der Größte und Kleinste zugleich. Dem Täufer ist seine Stellung im Blick auf Jesus von Anfang an bewusst, eine Tatsache, auf die er selbst in seinen Aufrufen zur Umkehr, wörtlich: zu einer Umsinnung, einem Umdenken, hingewiesen hat (Mt 3,8-12). **Die Antwort Jesu an Johannes macht zugleich deutlich, dass mit seinem Kommen das Warten auf Hilfe ein Ende hat,** wenngleich sie – wie bei Johannes (Mt 14,1-12) – nicht immer offenkundig ist. Denn wahre Weisheit (V 19) sieht tiefer und weiter als das, was vor Augen ist.

Samstag, 19. August   **Matthäus 11,20-24**

„Tod" oder „Leben" – mehr als eine biologische Frage

● Die prophetischen Scheltworte Jesu über die Städte in Galiläa wirken befremdlich. Selbst das sprichwörtlich gewordene Schicksal Sodoms (1Mose 19) wird dabei in den Schatten gestellt (V 24). Von allen drei angeklagten Städten – Betsaida, immerhin der Geburtsort der Jesusjünger Petrus, Andreas und Philippus (Joh 1,44), und Kapernaum bzw. Chorazin als Nachbarort, immerhin so etwas wie der „Wohnort" Jesu (Mt 4,13) – sind bis heute nichts als Ruinen geblieben.

● **Auch die Städte Sidon und Tyrus sind nicht zufällig als Vergleichspunkte gewählt:** Beide Städte waren in prophetischer Tradition Beispiele für das Wiegen in falscher Sicherheit, für Macht strotzenden Hochmut, für Unersättlichkeit. Zugleich waren sie mächtige Feinde Israels (Hes 26f), deren Untergang angekündigt wurde (Hes 28; Joel 4,4). **Dass gerade diesen Städten und Sodom mehr Bußfertigkeit zugetraut wird, spitzt die Worte Jesu deutlich zu.**

● Weshalb diese schroffen Worte? Antwort: Obwohl Jesus dort mit seinen Taten die meisten Hoffnungszeichen getan hatte, blieben diese ohne jede Wirkung. Damit wird deutlich: **An Jesus scheiden sich die Geister.** Ziel seines Kommens ist es, Menschen zur Einsicht und Umkehr zu bringen.

● Wie „Sack und Asche" weist auch das Wort „Hölle" darauf hin, dass es **nur in der Begegnung und Beziehung mit Gott Leben gibt und über den Tod hinaus Leben bleibt.** Das Gegenteil davon ist die „Knechtschaft der Vergänglichkeit", aus der Jesus zu einer „herrlichen Freiheit", „zur Hoffnung hin" retten (Röm 8,21.24) will.

Inwieweit lassen die harten Gerichtsworte Jesu für die Angesprochenen noch einen Raum zur Umkehr und Buße? Oder sind sie sein unumkehrbar letztes Wort?

Sonntag, 20. August   Psalm 78,32-55

Der barmherzige Gott

● Die großen Taten Gottes an die nächste Generation weiterzugeben heißt auch, von der Schuld und Untreue des Menschen zu berichten. Asaf stellt fest, dass der vom Tode bedrohte Mensch nach Gott als dem Lebenshort (V 35; wörtlich „Fels") sucht. Asafs Urteil ist aber niederschmetternd: alles nur mit dem Mund, also äußerlich („mit Worten", V 36) und nicht mit Taten. **Gott verlangt Treue**, die aber vom Volk (V 37) nicht erwiesen wird.

● Nun entsteht ein Kreislauf. Die Antwort auf die Untreue des Menschen ist **nicht Strafe, sondern Barmherzigkeit** (V 38). Ab V 43-51 wird geschildert, wie Gott mit Ägypten umgegangen ist. Hier macht Asaf deutlich, wie barmherzig Gott gerade mit seinem Volk Israel gegenüber Ham (Ägypten) ist. Und trotzdem bleibt es bei dem **Undank Israels**. Dies stellt Gottes Langmut auf die Probe.

● Ab V 52 wirkt ein neues Bild: **Gott als Hirte**. Gott ist der Retter in höchster Not und nimmt sich seines Volkes wie ein Hirte an. Er gibt seinem Volk das heilige Land (V 54). „Heilig" bedeutet, dass das Heilige Gottes Eigentum ist.

● Gottes Strafe ist eingebettet in seine Barmherzigkeit. Die Untreue des Menschen löst zwar Gottes Grimm aus, und die Strafe führt dazu, dass der Mensch sich Gott äußerlich zuwendet, sich aber nicht wirklich innerlich ändert. Trotzdem stehen Gottes Barmherzigkeit und Gnade fest. Gibt es einen Weg aus diesem Kreislauf heraus? Jesus Christus bietet ihn an. Wer sich ganz auf ihn verlässt, wer zum Glauben an Jesus Christus kommt und sich von ihm gestalten lässt, der erlebt, dass der Kreislauf (Schuld, Strafe, äußerliche Reue, Barmherzigkeit) durchbrochen wird: „**Darum: Ist jemand in Christus, so ist er eine neue Kreatur; das Alte ist vergangen, siehe, Neues ist geworden**" (2Kor 5,17).

Montag, 21. August   **Matthäus 11,25-30**

Eine Heilung ganz besonderer Art

● Als „Heilandsruf" ist das Jesuswort bekannt. Was aber macht einen wahren Heiland aus? Jesus will nicht unterjochen, im Gegenteil: **Er lädt ein, sich von Gottes gutem Willen, seinem Wohlwollen für die Menschen, seiner fürsorglichen Herrschaft leiten zu lassen.** Nicht Großmut macht diese Herrschaft aus, sondern Sanftmut; nicht Hochmut, sondern Demut. Gottes Herrschaft herrscht nicht von oben herab, sondern steht zur Seite, fühlt und leidet mit. Gottes Herrschaft regiert nicht unbekümmert, sondern kümmert sich um unsren Kummer. **Gottes Herrschaft zeigt nicht Kante, sondern Herz.**

● Unvorstellbar solch ein Gott! Unglaublich, gegen alles, was für Menschen vorstellbar ist! Weil unsere Vorstellungen uns oft den freien Blick verstellen. In Jesus wird Gott selbst Mensch – mit Herz, Hand und Fuß. Gott will nicht vergöttert sein und der Mensch muss nicht selbst sein wie Gott. Einzigartig! Gott ist einer, doch er teilt sich in seinem Sohn mit, teilt als Mensch das Leben der Menschen, geht bis ans Äußerste, lässt sich verspotten, misshandeln – bis hin zum Tod am Kreuz. Deshalb gilt: **Das „Joch" seiner Herrschaft tut wohl. Und was es im Leben zu (er)tragen gibt, wird leichter! Denn Gott trägt mit!**

● So hart und heillos die Scheltworte des Abschnitts zuvor waren, so einladend ist der „Heilandsruf". Gott will nicht vernichten, sondern retten. Gott will nicht knechten, sondern erleichtern und erquicken. **Gott zwingt nicht, aber lädt ein, ihm zu vertrauen.**

> *Jesus lädt die Mühseligen und Beladenen ein, sich von ihm erquicken zu lassen. Könnte es sein, dass manche Menschen aus Stolz, nicht zu den Mühseligen zu gehören, die Einladung Jesu ausschlagen?*

● Was für ein Gott! Sich auf ihn einzulassen ist wahre Weisheit, auch wenn sie oft als Torheit abgetan wird (1Kor 1,18ff).

Dienstag, 22. August   **Matthäus 12,1-14**

Weshalb der Sonntag Feiertag ist

● Worum geht es am Sabbat eigentlich, der für Christen zum Sonntag wurde? Ein Jesuswort dazu hat sich eingeprägt: „Der Sabbat ist um des Menschen willen gemacht und nicht der Mensch um des Sabbats willen" (Mk 2,27). **Der Sabbat als Ruhetag ist Gottes Schöpfungsgeschenk an den Menschen.** Sein Ruhen wird zum Vorbild, selbst zu ruhen, sein Schöpfungsvorbild die Einladung zur „Rekreation" – ein Begriff, in dem das lateinische Wort für Schöpfung steckt. **Wenn Gott dem Menschen mit dem Sabbat Gutes tut, weshalb sollten Menschen nicht auch am Sabbat Gutes tun** – zumal wenn es um die Existenz geht! Und wie man ein verunglücktes Tier deshalb auch am Sabbat retten wird, sollte die Heilung eines Menschen auch selbstverständlich sein.

● Doch wer die *Ruhe*ordnung zur *Ver*ordnung verkehrt, macht alles verkehrt. **Nicht ein rigides Verbot steht im Mittelpunkt, sondern die fürsorgliche Vorkehrung.** Dies wird in der Fangfrage an Jesus deutlich. Die anschließende Heilung des unbekannten Menschen führt zum Ziel der Anklage (V 10): zum Todesbeschluss gegen Jesus (V 14).

● Damit werden die Tatsachen auf den Kopf gestellt! Der Sabbat als Tag der Ruhe und des Beschenktwerdens, der Tag der Erholung, des Wohlergehens und Heilwerdens, **der Tag des Lebens also, wird zum Tag des Todesurteils über Jesus.** Und gerade diejenigen, die sich für die Wahrer des Gotteswillens halten, verkennen, wer Jesus wirklich ist.

● Der Todesbeschluss und die Heilung geschehen ausgerechnet an einem Sabbat. Dies zeigt die Spannung zwischen alter und neuer Welt. Diese Spannung besteht bis heute. **Doch der Sonntag der Auferstehung Jesu leuchtet schon auf: Gott ist stärker als alles, was das Leben beeinträchtigen kann.** Wie bereits für den Sabbat gilt erst recht für den Auferstehungstag: Gott schenkt Leben und volle Genüge (Joh 10,11).

Mittwoch, 23. August　　　　　　Matthäus 12,15-21

Unglaublich! – Die Macht scheinbarer Ohnmacht macht's
● Bereits im Streitgespräch um den Sabbat hatte sich **Jesus** indirekt als der erwartete „**Davidssohn**" bzw. „**Messias**" (Mt 12,3-6) und als erwarteter „**Menschensohn**" (Mt 12,8) gezeigt, der von Gott als Weltenrichter eingesetzt ist (Dan 7,13). Der weitere Verlauf der Geschichte erweist ihn zugleich als den erwarteten „**Gottesknecht**", der von Gottes Geist geleitet, aufrichtend und nicht vernichtend, nicht mit großem Auftritt, aber wirksam sein wird. Wie ein Gegenpol erscheint Jesus zum Kleingeist seiner Gegner. Er setzt nicht auf Gewalt. Er wendet sich den Menschen zu: Nicht aus Angst vor der Tötungsabsicht seiner Gegner, sondern in der Gewissheit: Gottes Recht setzt sich trotz aller Widerstände durch, und dies nicht nur für exklusiv Auserwählte oder solche, die sich dafür halten, sondern besonders für die Geknickten und Zerbrochenen – und am Ende auch für die Heiden, also für alle Menschen, für alle Völker!
● Was für ein Versprechen! **Trotz allen Scheiterns und Fragens wird Gott nicht Geknicktes vollends zerbrechen – dafür stehen seine Heilungswunder.** Und auch den kleinsten Hoffnungsfunken löscht er nicht aus – dafür steht seine Auferstehung. Nicht das Nichts und Dunkel siegen: Jesus ist und bleibt Sieger!

Matthäus sieht in dem Handeln Jesu die Erfüllung aus dem Gottesknechtlied Jesaja 42,1-4. Lesen Sie dazu auch die Auslegung vom 5. Dezember.

● Damit klingt nach, was auch mit dem Streit um den Sabbat verbunden ist. Dass in christlicher Tradition der Sonntag als erster Tag der Woche Anfang und nicht Ende einer Arbeitswoche wird, verstärkt den **Sinn des Sabbats** noch: **Gott macht's!** In der Ruhe liegt die Kraft und aus der Ruhe kommt sie.

Donnerstag, 24. August Matthäus 12,22-37

Unerwartet – Wie Verborgenes ans Licht kommt

● Sprichwörtlich geworden ist der Satz: „Dämonen durch den Beelzebul austreiben" (V 24.27f). Was Jesu Gegner als Vorwurf formulieren, wendet Jesus positiv. Wollen die Gegner damit sagen, wie gottlos Jesus ist, weil er den Dienst des Obersten der Dämonen" (V 24) gebrauche, sieht Jesus gerade darin die Macht des Geistes Gottes und seines Reichs bestärkt (V 27f). **Gott ist stärker als alle lebensbedrohenden und lebensfeindlichen Mächte.** So entfesselt diese sich auch gebärden mögen, sie sind durch Gott gefesselt.

● Jesus lässt sich auf die Logik seiner Gegner ein, wenn auch mit ganz anderem Ergebnis: Könnte Negatives durch Negatives aufgehoben werden, wäre dies gerade kein Zeichen von Stärke. Das Gegenteil ist der Fall: **Negatives kann nur durch Positives überwunden werden** (vgl. Röm 12,21). Nicht Gleiches kämpft mit Gleichem, sondern ungleiche Gegner fechten den Kampf aus. Deshalb scheiden sich an Jesu Botschaft auch die Geister – und dies hat Konsequenzen.

● **Denn jeder Mensch ist verantwortlich für seine Antwort, die er auf Gottes Handeln gibt.** Wer Jesus lästert, darf auf Vergebung hoffen, wenn sich seine Haltung ändert. Wer die Macht des Geistes Gottes lästert, lädt dagegen unverzeihliche Schuld auf sich. Dies setzt jedoch voraus, dass er um Gottes Geist weiß und sich bewusst gegen ihn stellt. Dass Gott einem solchen Lästerer nicht vergibt, ist Ausdruck dafür, dass er nicht mit sich spielen lässt (vgl. Gal 6,7; Hebr 6,4ff; 10,26f). Das Jesuswort will dabei jedoch nicht Angst machen, sondern uns zur Ehrfurcht vor Gott anleiten.

> ✎ *Dass wir einmal im Gericht Rechenschaft geben müssen über jedes nichtsnutzige Wort, ist eine überaus ernste Mahnung, nur ja verantwortlich mit unserm Reden umzugehen. Vgl. dazu auch Jak 3,5f und die Auslegung am 21. Oktober.*

Freitag, 25. August — Matthäus 12,38-45

Die Suche nach letzter Sicherheit – allein die Liebe macht's

● „Zeichen setzen soll Jesus", so die Forderung seiner Herausforderer. Dabei scheint klar: Setzt er „Zeichen" wie bei den Heilungswundern, wird dies als Anmaßung ausgelegt, der erwartete Messias zu sein. Verweigert er sie, wird dies so gedeutet, dass er gar nicht über die Macht des Messias verfügt.

● Schon mit der Bezeichnung als „ehebrecherisches Geschlecht" (V 39) wirft Jesus den Ball zurück. Um die Treue und Untreue gegenüber Gottes Bund und um das Tun des Gerechten geht es dabei (vgl. Jes 1,21; Micha 6,8). **In zweifacher Hinsicht weist er auf Jona hin:** Die drei Tage im Bauch des Fisches entsprechen den drei Tagen Jesu zwischen Kreuzigung und Auferweckung. Zugleich wird an Jona deutlich, dass Gottes Gericht nicht zerstören und vernichten, sondern zur Umkehr führen will. Auch die Königin von Saba (1Kön 10) wird angesichts der Verstocktheit der Gegner Jesu zur Anklage gegen seine Verkennung als Messias.

● Anstelle anerkennender Begeisterung gegenüber Jesu Wirken sind **die Gegner von bösen Geistern befallen, und zwar siebenfach** – eine drastische Verschlimmerung der Lage! Und dies, obwohl zuvor mehr als „reiner Tisch" war, nämlich alles vom Bösen gereinigt und mehr als „herausgeputzt". Das Beispiel macht deutlich: **Eine Leerstelle bleibt nicht lange unbesetzt.** Was die Begeisterung des Menschen betrifft, gibt es kein Vakuum. **Gottes Geist füllt die Leere anders als anderes, was begeistern will.** Er schmückt die Räume des Lebens immer weiter aus und bewirkt heilsame Veränderung (vgl. Gal 5,22f). Er, der Geist Gottes, „leitet in alle Wahrheit" (Joh 16,13), weshalb nichts verborgen bleibt.

Wo erleben Sie Situationen, in denen Gottes Geist durch anderes (Sorgen, Sehnsüchte, Ängste) aus Ihrem Herzen verdrängt werden könnte?

Samstag, 26. August   **Matthäus 12,46-50**

Jesu Familie – eine Wahlverwandtschaft besonderer Art
● Eltern, Großeltern, Geschwister sucht man sich nicht aus. **Man wird in eine Familie hineingeboren oder adoptiert. Wahlverwandtschaften im landläufigen Sinn dagegen sind etwas anders.** Da habe ich die Wahl, wen ich zu meiner „Verwandtschaft" zähle oder auch nicht – nicht selten spielt dabei eine Rolle, wer mir sympathisch ist bzw. mit wem ich ein besonders freundschaftliches Verhältnis pflegen will.
● Die „Wahlverwandtschaft", die Jesus meint, ist ganz anderer Art: Er erwählt, wer dazugehört (Joh 15,16). Dies wird auch durch die Berufung seiner Jünger deutlich, die er als seine „Mutter" und „Brüder" auszeichnet. **Dabei sind für Jesus alle Menschen erste Wahl. Seine Sympathie – auf Deutsch – sein Mitleid(en) – gilt allen Menschen.** In ihm wurde Gott Mensch, um seine Liebe zu den Menschen zu zeigen und darum zu werben, sein Angebot der „Wahlgemeinschaft" anzunehmen. Sie ist für solche Menschen „exklusiv", die sich selbst davon ausschließen. Für Menschen, die dazugehören aber, gilt sie felsenfest.
● **Und zu der neuen Familie Jesu gehören Grundsätze, die ein gutes und gelingendes (Zusammen-)Leben ausmachen.** Auf sie zu achten, ergibt sich eigentlich von selbst. „Den Willen des Vaters tun" heißt: sich von der Liebe des Vaters bestimmen lassen – und dabeibleiben (Joh 15,9ff). Diese Liebe ermöglicht ein lebendiges Miteinander, trotz aller sonstigen Verschiedenheit.
● **Damit wird die Bedeutung sonstiger Familienbeziehungen nicht entwertet,** auch wenn der „geistlichen Familienverwandtschaft", die sich auch im Miteinander einer Gemeinde bewähren will, hohe Bedeutung zukommt. Die Grundfrage ist, wer oder was an erster Stelle der Liebe steht. Und auch wenn andere familiäre Gemeinschaften unterschiedlich und wechselhaft sein mögen, Jesu „Wahlfamilie" bleibt „erste Wahl" – weil sie von Vertrauen, Hoffnung und Liebe getragen ist (vgl. 1Kor 13).

Sonntag, 27. August   **Psalm 78,56-72**

● Immer wieder der gleiche Ablauf: **Der Mensch vertraut nicht Gott, sondern sich selbst und fremden Göttern** (V 58: „Höhen" sind Opferstellen für Götzen). Gott reagiert und Israel wird „verworfen" (V 59). „Verwerfen" bedeutet nicht ein endgültiges Aus, sondern seine Wohnung (V 60, zu Silo vgl. 1Sam 1ff), der Ort der Sicherheit, der Gottesbegegnung fällt in die Hand der Feinde. Hier erinnert Asaf an die **Schlacht, bei der die Bundeslade verloren ging** (V 61 und Gott „seine Macht in Gefangenschaft gab" – vgl. 1Sam 4,11f), die Söhne des Priesters Eli fielen (V 64), Eli über diese Nachricht starb und vermutlich die Stadt Silo an den Feind verloren ging – Israel am Boden (V 62; „Gottes Erbe" ist eine Bezeichnung für Israel). 1Sam 4,10 könnte der Hintergrund für die gefallene Jugend (V 63) und auch die Witwen sein (V 64). War es die Menge an Toten, die die ordnungsgemäße Klagezeit von einer Woche nicht ermöglichte?

● Nun ist Israel am Boden. Gott ist für sie wie ein Schlafender. Es ist, als ob er die Gefahr nicht erkannt hätte (vgl. Lk 8,22ff). Sie begreifen nicht, dass Gott nicht schläft, sondern auch im Unheil aktiv gewesen war. Nun dreht sich die Geschichte. Das „Zelt Joseph" (V 67) meint vermutlich das Heiligtum in **Silo**, das auf dem Gebiet Ephraim (Sohn Josephs) lag. Es kommt etwas Neues, der Berg **Zion** (V 68), der für das **Königtum Davids** stand, und David ist Begründer der Linie, die sich Gott erwählt hat, und wird zum **Hirten für das Volk Israel** (V 71f). Dieser treue Hirte wird nur von einem übertroffen: Jesus Christus selbst, der von sich sagt: „Ich und der Vater sind eins" (Joh 10,11.30).

> ✎ *Den ewigen Kreislauf von ‚Angebot Gottes' – ‚Schuld des Menschen' – ‚Strafe durch Gott' – ‚halbherzige Umkehr' durchbrechen? Vgl. dazu Röm 7,21-25.*

Mittwoch, 30. August — Matthäus 13,24-30.36-43

● V 24-30: Das **Gleichnis vom Unkraut unter dem Weizen** wird nur in Mt überliefert. Wie im vorausgehenden Gleichnis ist auch hier von einem Sämann die Rede, der guten Samen auf seinem Acker aussät. Aber dann kommt bei Nacht ein Feind des Sämannes und sät Unkraut dazwischen. Die Wurzeln des Weizens und des Unkrautes sind so eng ineinander verschlungen, dass beim Ausjäten des Unkrauts auch der Weizen ausgerissen würde. Deshalb soll auch das Unkraut bis zur Ernte wachsen.

● Als Jesus mit den Jüngern alleine ist, bitten sie ihn wie in V 10 um eine Deutung und Jesus erklärt das Gleichnis (V 36-43).

● Der Sämann ist Jesus. Wie an anderen Stellen bezeichnet sich Jesus mit dem Titel **Menschensohn**, der aus der jüdischen Apokalyptik stammt (Dan 7,13f). Mit diesem Titel bezeichnet Jesus sich selbst sehr häufig als den, dem der Vater alle Macht in die Hände gelegt hat.

● Jesus sät nur guten Samen. Er verkündigt die frohe Botschaft, lädt ein zu einem Leben mit ihm und wer an ihn glaubt, ist Kind des Reiches Gottes. Aber Jesus weiß auch, dass der Teufel als Feind Gottes Unkraut sät. Er hat seine Freude daran, Gottes Werk zu zerstören. Ihm gefällt es, wenn Menschen gleichgültig an Jesus vorübergehen oder sich von ihm abwenden. Sie sind gemeint mit den Kindern des Bösen.

● **Jesus verbietet den Jüngern, das Unkraut auszureißen.** Damit meint er nicht, dass in der Gemeinde auch falsche Lehre neben dem biblischen Wort stehen bleiben soll. In der Gemeinde ist die Bibel Maßstab für Lehre und Leben. **Gemeint ist vielmehr, dass niemand sich zum Richter über andere aufspielen soll.** Jesus wird am Ende als der Menschensohn/Weltenrichter bei seiner Wiederkunft die endgültige Scheidung der Kinder des Reiches von den Kindern des Bösen vornehmen. Dann werden alle, die an ihn geglaubt haben, teilhaben an seinem Reich, in dem nur noch Herrlichkeit sein wird (V 43). Deshalb kommt es darauf an, heute schon mit Jesus zu leben.

Donnerstag, 31. August   **Matthäus 13,31-35**

Dieser Textabschnitt erzählt das **Doppelgleichnis vom Senfkorn und vom Sauerteig.** Vielleicht antwortet Jesus mit den beiden Gleichnissen auf Zweifel an seiner Vollmacht und auf die Frage: Was kann Jesus schon bewirken?

● V 31f: **Das Senfkorn** galt zur Zeit Jesu als **der kleinste vom menschlichen Auge wahrnehmbare Gegenstand.** Es war ca. 1 mm klein und konnte zu einer Staude von 2,5-3 m heranwachsen, die hier als Baum bezeichnet wird. Das Bild vom Baum und den Vögeln, die darin nisten, ist im AT ein Bild für das endzeitliche Gottesreich (vgl. Hes 17,22ff; Dan 4,7ff).

● Wie die große Senfstaude mit einem winzigen Samenkorn beginnt, **so beginnt auch das Reich Gottes mit Jesus klein und unscheinbar.** Der Sohn Gottes kam als armer Leute Kind in einem Stall auf die Welt. Als Zimmermanns Sohn verkündigt er das Evangelium und sammelt um sich einen Jüngerkreis von zwölf einfachen Fischern und Zolleinnehmern. **Doch aus diesem unscheinbaren Anfang wächst im Laufe der Zeit eine weltweite Gemeinde heran.** In ihr finden Menschen Heimat und Zuflucht bei Jesus. Und am Ende, wenn er seinen neuen Himmel und seine neue Erde schaffen wird (Offb 21,1ff), werden alle, die zu seiner Gemeinde gehören, für immer bei ihm sein.

● So lädt Jesus auch mit diesem Gleichnis in seine Nachfolge ein. Zugleich macht er damit deutlich, dass er auch heute aus geringen Anfängen etwas Großes schaffen kann.

● Beim **Gleichnis vom Sauerteig** (V 33) geht es um die Wirkkraft der Botschaft Jesu. 1 Scheffel entspricht 13,13 Liter. 40 Liter Mehl werden von einer kleine Menge Sauerteig ganz und gar durchdrungen. **So wird die Botschaft Jesu das Denken, Reden und Handeln von Menschen in der ganzen Welt durchdringen und prägen.**

> ✎ Wo lässt sich bis in unser Grundgesetz der Einfluss der christlichen Botschaft nachweisen?

Freitag, 1. September — Matthäus 13,44-46

Wie schon in V 31-33 finden wir hier ein **Doppelgleichnis**. Beide Gleichnisse haben dieselbe Zielrichtung und zeigen den unübertrefflichen Wert des Reiches Gottes.

● V 44: Das **Gleichnis vom Schatz im Acker** erzählt von einem vergrabenen Schatz. Dieser konnte z. B. aus Münzen oder Schmuck bestehen. Das Vergraben von Münzen und Schmuck galt in Kriegszeiten als relativ sicherer Schutz. Der vergrabene Schatz konnte so aber auch einmal in Vergessenheit geraten. Wahrscheinlich beim Pflügen eines Ackers findet ein Pächter oder Tagelöhner einen solchen Schatz. Er vergräbt ihn wieder, kauft voller Freude für all seine Habe den Acker, denn nach damaligem Recht gehörte ein solcher Schatz zum Grundstück und somit dem jeweiligen Landbesitzer. **Er gibt alles dran, was er bisher hatte, denn er weiß, dass er Größeres und Wertvolleres dafür bekommt.**

● V 45f: Ähnlich ist es beim **Gleichnis von der kostbaren Perle**. Perlen waren zur Zeit Jesu begehrt. Sie galten als Edelsteine. Als ein Perlenhändler eine solche wertvolle Perle findet, verkauft er alles, was er hat, um die **eine, wertvolle Perle** zu besitzen.

● In beiden Gleichnissen macht Jesus deutlich, dass **die Gemeinschaft mit ihm und die Teilhabe am Reich Gottes das Wertvollste ist, das es für uns Menschen gibt**. Niemand und nichts anderes kann uns das geben, was wir bei Jesus finden. Es fällt auch auf, dass in beiden Gleichnissen das Wertvollste *gefunden* wird. Das macht deutlich, dass der Eingang ins Reich Gottes nicht verdient werden kann, sondern Gnade ein Geschenk Gottes ist.

● Beide Gleichnisse sind **Einladungsgleichnisse**. Jesus lädt dazu ein, mit **ganzer Entschlossenheit und der Bereitschaft, weniger Wichtiges aufzugeben, zu ihm zu kommen und so den entscheidenden Schatz für sein Leben zu finden.**

✎ *Was ist Ihr größter Schatz?*

Samstag, 2. September **Matthäus 13,47-52**

Unser heutiger Abschnitt erzählt in V 47f das **Gleichnis vom Fischnetz**. In V 49f **deutet Jesus das Gleichnis** und in V 51f geht es um die **Einsicht der Jünger in Gottes Plan und Wollen mit uns Menschen**.

● V 47f: Nach Mt 13,1 ist Jesus am See Genezareth. Deshalb verwundert es nicht, dass er zum Abschluss der Gottesreichsgleichnisse in Mt 13 **ein Gleichnis aus der Welt der Fischer** erzählt. Er vergleicht das Reich Gottes mit dem Vorgang des Fischfangs mithilfe eines Schleppnetzes, das im Wasser ausgelegt und anschließend mit langen Seilen ans Ufer gezogen wird. Nach dem Fischfang sind im Netz die unterschiedlichsten Fische, die dann am Ufer getrennt wurden in Fische, die „rein" und somit essbar waren, und in Fische, die nach 3Mose 11 „unrein" waren und somit von Juden nicht verzehrt werden durften.

● In V 49f deutet Jesus das Gleichnis. Im **Gleichnis vom Fischnetz** geht es ähnlich wie im **Gleichnis vom Unkraut unter dem Weizen** um **eine endgültige Scheidung**. Im Gleichnis vom Fischnetz geht es dabei wohl um **die Kirche**. Die sichtbare Gestalt der Kirche ist nicht mit der unsichtbaren, reinen Kirche identisch, sondern enthält auch immer noch viel „Unreines".

● Wenn Jesus nach seiner Wiederkunft die große Scheidung vornimmt, dann geht es immer um die Frage des Glaubens an Jesus. Nur wer sich Jesus anvertraut und an ihn glaubt, gehört zu den Gerechten und wird gerettet.

● V 51f schließen die **Gleichnissammlung** ab, indem Jesus seine Jünger nach dem Verstehen fragt. Es ist Jesus ein Anliegen, dass seine Jünger den Heilsplan Gottes verstehen. Die Jünger damals gingen bei Jesus in die Schule. Bei uns kann das durch eine intensive Beschäftigung mit der Bibel geschehen. Mehr denn je brauchen wir wieder eine Freude am Bibellesen, eine Vertiefung im biblischen Wort und ein Sehen von biblischen Zusammenhängen, damit wir geistlich urteilsfähig sind und die Botschaft Jesu verstehen und weitergeben können.

Sonntag, 3. September — Psalm 112

● Psalm 111 (vgl. die Auslegung am 14.5.) und Psalm 112 sind eng miteinander verbunden: Äußerlich zeigt sich das an dem einleitenden „**Halleluja**" sowie den Anfangsbuchstaben der Halbverse, die nach dem hebräischen Alphabet angeordnet sind. Inhaltlich werden beide Psalmen durch die Gottesfurcht (Ps 111,10 und Ps 112,1) verbunden. Dabei rühmt Ps 111 die Wohltaten Gottes in seinem Bund mit Israel, während Ps 112 die Wirkungen dieses Bundes im Leben der Gläubigen zum Ausdruck bringt.

● „**O Glück des Mannes!**" (M. Buber): Wie in Ps 1 so bildet auch hier ein begeisterter Ausruf den Auftakt. Wirklich glücklich zu preisen ist, wer diesen gnädigen und barmherzigen Herrn kennengelernt hat und daher mit großer Freude auf dem guten Weg seiner heilbringenden Weisung unterwegs ist.

● Unter dem Angesicht Gottes zu leben (vgl. 1Mose 17,1), hat vielfältige Auswirkungen:

→ Gottes Segen wirkt reichhaltig sogar bis in die nachfolgenden Generationen hinein.

→ Sein Licht strahlt auf, wo ansonsten Finsternis herrscht.

→ Gottesfurcht vertreibt Menschenfurcht: Weder „schlimme Kunde" noch „böses Gerücht" (V 7) machen den verzagt, der in diesem Gott geborgen ist und auf ihn vertraut.

→ Die erfahrene Güte Gottes wirkt sich vor allem darin aus, dass sie auf das Verhalten derer „abfärbt", die in seiner Spur unterwegs sind: Sie lassen sich die Not Bedürftiger zu Herzen gehen und verhalten sich ihnen gegenüber barmherzig. Sie unterstützen, schenken, sind großzügig.

> *„Seid barmherzig, wie auch euer Vater im Himmel barmherzig ist" (Lk 6,36): Grundlage aller „christlichen Werte" ist das, was Gott in Jesus Christus getan hat. Wer diese unerschöpfliche Liebe kennengelernt hat, sollte sie austeilen und zugleich in das „Halleluja" dieses Psalms einstimmen! Wie kann das heute bei Ihnen geschehen?*

Montag, 4. September — Matthäus 13,53-58

● V 53: Jesus verlässt mit etwa **30 Jahren** (Lk 3,23) seine Wohnstadt Kapernaum (vgl. Mt 4,13) und geht auf die Wanderschaft. **Dieses Alter hat Tradition:** Z. B. begannen die Priester da ihren Dienst (4Mose 4,3) und David wurde König (2Sam 5,4). Ab 30 wurde man offensichtlich ernst genommen.

● V 54: Die erste Station ist Nazareth, der Ort seiner Kindheit. Am Synagogengottesdienst und der Toraauslegung durfte sich jeder erwachsene Mann beteiligen. Normalerweise bewegten sich diese Beiträge in den gewohnten Bahnen der rabbinischen Auslegungs-Tradition. **Bei Jesus aber horchen die Leute auf: Woher hat er das?**

● V 55-56: Das Staunen schlägt um in **Skepsis und Ablehnung.** Viele sind ja mit ihm aufgewachsen, und da klingt schnell das neidische „der will wohl etwas Besseres sein" durch. Aber es steckt noch mehr dahinter: Damals glaubte man, die Macht und den Einfluss eines anderen entzaubern zu können, wenn man weiß, wer er ist – und das auch laut ausspricht. Ganz deutlich ist das bei den Dämonenworten, z. B. in Lk 4,34: „Ich weiß, wer du bist, der Heilige Gottes", ruft der Dämon und versucht damit einen sog. **Abwehrzauber,** eingepackt in eine Art „Aufklärung" über Jesu Herkunft. Mit einer solchen Redewendung versucht man, sich der Macht Jesu zu entziehen.

● V 57-58: Während dieser Abwehrmechanismus schon den Dämonen nichts nützt, fällt in unserer Geschichte **diese abwehrende Scheinaufklärung** auf die Leute zurück: Sie erleben kaum mehr etwas von der Macht Jesu. Und der zitiert ein damals schon geflügeltes Wort, das sich im weiteren Leben von Jesus bestätigen wird. Widerstand und Feindschaft werden ihn bis zu seinem Tod begleiten.

> *Warum beurteilen wir oft andere Menschen lieber nach ihrer Herkunft statt danach, was Gott aus ihnen gemacht hat und noch machen kann?*

Dienstag, 5. September   Matthäus 14,1-12

● Unter dem Namen Herodes gibt es in der Bibel fünf verschiedene Herrscher: Herodes der Große stirbt 4 v. Chr., sein Reich wird auf seine Söhne aufgeteilt: **Herodes Antipas (hier in unserem Text) bekommt vor allem Galiläa;** Herodes Archelaos Judäa und Samaria und Herodes Philippos Ituräa u. a. im Norden Palästinas. Schließlich begegnet uns in Apg 25 mit Herodes Agrippa noch ein Enkel von Herodes dem Großen. Der Herodes unseres Textes lebt von 20 v. Chr.–39 n. Chr. Er bekommt den unrühmlichen **Beinamen Antipas = gegen alles.**

● V 1-2: Als er von Jesus hört, regt sich bei ihm eine **Mischung aus Aberglauben und schlechtem Gewissen.** Denn die Ermordung von Johannes dem Täufer war für ihn sehr peinlich, wie Mk 6 ausführlicher berichtet. Matthäus blendet zurück und erzählt diese Geschichte mit ihrem komplizierten Hintergrund.

● V 3-4: Herodes hatte seine Frau verstoßen, weil er unbedingt seine Schwägerin Herodias heiraten wollte, die ihre Tochter Salome aus erster Ehe mitbrachte. Dieses ganze Ehetheater wurde in der Bevölkerung weitgehend missbilligt. **Johannes hatte mutig dem Herodes die Leviten für sein ehebrecherisches Verhalten gelesen. Das kostete ihm die Freiheit und schließlich das Leben.** Denn Herodias sinnt auf Rache und schmiedet ihren grausamen Plan.

● V 6-8: Bei festlichen Anlässen waren nicht nur damals erotische Tänze üblich, die vor allem die Männer begeistern sollten. Aus einer Weinlaune heraus verspricht Herodes dem Mädchen, ihr jeden Wunsch zu erfüllen. Genau darauf hat Herodias gesetzt, – und **so nimmt das Geschehen seinen grausamen Lauf.**

● V 9-12: Der König ist die hilflose Marionette seiner Frau, machtlos muss er dem Justizmord zustimmen, um vor den Gästen nicht sein Gesicht zu verlieren. **Johannes endet als Opfer einer rachsüchtigen Frau und der Weinlaune ihres Mannes. Und Gott schweigt. Es bleiben Rätsel.**

Mittwoch, 6. September — Matthäus 14,13-21

● Die Speisung der 5000 ist eins der bekanntesten Wunder Jesu, alle vier Evangelien berichten davon. Matthäus beschränkt sich dabei auf die wichtigsten Züge:

● V 13-14: Der Versuch, sich mit einem Boot in die Einsamkeit ans andere Ufer des Sees Genezareth zurückzuziehen, scheitert. Die Menschen lassen sich nicht abschütteln, und **Jesu Erbarmen mit ihnen ist wieder einmal größer als der verständliche Wunsch nach Ruhe.**

> *Wie reagieren Sie (innerlich), wenn jemand Ihre Ruhe stört, weil er Hilfe braucht?*

● V 15-17: Die Jünger machen sich Sorgen, weil niemand an das Essen und die Nacht zu denken scheint. **„Gebt ihr ihnen zu essen", klingt wie ein Hohn,** weil sie offensichtlich schon eine Bestandsaufnahme gemacht haben: Fünf Brote und zwei Fische, das reicht gerade für eine große Familie.

● V 18-19: Jetzt nimmt Jesus die Sache (und Brot und Fische) selbst in die Hand, lässt die Leute lagern wie bei einem großen Festmahl, spricht das Dankgebet, als ob es ganz viel zu verteilen gäbe und es für alle reicht. **Und dann geschieht das Wunder unter den Händen der Jünger:** Es liegt nicht plötzlich ein Berg Brote vor ihnen, es stehen auch nicht Körbe mit Fischen da, so dass sie aus dem Vollen schöpfen könnten – was ja auch ein Wunder wäre. Nein, sondern erst in dem Moment, wo sie das Wenige austeilen, reicht es für alle! Das will heißen: **So ist Gott, er gibt nicht auf Vorrat, sondern erst dann, wenn seine Leute im vollen Vertrauen das Wenige teilen, was sie haben.** Eine wichtige Lektion für die Jünger und die spätere Kirche!

● V 20: **Alle werden satt** – und es bleibt sogar mehr übrig als vorher da war. Die christliche Tradition deutet die zwölf übrigen Körbe später auf das Abendmahl: **„Die Fülle des gesegneten Brotes ist unerschöpflich"** (Walter Grundmann). Es ist für alle genug da.

Donnerstag, 7. September Matthäus 14,22-36

● V 22.23: Jetzt möchte Jesus endlich zur Ruhe kommen, **allein sein und ungestört beten,** auch er braucht das. Deshalb schickt er sogar die Jünger weg – und dann auch das Volk.

● V 24-26: Sicher noch voller Begeisterung über das erlebte Wunder fahren die Jünger auf den See hinaus – und **geraten unerwartet in einen heftigen Sturm.** Erst gegen drei Uhr morgens stößt Jesus zu ihnen und löst zunächst Entsetzen aus, weil sie ihn für ein Gespenst halten. – Die Jünger sind da Kinder ihrer Zeit, in der man überall Dämonen und Gespenster vermutete.

● V 27-33: In die Angstschreie der Jünger hinein ruft Jesus seinen **tröstenden Zuspruch,** und die Situation schlägt in Zuversicht um. So stark, dass Petrus schlagartig Jesus mutig ein Glaubenswagnis anbietet. Jesus geht darauf ein, ruft ihn tatsächlich zu sich, aber schon im nächsten Augenblick fällt der Glaube angesichts großer Wellen wie ein Kartenhaus in sich zusammen und mündet in einen verzweifelten Hilferuf. Später hat sich **die Kirche** in dieser Geschichte wiedergefunden: **Sie ist das in stürmischen Zeiten hin und her geworfene Boot, aber Jesus streckt die rettende Hand nach ihr aus** – und so bekennt die Gemeinde am Ende: „Du bist wahrhaftig Gottes Sohn!"

> *Meditieren Sie auf diesem Hintergrund einmal das in vielen Liederbüchern abgedruckte Lied „Ein Schiff, das sich Gemeinde nennt".*

● V 34-36: Kaum an Land, ist es mit der Ruhe vorbei. Zu bekannt ist Jesus mittlerweile, vor allem als Krankenheiler. Und er enttäuscht die Menschen nicht. Schweigend lässt er es sogar geschehen, dass ihre **magischen Wundererwartungen erfüllt** werden. Die Quasten des Gewandes werden uns in 4Mose 15,37-41 beschrieben. Sie sollen jeden Israeliten an die Einhaltung der Gebote erinnern. Mit dem Tragen der Quasten erweist sich Jesus als gesetzestreuer Jude.

Freitag, 8. September   Matthäus 15,1-20

● V 1-3: Eben noch berichtet Matthäus von den Quasten des Gewandes, die Jesus als gesetzestreu ausweisen, und schon nageln ihn die ganz Frommen auf **die Reinheitsgebote** fest. Offensichtlich hatte man von Jerusalem eine Kommission entsandt, um Jesus zu beobachten. **Gerade die alttestamentlichen Reinheitsvorschriften gewannen im nachexilischen Judentum eine große Bedeutung,** wobei sich manche Einzelvorschrift kaum aus dem AT ableiten ließ. Bei den Reinheitsregeln werden sie auch gleich fündig. Aber Jesus reagiert mit einer entlarvenden Gegenfrage.

● V 3-9: **Das Gebot, die Eltern zu ehren,** bedeutete ursprünglich vor allem, seine alt gewordenen Eltern zu versorgen und ihnen ein menschenwürdiges Leben zu ermöglichen. Manche drückten sich um diese Verpflichtung scheinfromm, aber legal herum, indem sie ihre Habe als Weihgeschenk an den Tempel vererbten, aber zeitlebens weiter frei darüber verfügen konnten. Auf diese Weise konnten sie sich von der Verpflichtung, für die Eltern zu sorgen, freikaufen (der „Korban-Trick", vgl. Mk 7,11).

● V 10-11 und 15-20: Jesus wendet sich jetzt dem Volk zu, um zur Frage, **was den Menschen unrein macht,** Stellung zu beziehen. Er lenkt den Gedanken hin zu dem, was den Menschen innerlich unrein macht. Auf die Petrusfrage wird er sehr konkret und zählt auf, **was wirklich tief in uns drinnen steckt.** Es ist jede Menge Herzensschmutz und Seelenmüll in Gestalt von bösen Gedanken, gemeinen Worten und lieblosen Taten.

● V 12-14: Dass diese Sicht seinen konservativen Kritikern gar nicht gefällt, ist klar. Aber das ist wohl zu allen Zeiten so, dass **eine alt gewordene religiöse Bewegung die Rechtgläubigkeit vor allem an Äußerlichkeiten festmacht,** statt an der Gesinnung.

> ✎ *Beurteilen Sie u. U. andere Christen auch eher an Äußerlichkeiten wie Kleidung, Frisur oder Tätowierungen?*

Samstag, 9. September Matthäus 15,21-28

● Unser Abschnitt hat zusammen mit dem Bericht vom Hauptmann von Kapernaum (Mt 8,5-13) eine wichtige Funktion im Gesamtkonzept des Mt. Während bei Lukas die Sendung Jesu von Anfang an aller Welt gilt, beschreibt Matthäus ihn **zunächst als Heiland der Juden.** Dazu gehören z.B. auch die sog. Reflexionszitate, die nur Juden einordnen konnten („... damit erfüllt würde, was geschrieben steht bei dem Propheten XY"). Aber Matthäus spannt **dann einen großen Bogen bis hin zur Weltmission** (Mt 28,16-20). Und innerhalb dieses Bogens bildet unser Abschnitt – zusammen mit 8,5-13 – einen wichtigen Knotenpunkt: **Nicht nur den Juden, sondern zunehmend auch den Heiden gilt seine Sendung.**

● V 21-22: Jesus entweicht ins benachbarte Ausland. Die Frau gehört wohl zu den heidnischen Ureinwohnern, die von den Juden gemieden und verachtet wurden. **Sie fleht verzweifelt für ihre kranke Tochter,** wobei sie die Krankheit – wie es damals häufig geschah – auf das Wirken von Dämonen zurückführt.

● V 23-28: **In dem Gespräch mit der Frau reagiert Jesus ungewöhnlich schroff und abweisend:** Erst schweigt er, dann erklärt er, nicht zuständig zu sein, und schließlich beleidigt er sie auch noch, indem er sie mit einem Hund vergleicht. **Aber die Frau lässt sich von alledem nicht abschütteln und liegt Jesus weiter hartnäckig mit ihrer Bitte in den Ohren.** Das überwindet Jesus schließlich, und er heilt ihre Tochter, indem er ihr einen „**großen Glauben**" bescheinigt. Ähnlich wie in Mt 8,10.13 und 9,22 nennt er den festen Glauben bzw. das unerschütterliche Vertrauen als Grund für die Wende (das griechische Wort kann beides bedeuten: Glaube und Vertrauen).

> ✎ *Wie erklären Sie sich das zunächst so abweisende Verhalten von Jesus der Frau gegenüber? So kennen wir Jesus doch sonst nicht!?*

Sonntag, 10. September **Psalm 16**

● Zu allen Zeiten ist der Glaube an den lebendigen Gott umkämpft. Darum bittet David gleich am Anfang um göttliche Bewahrung. Dabei erwachsen Zweifel und Anfechtung sowohl aus dem, was der Glaubende in seiner Umgebung erlebt, als auch aus seinen eigenen Überlegungen und Empfindungen:

→ David begegnen viele, die andern Göttern nachlaufen (V 4) oder gar sagen: „Es ist kein Gott" (Ps 14,1).

→ Zugleich plagt ihn der Gedanke: „Warum geht's doch den Gottlosen so gut, und die Abtrünnigen haben alles in Fülle?" (Jer 12,1).

● Gestillt wird dieser innerliche Aufruhr nur auf *eine* Weise: Durch den **Blick des Glaubens auf den Herrn** (V 8). Dieser neue Blick hat weitreichende Auswirkungen:

→ Aus diesem Vertrauen auf den Herrn erwächst das Bekenntnis: „Du bist ja der Herr!" (V 2) – nur du allein!

→ Zugleich erschließt sich daraus die Erkenntnis: „Der Herr ist mein Gut und mein Teil ... mir ist ein schönes Erbteil geworden!" (V 5.6).

→ Der Mund öffnet sich zum Lob (V 7).

→ Übersprudelnde Freude macht sich breit: „mein Herz", „meine Seele", „mein Leib" werden davon erfasst (V 9).

→ Zuversicht und Hoffnung verschaffen sich Raum: „Du wirst meine Seele nicht dem Tode lassen" (V 10); vielmehr „tust du mir kund den Weg zum Leben" (V 11).

→ An Gottes Ziel steht das überfließende Leben: „Freude die Fülle", „Wonne ewiglich" (V 11).

✎ *„Wir wandeln im Glauben und nicht im Schauen" (2Kor 5,7): Weil das so ist, lassen sich in dieser Zeit die von außen und von innen aufkommenden Zweifel nicht abstellen. Wie können Sie einüben, diesen Zweifel durch den Blick auf diesen Herrn, der die übermächtig scheinenden Eindrücke zum Verstummen bringt, zu überwinden?*

Mittwoch, 13. September   Matthäus 16,13-23

● Der Text ist ein **Wendepunkt im Mt**. Er beginnt mit dem Bekenntnis des Petrus, worauf die erste Leidensankündigung Jesu folgt. Er vertraut seinen Jüngern seinen zukünftigen, von Gott vorbestimmten Leidensweg an, den sie – Petrus vorneweg – nicht akzeptieren wollen.

● **Petrus erleben wir zwiespältig.** Auf sein klares Jesusbekenntnis folgt eine scharfe Zurechtweisung Jesu: „Geh weg von mir, Satan!" (wörtlich: „hinter mich"; V 23).

● V 13f: Der „**Menschensohn**" ist nach Dan 7,13-14 **der Weltenrichter,** der von Gott bevollmächtigt ist, **die endzeitliche Scheidung zwischen den Bösen und den Gerechten vorzunehmen.** Zugleich ist er wahrer Mensch unter Menschen. Das Volk sieht Jesus als prophetische Gestalt, aber nicht als Messias bzw. Menschensohn.

● V 15f: Jesus fragt darauf die Jünger, wie sie ihn sehen. Im Namen aller nennt Petrus ihn „**Christus, den Sohn des lebendigen Gottes.**" Dieses Bekenntnis hatten die Jünger zuvor schon in Mt 14,33 ausgesprochen.

● V 17: **Christuserkenntnis** kommt niemals aus dem Verstand heraus. Sie **ist ein Gottesgeschenk an den, der sich Gott öffnet.** Was Petrus ausspricht, hat ihm Gottes Geist offenbart.

● V 18f: Über diese Stelle gibt es große **Differenzen zwischen den Kirchen.** Die katholische Kirche hat von diesen Versen das Papstamt abgeleitet und Petrus dabei zum „Stellvertreter Christi" auf Erden erhoben. Da Petrus hier auch im Namen der anderen Jünger spricht, erstreckt sich die Verheißung von V 19 aber ebenso auf die anderen Jünger, wie Jesus ausdrücklich noch einmal in Mt 18,18 unterstreicht. **Eine herausgehobene Position des Petrus und seiner Nachfolger in Gestalt des Papstamtes lässt sich daher m. E. hier nicht begründen.**

● V 21f: Die erste Leidensankündigung ist der Beginn der Gespräche über das Leiden und den Tod Jesu mit seinen Jüngern. Wie schwer das für die Jünger zu akzeptieren ist, sehen wir an Petrus, der vom Träger der Verheißung zum Versucher wird.

Donnerstag, 14. September   Matthäus 16,24-28

- Diese Verse sind wahrlich **kein Wohlfühlevangelium**. Es geht nicht nur um den Leidensweg von Jesus, sondern auch um das Kreuz derer, die ihm nachfolgen. Wer Jesus nachfolgt, wird mit Konsequenzen rechnen müssen, die auch wehtun. **Nachfolge ist beides – der Weg des Leidens mit Jesus und der Weg der Verheißungen von Jesus.**
- V 24f: Jedes Wort hat Bedeutung. „*Will* mir jemand nachfolgen …" Die Entscheidung liegt im Willen jedes Einzelnen. **Jeder muss die Kosten der Nachfolge überschlagen**, nachdem klar ist, „dass es keine Ferien vom Kreuz gibt" (Hans J. Iwand).
- Nachfolge hat für Jesus **zwei Voraussetzungen**:
→ Erstens: „Er *verleugne sich selbst.*" Das bedeutet, die Entscheidung, Gottes Willen zu tun, den eigenen Willen hintenanzustellen und sich mit seinem ganzen Leben Jesus zur Verfügung zu stellen.
→ Zweitens: „Er *trage sein Kreuz.*" Gemeint ist das ganz persönliche Kreuz, das Leiden und Entbehrungen einschließt. Dabei ist der Zusammenhang mit Römer 8,28ff zu bedenken.
- „Und *folge mir nach*" – wörtlich: „hinter mir hergehen." Das sind werbende Worte, denn Jesus sagt damit: „Auch wenn es hart und schwierig wird, lohnt es sich, denn ich gehe voran."

> *Was kann Jesus an dieser Stelle von Ihnen erwarten?*

- V 26: Selbst wenn wir die ganze Welt gewönnen – ob in finanzieller, beruflicher, geistiger oder sonstiger Hinsicht – und dabei das ewige Leben verlören, dann wäre alles verloren. **Nichts kann den Schatz des ewigen Lebens ersetzen** (Phil 3,8).
- V 28: Was meint Jesus mit seiner Ansage? Eine mögliche Erklärung: In allen synoptischen Evangelien verheißt Jesus dies unmittelbar vor seiner Verklärung (so auch Mk 9,1-8 und Lk 9,28-36). So könnte er gemeint haben, dass „einige" seiner Jünger in seiner Verklärung bereits einen Vorgeschmack auf das vollendete Reich Gottes bekommen werden.

Freitag, 15. September — Matthäus 17,1-13

Petrus, Jakobus und Johannes erhalten einen Einblick **in die himmlische Welt und die Offenbarung Jesu als Sohn Gottes**. Die Verklärung ist für sie eine Hilfe, Jesus besser zu verstehen.

● V 1: Mit drei seiner vertrauten Jünger sucht Jesus die Einsamkeit und das Gebet auf dem Berg.

● V 2f: Die Zeichen der „Verwandlung" zeigen den Jüngern, dass Jesus trotz seines Lebens auf der Erde zur himmlischen Welt gehört. **Mose und Elia repräsentieren das Gesetz und die Propheten**, also die Art und Weise, in der Gott bisher seinen Willen kundgetan hat. Es gibt keinen Bruch zwischen dem bisher offenbarten Willen Gottes und dem, was er jetzt durch seinen Sohn verkündigen lässt.

● V 4: Petrus und seine Freunde vergessen in diesem erhebenden Moment alles und möchten ihn nicht mehr loslassen.

> *Erinnern Sie sich an Momente in Ihrem Leben, die Sie unbedingt festhalten wollten? Was machte das Besondere dieses Augenblicks aus? Vielleicht auch eine geistliche Erfahrung?*

● V 5: Die Wolke als Zeichen der Gegenwart Gottes (wie bei Mose am Sinai). **Gott offenbart den Jüngern die Identität Jesu als sein Sohn und als Teil der himmlischen Welt.** „Hört auf ihn", ist ein klarer Auftrag an die drei Jünger.

● V 6-8: **Niederfallen und Furcht sind typische Reaktionen in der direkten Begegnung mit Gott.** Die Ermutigung Jesu an die Jünger: Er tritt heran, spricht mit ihnen, berührt und beruhigt sie.

● V 9: Mit der Rückkehr vom Berg ins Tal der Realität sollen die Jünger über das, was ihnen offenbart worden ist, schweigen. Erst nach der Auferstehung Jesu erhalten sie den Auftrag zum missionarischen Wirken (Mt 28,16ff).

● V 10-13: Die Jünger sind irritiert. Elia soll doch vor dem Sohn Gottes wiederkommen. Jesus macht ihnen deutlich, dass Elia bereits in der Gestalt Johannes des Täufers gekommen ist.

Samstag, 16. September — Matthäus 17,14-21

● V 14ff: **Ein verzweifelter Vater kommt zu Jesus.** Wie groß seine Erwartung an Jesus, aber auch seine Not sind, zeigen der Kniefall und sein Hilferuf. Sein Problem: Der mondsüchtige Sohn leidet unter epileptischen Anfällen, mit furchtbaren Folgen. Dadurch wurde sein Leiden noch verschlimmert. Wenn später vom „bösen Geist" (V 18) geredet wird, den Jesus austreibt, zeigt dies die zerstörerische Kraft dieses Leidens. Dazu kommt die Enttäuschung wegen des Versagens der Jünger. Er macht die Erfahrung, dass Menschen letztlich nicht helfen können. **Aber er gibt nicht auf und wendet sich direkt an Jesus.**

> *Vielleicht können versagende Jünger trotzdem ein Beispiel sein. Zum einen, damit Menschen den direkten Kontakt zu Jesus suchen, und zum andern, damit Jünger nicht über ihren „Erfolg" versucht sind, abzuheben. Wie sehen Sie das?*

● V 17: Der Vorwurf: „O du ungläubiges und verkehrtes Geschlecht!" (vgl. 5Mose 32,5.20): Wem gilt das? Das „Geschlecht" deutet auf die lebende Generation Israels hin, einschließlich der Jünger. „Wie lange soll ich noch bei euch sein?" ist an die Jünger gerichtet. Sie hatten nicht den Glauben, den Sohn zu heilen, sondern waren in dieser Beziehung nicht besser als die anderen Juden. **Was unterscheidet sie und uns dann von anderen, die nicht an Jesus glauben? Dass wir wissen, zu wem wir kommen können, wenn wir versagen – zu Jesus.** So auch der kranke Sohn. „Bringt ihn her" – dieser Satz rettet ihn, weil sich Jesus selbst um ihn kümmert.

● V 19.20: Verwirrt bitten die Jünger Jesus um eine Erklärung. Seine Antwort ist ebenso kurz wie ehrlich: **„Kleinglaube."** Wenn sie Glauben „wie ein Senfkorn" hätten (das kleinste aller Samenkörner), wäre alles möglich für sie. Jesus spricht öfter vom bergeversetzenden Glauben (Mt 21,21), wo wir ihm vertrauen.

Dienstag, 19. September — Matthäus 18,1-9

● Es geht um das Herrschen, um das Groß-sein-Wollen, – auch im Reich Gottes (*Reich der Himmel,* V 1, ist eine Umschreibung, die den Gottesnamen vermeidet, weil sie ihn schützen will). Es geht darum, auch heute, in der Gemeinde, im Hauskreis, im Chor und in der Mitarbeiterstunde die Klügste, der Angesehenste, der zu sein, der Einfluss hat; die zu sein, auf die gehört wird.

● Das ist menschlich, zutiefst menschlich, – aber es löst genau die Konflikte aus in der Gemeinschaft, ohne die wir als Menschen offensichtlich nicht leben können. Jesus stellt darum unser normales Denken und Bestreben auf den Kopf. Er fordert, dass wir „umkehren" und werden „wie die Kinder" (V 3; vgl. 19,14). **Er will eine neue Art von Gemeinschaft,** eine, die ganz anders begründet und ausgerichtet ist.

● Kinder als Vorbild bedeutet nicht: sich künstlich klein machen, kleiner, als man ist; es bedeutet nicht, die so oft anzutreffende und abstoßende Haltung einer Pseudo-Demut einzunehmen. **Wie die Kinder sein heißt zweierlei: um sein Klein-Sein wissen:** um die Unbeholfenheit, Hilfsbedürftigkeit und Ergänzungsbedürftigkeit in so vielen Dingen; um Fehlerhaftigkeit und Irrtumsfähigkeit, um nur über begrenzte Ressourcen zu verfügen und so manche Schwäche aufzuweisen. **Kind sein heißt aber vor allem: wissen, dass man einen Vater hat.** Auf ihn richten wir uns aus; auf ihn vertrauen wir, nicht auf eigene oder fremde Größe, Macht und Ansehen, Stärke und Kompetenz, Autorität und Einfluss.

● Wo wir uns **auf den harten Weg des Umdenkens und Umkehrens begeben und zu Kindern werden** – dem geheimen Thema von Mt 18 und 19 –, **da hat geistlicher Machtmissbrauch,** da haben Machtmenschen in der Gemeinde, ob Männer oder Frauen, **da hat die Funktionalisierung von Gemeinde als Bühne für das eigene Ego keine Chance.** Da werden wir zu einer alternativen Gemeinschaft, die andere anzieht und nach deren Ursprung und Quelle fragen lässt.

Mittwoch, 20. September Matthäus 18,10-14

- Jesus bleibt beim Thema der Kinder, der Kleinen (vgl. 18,6ff). Noch einmal warnt er eindringlich davor, das Kleine zu verachten (V 10), gemeint ist: das Unbeachtete und Verachtete, Schwache, Geringe, das sich allein nicht helfen kann.
- Jesus hebt ein Stück weit den Vorhang und **lässt uns einen Blick werfen in die andere Wirklichkeit.** Sie ist uns nicht zugänglich, umgibt uns aber. Es ist die geistliche Wirklichkeit vor Gott. **Die Kleinen / Verachteten / Geringen / Schwachen haben Engel** (V 10), so etwas wie geistliche Avatare, **die offenen Zugang zum Vater haben.** Sie haben ständig sein Gehör, und über sie ist Gott der Vater mit ihnen verbunden.
- **Der Text gibt die volkstümliche Anschauung von Schutzengeln für jeden Menschen nicht her.** Eine solche Verallgemeinerung wäre gerade falsch. Jesus deckt vielmehr auf, wie sehr gerade das, was bedroht und gefährdet ist – wie das eine verirrte Schaf in den Bergen (V 12) – im besonderen (vgl. V 13) Fokus des himmlischen Vaters liegt.
- Wenige Kapitel später führt Jesus das in seiner Endzeitrede näher aus, in der er den Umgang der Menschen mit Not und Elend anspricht: Wen hungert, wer dürstet, wer krank ist, wer fremd unter Menschen und ohne Rückhalt ist, wer gefangen und ausgeschlossen ist vom Leben anderer, kurz: **wessen Lebensmöglichkeiten akut gefährdet sind und wer unterzugehen droht** (Mt 25,35-40), **der ist besonders vor Gott präsent, der steht ganz besonders im Fokus seiner Aufmerksamkeit.** Denn der Menschensohn ist genau dazu gekommen, diese Verlorenen zu retten (V 11).
- Eine christliche Gemeinde verdient dann diesen Namen, wenn sie diesem Blick und Fokus Gottes folgt und sich dieser Geringsten annimmt (vgl. Mt 25,40).

> *Wo und wer ist der von Ihnen Verachtete, auf den Gott Sie aufmerksam machen möchte?*

Donnerstag, 21. September — Matthäus 18,15-20

● Jesus beschreibt seinen Jüngern in aufregender Weise, **was eine Gemeinschaft von Menschen auszeichnet, die ihm nachfolgen wollen.** Wir sahen schon (vgl. 18,1-14):
→ Sie ist eine Versammlung von Menschen, die wissen, dass sie *klein* sind, Gott nötig haben und auf ihn vertrauen.
→ Die Jünger-Gemeinde lässt sich ein auf den Fokus des Vaters, auf die, deren Leben gefährdet ist und die gerettet werden sollen. Jesus führt das fort:
→ Gemeinde hat vor allem ein Kennzeichen: **Menschen kommen zusammen im Namen Jesu und erfahren: Er ist in ihrer Mitte** (V 20). Das ist ihr Alleinstellungsmerkmal und unterscheidet sie von allen anderen Gemeinschaften. Entscheidend für Gemeinde ist nicht, wann oder wo oder wie oder wie viele sie sind. Wichtig ist allein die gemeinsame Ausrichtung hin auf Jesus. Er allein kann über alle denkbaren und gewollten Unterschiede hinweg verbinden. Nur die gemeinsame Loyalität gegenüber Christus ermöglicht eine große Vielfalt, ja Unterschiedlichkeit, ohne dass die Gemeinschaft zerreißt. Wo Christen sich einen und einig werden in gemeinsamer Ausrichtung auf IHN, da haben sie Zugang zu himmlischen Ressourcen (V 19).
→ **Gemeinde ist – von vornherein – eine Gemeinde von Sündern.** Das geht gar nicht anders (vgl. Jak 3,2; 1Joh 1,5). Nicht Sünde (V 15) gefährdet die Gemeinde, wohl aber die fehlende Bereitschaft, aufeinander zuzugehen, miteinander zu reden und aufeinander zu hören (V 16f). **Gemeinden von begnadigten Sündern sind nicht fehlerfrei, sondern fehlerfreundlich.** Sie bilden eine Verantwortungsgemeinschaft, in der sie durch die Art der Kritik (vgl. die sorgfältige Stufung V 15-17) einander Umkehr, Korrektur, Veränderung ermöglichen.

✎ *Sind Sie bereit, liebevoll und anerkennend zu kritisieren? Sind Sie bereit, sich selbst korrigieren zu lassen und dadurch zu wachsen?*

Freitag, 22. September   **Matthäus 18,21-35**

- Petrus startet an das von Jesus gezeichnete Bild von Gemeinde eine **Rückfrage**. Wenn wir mit Sünde und Fehlverhalten rechnen müssen, **wie oft** (V 21) **muss ich denn dann vergeben?** Und er schlägt eine Anzahl vor: siebenmal. Sieben ist doch schon viel, aber mit ihr ist eben auch eine Grenze gegeben. Muss die nicht sein? Geht sonst nicht alles drunter und drüber?
- Jesus antwortet, indem er die Vorgabe des Petrus so vervielfacht, dass **Zählen eigentlich keinen Sinn mehr macht: 7x70-mal!** In der Sache sagt Jesus also nicht: „490-mal, und danach ist Schluss", sondern: „Du sollst überhaupt nicht zählen"; schon das „Wie oft?" ist falsch. Zu zählen, wie oft man vergibt, zeigt, dass man die eigene Lage noch gar nicht realistisch einschätzt.
- Um das zu illustrieren, erzählt Jesus eine Geschichte (V 23-34). Die Pointe des Gleichnisses vom unbarmherzigen Knecht ist dessen ungeheuerliches Verhalten. Nicht der Grundsatz und die Logik sind falsch: „Bezahle, was du schuldig bist" (V 28c). **Verwerflich ist aber ein Handeln, das den eigenen, übergroßen Schuldenerlass übersieht;** verwerflich ist, wer das eigene Verhalten nun nicht durch selbstverständliche Dankbarkeit bestimmt sein lässt. Wie kann der ein neues Leben führen, der vergisst, dass es ihm geschenkt worden ist und der daraus keine Konsequenzen zieht?
- Die 100 Denare (ein Denar ist der Tageslohn eines einfachen Arbeiters) sind keine kleine Summe, aber die 10.000 Talente sind unvorstellbar viel mehr. Sie entsprechen 60.000.000 Denaren. Wie kann man das vergessen? Ja, kann man das überhaupt vergessen? **Die Blindheit des unbarmherzigen Knechtes für das neue Leben, das ihm geschenkt wurde, lässt ihn ins Verderben rennen und setzt ihn dem Gericht aus (V 32.35).**
- Wenn wir beim Vergeben anfangen zu zählen, vergessen wir in gefährlicher Weise, was uns selbst vergeben worden ist und wie sehr wir von der großzügigen Vergebung Gottes leben.

Samstag, 23. September — Matthäus 19,1-12

● Erneut geht es um das Reich Gottes. Einige Pharisäer wollen Jesus eine Falle stellen. **Ist es erlaubt, fragen sie, eine Ehefrau aus jedem Grund zu entlassen? Eine Fangfrage!** Wenn Jesus mit „Ja" antwortet, dann bejaht er die unerträgliche Praxis, dass Männer mit Berufung auf 5Mose 24 ihren Frauen schon wegen eines angebrannten Essens den Laufpass geben und den Scheidebrief aushändigen können. Antwortet er dagegen mit „Nein", dann macht er sich verdächtig, weil er sich gegen die Tora stellt, die höchste jüdische Autorität, die ja die Möglichkeit der Scheidung vorsieht.

● Jesus kontert, indem er ebenfalls die Tora zitiert (1Mose 1,27; 2,24). **Schriftgelehrt unterscheidet er den ursprünglichen, also eigentlichen Willen Gottes für Mann und Frau von der Ausnahmeregel, die Mose um der „Herzenshärtigkeit" (V 8) der Menschen willen eingeräumt hat.** Scheidung ist also nicht an sich gut; sie wird als unmögliche Möglichkeit eingeräumt im Hinblick auf den Zustand einer gefallenen Welt und weil Menschen den guten Willen Gottes nicht zu leben vermögen. **Jesus ruft zu diesem guten Schöpferwillen zurück.** Er spricht hier als neuer Mose: „Ich aber sage euch" ... (V 9). Er überbietet die Tora, indem er ihren wahren Sinn herausstellt und seine Jünger dazu auffordert, der neuen Gemeinschaft, in die er ruft, auch auf den zentralen Feldern Sexualität, Liebe, Ehe, eine neue, andere, bessere Gestalt zu geben.

● „Was Gott zusammengefügt hat, soll der Mensch nicht scheiden!" (V 6) – das wird nur dort nicht zur unerfüllbaren Forderung, wo es als Zusage verstanden wird, stets auf den Gott zu vertrauen, der ja schon gehandelt hat. **Christliche Ehen haben potenziell ein anderes Fundament. Sie werden zu dritt geführt.**

✎ Trauen Sie es Gott zu, mit Beziehungskrisen fertigzuwerden, wenn Sie sie ihm ausliefern?

Sonntag, 24. September   **Psalm 114**

In diesem Psalm werden Gottes Machttaten aus der Frühzeit Israels knapp und in leuchtenden Farben in Erinnerung gerufen und spornen zu erneutem Vertrauen auf diesen Gott an.

● **V 1-2**: Das Ziel der Befreiung Israels aus dem Frondienst in Ägypten war, dem lebendigen Gott zu dienen (2Mose 5,1) und ihm „ein Königreich von Priestern und ein heiliges Volk" (2Mose 19,6) zu sein. Nach der Befreiung überlässt Gott das Volk jedoch nicht haltlos sich selbst, sondern schließt mit ihm einen Bund, der den heilvollen Rahmen für gelingendes Leben eröffnet.

> *Was Israel erfahren hatte, wird zum Modell für das Leben der Nachfolger von Jesus: „Wenn euch nun der Sohn frei macht, so seid ihr wirklich frei" (Joh 8,36) – frei aus der Versklavung durch die Sünde. Christliche Freiheit ist nicht völlige Autonomie oder Gesetzlosigkeit, sondern das Glück, in engster Verbindung zu dem auferstandenen Christus leben zu dürfen.*

● **V 3-4**: Begleitet wurde der Exodus von gewaltigen Ereignissen: Das Meer teilte sich; im Jordan tat sich eine Furt auf; am Sinai gerieten die Elemente ins Wanken. Das weist sogar auf den Schlussakt der Weltgeschichte: Vor diesem Gott fliehen Himmel und Erde (Offb 20,11).

● **V 5-6**: Der Psalmbeter wendet sich mit einer Frage an die Naturgewalten. Eigentlich sind *sie* es, die die Menschen bedrohen; doch beim Auszug des Volkes war es umgekehrt: Sie zogen sich vor dem Weltherrscher zurück.

● **V 7-8**: In der Antwort auf diese Frage wird nun erstmals der „Herr" als der Urheber genannt: Er ist der uneingeschränkte Schöpfer und Gestalter der Welt, dem nicht nur die Erde untertan ist, sondern der sein Volk auch mit Wasser aus dem Felsen zu versorgen vermag – und das **nicht nur als der „Gott der Väter", sondern zugleich als der, dem sich seine Gemeinde auch heute und morgen anvertrauen kann.**

Montag, 25. September — Matthäus 19,13-15

Menschen drängeln sich um Jesus in ihrer Mitte. Sie möchten sich berühren lassen von seinen Worten und Händen. Die wirken Wunder. Sie heilen, trösten, stärken und ermutigen. **Der reinste Segen! Den wollen die Eltern für ihre Kinder erbitten.** Sie wollen das Beste für ihr Kind. Unbedingt!

● Da bringen sie ihr Kostbarstes zu Jesus und werden von seinen Jüngern vom Platz verwiesen. Sie spielen sich auf wie Bodyguards, die ihren Chef schützen müssen. Dabei wussten sie doch, wie sehr sein Herz für Kinder schlägt. **Hatte er nicht ein Kind einmal demonstrativ in die Mitte gestellt? Da gehört es hin. Ins Zentrum unserer Liebe und Aufmerksamkeit!** (Mk 9,36).

● Doch die Jünger wehren sie ab: Der Glaube ist kein Kinderkram. Hier läuft Lebensschulung auf höchstem Niveau. Brot fürs Leben wird ausgeteilt. Noch zu hart für eure Kinder. So ähnlich können Stimmen in manchen Gemeinden klingen. Leider!

● Markus scheut sich nicht zu notieren, wie empört Jesus über ihr Verhalten ist (Mk 10,14). Ob Matthäus die Jünger schonen wollte? Noch viel schonungsloser klingt Jesu Warnung (Mk 9,42). **Kinder brauchen Segen und Schutz.** Wie oft müssen wir heute mahnen: Vergreift euch nicht an Gottes kleinsten Hausgenossen! **Jesus legt seine Hand auf sie und sagt, was für alle Zeiten gilt: Kindern gehört das Himmelreich!** Der Platz in Gottes Haus ist ihnen sicher.

● Ein Bestseller von Stefanie Stahl heißt: *Das Kind in dir muss Heimat finden!* Viele psychologische Seiten, ja! Doch die Diagnose trifft zu. Aus den Kinderschuhen sind wir raus. **Aber unser inneres Kind sehnt sich. Ich will um meiner selbst willen angenommen und geliebt sein.** Ich muss mich gehalten wissen, wenn Sicherheiten wegbrechen. Ich will vertrauensvoll leben. Ich muss wissen, zu wem und wo ich letztlich hingehöre.

● Gottes große Kinder sind gewiss: Weil Gott gerufen hat, bin ich sein Kind. Und als Kind Gottes erbe ich das Himmelreich.

Dienstag, 26. September Matthäus 19,16-26

- „Wer kann dann selig werden"? (V 25). Teilen wir den Schrecken der Jünger? Da steht ein junger Mann wie ein lebendes Bewerbungsschreiben mit Goldrand vor Jesus. **Ein vielversprechender Kandidat für den Himmel. Der will Sicherheit bekommen für das ewige Leben.** So fragt er nach den Kosten. Er hört den Preis für den größten und schönsten Schatz im Himmel (Mt 6,19-21). Doch der ist ihm zu teuer! Er dreht sich weg und geht. Tief betroffen. Traurig. Ein armer Reicher. Aus und Ende!
- **Jesus hat nichts gegen Reiche. Aber er sorgt sich darum, dass der Reichtum einen Menschen bestimmt.** Deshalb mahnt er einmal: „Hütet euch vor aller Habgier; denn niemand lebt davon, dass er viele Güter hat!" (Lk 12,15). Dieses Warnsignal ist zu allen Zeiten brandnötig. Geld hat den Trend, vergötzt zu werden. Die Banktürme dieser Welt sind höher als die Kirchtürme! Es spaltet nicht nur die Welt und führt zur Ausbeutung und Kriegen. Es spaltet auch Familien, Freundschaften und unser eigenes Herz. Aus und Ende!? Nein, noch kein Ende.
- Jesus spitzt für die Seinen die Lage radikal zu: „Kein Reicher kommt ins Himmelreich. Das ist so sicher, wie kein Kamel durch ein Nadelöhr kommt. Punkt!" Pures Entsetzen bei den Jüngern. Ist dieses Unmöglich das letzte Wort? **Uns zum Trost lenkt Jesus von unserem Unvermögen weg: Bei Gott sind alle Dinge möglich. Alle Dinge, ohne Ende!** Denn:
- Wir haben einen reichen Gott! Und seinen Reichtum schenkt er in die Taschen seiner Kinder! Je mehr wir unsere Taschen leeren, umso mehr Platz haben wir für ihn.
- Wir verstehen Jesus so: Mach dich frei. **Gott will nicht etwas von dir, er will dich selbst mit allem, was du bist und hast!** Und wenn wir wieder an unserem Unvermögen scheitern? Dann vertrauen wir darauf, dass wir mit hindurchschlüpfen dürfen, durchs Nadelöhr. Weil wir uns mit unseren ganzen Unmöglichkeiten an Christus hängen.

Mittwoch, 27. September   Matthäus 19,27-30

● Verlassen! Das klingt nach Verlust, Loslassen und Verzicht. Verlassen tut weh. **Doch dasselbe Wort klingt auch nach Zusage, Vertrauen und Gewinn.** Nach: Darauf kannst du dich verlassen.
● Jesus verlässt die himmlische Herrlichkeit. Er macht sich bettelarm. Bis zum Tod am Kreuz. Alles, um unser Leben reich zu machen. Sollten wir ihm etwa vorrechnen, was wir um seinetwillen verlassen haben? Um Himmels willen!
● Müssen wir uns für Petrus „fremdschämen"? Oder legt er frei, was oft insgeheim auch uns bewegt: **„Lohnt sich der Weg in der Nachfolge? Was haben wir davon? In welchem Verhältnis stehen Einsatz und Gewinn?"**
● Eben noch schaut Petrus dem armen Reichen hinterher. Traurig und verlassen zieht der ab. Im Vergleich zu ihm wird man wohl fragen dürfen: „Wie steht's um uns? Wir haben doch alles verlassen. Was kriegen wir dafür?"
● Jesus sagt nicht: „Du bist doch mein Freund, da fragt man doch nicht nach Lohn". Er sagt, worauf wir uns verlassen können. Wie ein festes Siegel drückt er den Seinen Gottes Verheißung aufs Herz. **Ja, es gibt Lohn. Im Übermaß. Hundertfach. Für euch ist zweimal Zahltag. Schon hier und jetzt und in Ewigkeit.** Was für ein Trost für alle, die um Jesu Willen viel lassen müssen. Oft sogar ihr Leben.
● Viel höher als bei den Immobilien schlägt mein Herz bei der **schönsten Zusage: Wir erhalten Heimat- und Familienrecht** (Mk 3,35). Geschenk des Himmels! Neue Schwestern, Brüder und Eltern. Kinder Gottes in einer neuen Familie. Sie sind füreinander da. Ganz nah und weltweit! Kinder Gottes, die mit offenen Türen leben. Die nichts unterlassen, um Menschen zu versorgen und einzuladen: Kommt und seht, wie reich ein Leben wird, das sich auf den himmlischen Vater verlässt!

Was ist für Sie der schönste Lohn der Nachfolge?

Donnerstag, 28. September   **Matthäus 20,1-16**

- Ja, es gibt Lohn für euren Glauben! Sogar doppelten Lohn. Schon in dieser Zeit und erst recht in Ewigkeit! So die feste Zusage Jesu. Doch nun folgt seine nächste Lektion. Herausfordernd und provozierend. Verpackt in einer Firmengeschichte, die wie aus einer anderen Welt kommt. **Unser Verständnis von Leistung und Lohn wird auf den Kopf gestellt.** „Leistung muss sich wieder lohnen"; „keine Großzügigkeit gegenüber Sozialschmarotzern" – so die Parolen der Parteien vor den Wahlen. Klar muss sein, wer viel leistet, kriegt auch viel. Und dann kommen andere kurz vor Toresschluss. Sind die Letzten, und kriegen auch den vollen Lohn? Das ist doch das Allerletzte.

- Die Geschichte, die Jesus erzählt, provoziert bis auf den heutigen Tag. Ob wir spüren: **Hier geht es nicht um unser Gerechtigkeitsempfinden. Hier geht´s um Gottes Gerechtigkeit.** Es geht ums Himmelreich. Das ist gleichsam die Firma Gottes. Da gibt´s als Lohn genug zum Leben. Für die Ersten und die Letzten. Mehr noch: Da gibt´s als Lohn das Leben. **Unwiderruflich macht Jesus klar: Die Lohnverteilung legt der Chef allein fest.** Da hat die „Gewerkschaft des Glaubens" nicht mitzureden. Und das ist gut so!

- Denn uns kommt etwas Befreiendes, etwas Anregendes, etwas Schönes entgegen. **Wir sehen Jesus. Er wendet sich immer zuerst denen zu, die nichts zu bieten haben. Die Kleinsten, Schwachen, Kranken, Armen stehen bei ihm an erster Stelle.** Gerade die, die in unserer Welt hintenanstehen. Und der Sünder neben ihm am Kreuz hört: Es ist nicht zu spät: Heute noch wirst du mit mir im Paradies sein. Das sollen wir alle wissen. **Deswegen kommt es zur vollkommen unverdienten Lohnauszahlung vor aller Augen.**

✎ Was macht es uns so schwer, in unserm Glauben den Leistungs- und Lohn-Gedanken zu überwinden?

Freitag, 29. September — Matthäus 20,17-28

● Zum dritten Mal lenkt Jesus die Blicke seiner Gefährten auf den Weg, der vor ihm liegt. Dieser Weg wird schwer sein. Leid, Spott, Folter und das Kreuz warten auf den Menschensohn! Brennt jetzt die Frage in ihnen, wie sie im Leiden standhaft ihren Platz an der Seite ihres Herrn halten können? Nein. **Sie streiten um die besten Plätze im Himmelreich.** Voran die Söhne des Zebedäus. Jakobus und Johannes. „Donnersöhne" genannt, wohl wegen ihres lautstarken und kämpferischen Charakters. Jesus braucht in seiner Arbeit auch solche leitungsstarken Persönlichkeiten!

● Und nun lässt (nur) Matthäus die Mutter der Söhne kniefällig um die Ehrenplätze bitten! Ob sie vorgeschickt wird, weil die Brüder wissen, wie peinlich ihr Ansinnen ist? Jesus aber nimmt die Bitte behutsam auf. „Wisst ihr, worum ihr bittet?" Der Kelch des Leids wird so bitter sein, dass er selbst seinen Vater bitten wird, er möge an ihm vorbeigehen! (Lk.22,42). Sie aber „donnern" ihr selbstbewusstes: „Ja, das können wir!" raus.

● Jetzt blitzt Ärger bei den anderen auf: „Die wollen sich die besten Plätze sichern. Denken nur an sich!" Und Jesus? Er sagt denen, die sich in schönsten Farben ausmalen, wie es ist, ganz oben zu stehen: „Ich bin nicht zuständig für die Platzverteilung im Reich Gottes. Das hat Gott allein sich vorbehalten." Wer den Ehrgeiz hat, in Gottes Reich Karriere zu machen, hat nicht begriffen, was im Reich Gottes zählt. Darum mahnt Jesus: **„Wahre Größe zeigt sich im Dienen!"** Wie das geht?

> **Wer Stärke hat, gibt mehr als die Schwächeren. Wer viel hat, dient mit dem, was er hat. Wer sich nach vorne gearbeitet hat, setzt sich aus freien Stücken hintenan. Wer viel Liebe hat, teilt sie aus.**

Samstag, 30. September — Matthäus 20,29-34

- Zwei Menschen sitzen am Wegesrand. Blind. Ohne Durchblick und Überblick. Ohne weiten Horizont. Zwei Menschen, die sich damit nicht abfinden können. **So schwach ihre Augen sind, so stark ist doch ihr Wille. Sie wollen Veränderung!** Und da kommt Jesus, der das Leben ändern kann. **Die beiden sind blind, aber mit dem Herzen sehen sie gut:** „Ach Herr, du Sohn Davids, erbarme dich unser!", schreien sie aus Leibeskräften. Aber ihr Schreien trifft erst auf die falschen Ohren. Für die Menge ringsum sind sie bloß ein Störfaktor. Sie nerven nur mit ihrem Geschrei! Man muss sie zum Schweigen bringen. Wie oft erschweren auch heute Christen durch ihr Verhalten anderen, den Weg zu Jesus zu finden?
- Jesus ist auf seinem schweren Weg nach Jerusalem. Er hört das Schreien. Er lässt sich aufhalten. **Er ruft die beiden zu sich. In seine Nähe. Sie sollen selbst sagen, was sie von ihm wollen.** „Herr, dass unsere Augen aufgetan werden!" Das griechische Wort im Urtext meint „dass wir aufblicken" können. Oder: „dass wir auf Augenhöhe" sein können! **So erfahren beide eine Hilfe, die nicht von oben herab kommt. Hilfe, die berührt. Hilfe, die aus einem mitfühlenden Herz kommt.** „Und er berührte ihre Augen; und sogleich wurden sie sehend!" Das Wunder geschieht. Sogleich! Sie gewinnen eine neue Sicht. Einen weiten Horizont. **Ihnen wurde nicht nur das Augenlicht geschenkt. Sie erblickten das Licht für ihren Weg. Das Licht der Welt. Jesus.** Diesem Licht wollen sie folgen.

> *Ich will mir die beiden Menschen als Vorbild nehmen. Ich will hartnäckiger, vertrauensvoller und mutiger sein. Wenn es sein muss, alles auf eine Karte setzen. Jesus kann auch meine Sicht noch verbessern. Schließlich möchte ich die Wunder, die er bereit ist zu tun, nicht verpassen. – Und Sie? Was sagt Ihnen dieser Text?*

Erntedankfest, 1. Oktober — Psalm 104

● **Glücklich, wer staunen kann!** Dieser Psalm leitet uns dazu an: „Herr, wie sind deine Werke so groß und viel!" (V 24). Der Dichter wendet sich an den Gott, der sich seinem Volk bekannt gemacht hat: „Herr, mein Gott, du bist sehr groß" (V 1), und erkennt nun in der **Vielfalt der Schöpfung** seine Größe. Himmel und Erde werden zur Schaubühne von Gottes Herrlichkeit. Wohl dem, der das wahrnimmt und darüber zu staunen beginnt!

● Dieses Lob des Schöpfers erwächst aus dem Hören auf die Schöpfungsgeschichte von 1Mose 1; sie gibt sowohl die Abfolge der einzelnen Werke als auch gewisse Einzelheiten vor.

● Alle Geschöpfe hoffen, dass Gott ihnen all das geben möge, was sie zum Leben brauchen. Gott ernährt sie alle, auch wenn wir nicht begreifen, wie das im Einzelnen vor sich geht.

● Wenn Gott jedoch sein Angesicht abwendet und den Lebensodem wieder einsammelt, dann zerfällt alles „und wird wieder Staub" (V 29). Doch Gottes Schaffen zielt auf Erneuerung: „Du machst neu das Antlitz der Erde" (V 30). Inmitten aller kleinen und großen Katastrophen ist Gott in seiner Welt unermüdlich am Werk: Er bewahrt und erneuert, auch wenn wir das nicht immer sehen können. **Wir können uns mit allem *dem* anvertrauen, der sogar unseren Lebensodem in seinen Händen hält.**

● **Leben heißt in Wahrheit: Unter dem uns zugewandten Angesicht Gottes leben.** Das wird uns im Segenswort aus 4Mose 6 zugesprochen: „Der HERR ... lasse sein Angesicht leuchten über dir und sei dir gnädig". Dieses Angesicht hat einen Namen: Jesus Christus – „Er ist das Ebenbild des unsichtbaren Gottes" (Kol 1,15). **Sein Angesicht aber ist das des Gekreuzigten.** In verborgener Weise spiegelt sich auf ihm Gottes Herrlichkeit (2Kor 4,4): **Er beugt sich zu den Elenden und Verzweifelten herab – genau das ist seine Größe.** Mitten in Elend und Krankheit bläst er seine Ewigkeit hinein – genau darin zeigt sich seine Schöpfermacht.

Montag, 2. Oktober   **Matthäus 21,1-11**

● Rechtzeitig vor Beginn des Passafestes macht Jesus sich auf den Weg nach Jerusalem – so wie viele andere Pilger; Altertumsforscher schätzen, dass es jeweils bis zu 100.000 Festpilger waren, die dann nach Jerusalem strömten – und **damit beginnt die Passionsgeschichte. Denn noch bevor das Fest beginnt, wird Jesus am Kreuz sterben.**

● Aber Jesus will nicht wie all die andern Pilger zu Fuß in Jerusalem einziehen, sondern **er will in die Stadt einreiten.** Nicht hoch zu Ross, wie weltliche Herrscher es zu tun pflegten, sondern auf einem Arme-Leute-Tier, einem jungen Esel. Dabei hat **dieser Ritt eine tiefe symbolische Bedeutung.** Denn schon beim Propheten Sacharja heißt es, dass der kommende Messias auf einem Esel Einzug halten wird (Sach 9,9). **Jesus will den Menschen damit zu erkennen geben, dass er der verheißene Messias ist.**

● Interessant ist, wie Jesus zu dem Esel kommt (V 1-3). Deutlich wird: **Jesus hat den Durchblick und sieht immer schon weiter, als wir Menschen es zu tun vermögen.** Zugleich zeigt diese kleine Szene, dass Jesus auch angesichts seiner bevorstehenden Passion das Heft des Handelns in der Hand behält – so wie auch später bei der Planung des Abendmahls mit seinen Jüngern (Mt 26,17f).

● Beim Einzug Jesu in die Stadt kommt es zu einer **improvisierten Huldigung.** Ein paar schnell vor Jesus ausgebreitete Kleidungsstücke und von den Bäumen abgehauene Zweige als Ersatz für einen feierlich ausgerollten „roten Teppich". **Nicht besonders beeindruckend, aber dann doch ein vielstimmiger, lauter Jubel:** „Hosianna, dem Sohn Davids!" (V 9). Die Begeisterung mag echt, aber offensichtlich nicht von einer tiefen Christuserkenntnis bestimmt sein. Denn auf die Nachfrage von Jerusalemer Bürgern, wer der da auf dem Esel sei, kommt als Antwort: „Das ist Jesus, der Prophet aus Nazareth in Galiläa!" (V 11). Zwischen Davids Sohn (= Messias) und Prophet besteht doch ein großer Unterschied.

Dienstag, 3. Oktober   Matthäus 21,12-17

● Haben wir gestern gelesen, dass Jesus „**sanftmütig**" (V 5; vgl. auch Mt 11,29) auf einem jungen Esel in Jerusalem einreitet, so begegnet uns heute ein Jesus, der **gewaltsam** bei den Geldwechslern und Händlern im Tempel dazwischenfährt, weil sie aus dem Tempel Gottes eine „Räuberhöhle" gemacht haben.

● Man könnte gegen **das rabiate Verhalten von Jesus** zunächst einwenden, dass die Geldwechsler und Taubenhändler im Tempel doch einen wichtigen Dienst wahrnehmen. Schließlich waren Tauben doch das Opfertier armer Leute (Lk 2,24), das sie schlecht als Pilger in einem Käfig durch halb Palästina zum Tempel schleppen konnten. Und die Pilger aus andern Ländern waren froh, im Tempelvorhof bei den dort ansässigen Wechslern ihre fremde Währung in israelische Schekel umtauschen zu können. Aber **Jesus reagiert deswegen so scharf, weil das ganze geschäftliche Treiben, all der Kommerz, verdecken, dass der Tempel ein Ort der Ehre Gottes – ein „Bethaus" – ist** (V 13). Jesus tritt dafür ein, dass im Tempel die Sache Gottes nicht durch äußere Geschäftemacherei verdunkelt bzw. verraten wird.

> ✎ *Zu fragen ist, wo Jesus heute in der Kirche dazwischenfahren müsste, weil sie für alle möglichen Themen und Programme eintritt, darüber aber versäumt, ihr Proprium – die Ehre Gottes und den Glauben an Christus – ins Zentrum zu rücken und so als Kirche Jesu Christi identifizierbar bleibt.*

● Wie schon die Festpilger beim Einzug Jesu in Jerusalem Jesus zujubeln: „**Hosianna dem Sohn Davids!**" (V 9), **so tun dies nun auch mit lauter Stimme die Kinder im Tempel** (V 15). Den entrüstet dagegen aufbegehrenden Hohenpriestern und Schriftgelehrten entgegnet Jesus mit Hinweis auf Ps 8,3, dass dieses Gotteslob aus Kindermund von Herzen kommt, auch wenn dahinter noch keine entsprechende Erkenntnis steckt.

Mittwoch, 4. Oktober Matthäus 21,18-22

● Bei dieser „merkwürdigsten Wundergeschichte" (so Julius Schniewind in Neues Testament Deutsch, NTD; es ist das einzige Wunder Jesu mit einer negativen Wirkung) lohnt ein **Vergleich mit dem Paralleltext in Mk 11,12-14.20-24.**

→ Ist das harte Urteil Jesu über den Feigenbaum, der keine Frucht trägt, bei Mt noch verständlich, so ist es rätselhaft, warum Jesus den Feigenbaum verdorren lässt, wo es doch keine Erntezeit für reife Feigen war, wie Mk ausdrücklich feststellt (Mk 11,13).

→ Verdorrt der Feigenbaum unmittelbar nach dem Urteil von Jesus (Mt 21,19), so finden die Jünger bei Mk den Feigenbaum erst am folgenden Tag verdorrt vor (Mk 11,20).

→ Erstaunlich ist, dass in beiden Textüberlieferungen das Verdorren des Feigenbaumes **verbunden wird mit grundsätzlichen Aussagen Jesu über Wunder, Glauben und Gebet.**

● Glauben – das macht Jesus hier deutlich – ist nicht etwas Unbestimmtes und erschöpft sich weder in einem bloßen Für-wahr-Halten noch in einem allgemeinen Gottvertrauen. **Glaube zeigt sich vielmehr in einem konkreten Vertrauen in Gottes unbegrenzte Macht und wagt daraufhin, im Gebet von Gott das Menschenunmögliche zu erwarten.** „Dabei bezieht sich unser Wort deutlich zunächst auf Jesu eigenes Verhalten. Er, Jesus, ist es, der glaubt und darum erhörlich betet und das Wunder tut" (Julius Schniewind in NTD).

> ✎ *Ich weiß nicht, wie es Ihnen ergeht, wenn Sie lesen, was nach den Worten Jesu für den möglich ist, der „Glauben hat und nicht zweifelt". Ehrlicherweise muss ich mir eingestehen, dass ich von solchem Glauben weit entfernt bin. Aber ich will mich trotzdem von diesem Wort Jesu ermutigen lassen, in meinem Beten Jesus alles zuzutrauen und das mir Unmögliche von ihm erwarten. Und haben Sie und ich in unserm Leben nicht schon größere und kleinere Wunder erlebt?!*

Donnerstag, 5. Oktober   Matthäus 21,23-27

Jesus kehrt in den Tempel zurück, aus dem er zuvor die Händler ausgetrieben und wo er Blinde und Lahme geheilt hat (V 12ff). **Der Tempel bildet die letzte Wirkungsstätte Jesu.** Hier beginnt die entscheidende Auseinandersetzung mit den höchsten Repräsentanten des Volkes: Hohepriestern, Jerusalemer Aristokraten („die Ältesten") und Pharisäern (V 45). Ein Konflikt, der mit Jesu Tod enden wird.

● V 23: Auf dem Hintergrund seines Wirkens sind die Gegner vor allem an der **Frage** interessiert, **aus welcher Vollmacht heraus** er dies tut. Sie stellen seine Macht nicht grundsätzlich infrage (Mt 12,24ff), vielmehr interessiert sie, ob diese von Gott, vom Teufel oder Menschen stammt. Dahinter steht damals wie heute die Frage: Für wen halten wir diesen Jesus? Was trauen wir ihm zu?

● V 24: Anstelle einer einfachen Antwort **reagiert Jesus mit einer Gegenfrage** zum Ursprung der Vollmacht Johannes des Täufers. **Und bringt seine Gegner damit in Verlegenheit.**

● V 25-27: Denn da sie den Aufruf des Täufers zur Taufe der Buße zurückgewiesen hatten (Mt 3,7ff), würden sie sich mit der richtigen Antwort – „vom Himmel" – selbst entlarven und ihren Ungehorsam zeigen. Doch auch die falsche Antwort – „vom Menschen" – wagen sie aus Angst vor dem Volk, das Johannes für einen Propheten hält, nicht zu geben. **Als Ausweg aus dem Dilemma bleibt nur die Heuchelei:** „Wir wissen es nicht." Es verwundert nicht, dass nun auch Jesus ihnen keine Antwort gibt. Es ist eine Besonderheit der Fragen Jesu, dass sie nicht nur theoretisch beantwortet werden wollen, sondern zugleich auf unser ganzes Leben zielen und es mit einbeziehen.

> ✎ *Jesus nicht nur mit Worten zuzustimmen, sondern ihn „von ganzem Herzen, von ganzer Seele und von ganzem Gemüt zu lieben" (Mt 22,37): Wie könnte dies in Ihrem Leben konkret aussehen?*

Freitag, 6. Oktober   Matthäus 21,28-32

Jesus legt seinen Gegnern ein **Gleichnis** vor und bezieht es direkt auf sie (V 32).

● V 28-30: Das Gleichnis handelt von zwei Söhnen. Beide werden vom Vater zur Arbeit in den Weinberg geschickt. Ihre Reaktionen führen zu einem interessanten **Rollenwechsel**: Während der erste Sohn zunächst als der Ungehorsame erscheint, hebt sich der zweite als der „bessere", weil gehorsame Sohn, von ihm ab. Er wirkt besonders „untertänig", redet seinen Vater sogar mit „Herr" an, was eher zu einem Sklaven passt. Doch der Schein trügt; der erste Sohn besinnt sich eines Besseren – „es reut ihn" –, und er geht in den Weinberg, während der „gehorsame" Sohn es beim Lippenbekenntnis belässt und der Arbeit fernbleibt. Deutlich wird: **Was letztlich zählt, sind nicht die beflissenen, frommen Worte, sondern das Tun** (vgl. Mt 7,21).

> *Gute Taten statt frommer Worte. Aber kommt es im christlichen Glauben allein auf unsere Taten an? Oder gehört zum Glauben mehr als das? Was denken Sie? Vgl. Sie dazu Mt 7,21; Röm 1,16f; Gal 2,16; Jak 2,14-17.*

● V 31-32: In ihrer knappen Antwort auf Jesu Frage bestätigen seine Gesprächspartner dies. Und sprechen sich damit zugleich ihr eigenes Urteil, da sie dem Willen Gottes nicht gehorchen wollen. So findet **ein weiterer Rollenwechsel** statt. Sie, die religiösen Anführer des Volkes, rücken nach hinten – die, die „am untersten Rand des damaligen religiösen und ethischen Wertesystems" (Ulrich Luz) stehen, die „Zöllner und Huren", rücken nach vorn und werden den „Oberen" auf dem Weg zum Reich Gottes voraus sein, haben sie doch der Botschaft des Täufers Glauben geschenkt. **Es geht nicht um den Schein, sondern um das Sein – das Sein bei Jesus, bei Gott selbst.** Darum, ob wir bereit sind, seinen Worten Glauben zu schenken und uns, wie im Gleichnis, in den „Weinberg" schicken zu lassen.

Montag, 9. Oktober — Matthäus 22,1-14

- Das Himmelreich ist im Mt ein zentrales Thema der Verkündigung Jesu. Dabei wird diese Botschaft von Jesus häufig in die Form von Gleichnissen „verpackt". So auch hier.
- Alles ist für **die Hochzeit des Königssohns** vorbereitet. Nun werden die Gäste eingeladen. Wer damit gemeint ist, wird klar: Der einladende König ist Gott. Jesus sein Sohn. Die Knechte sind die Jünger. Die eingeladenen Gäste die Juden.
- **Die Eingeladenen** sind mit Arbeit oder anderen Tätigkeiten beschäftigt. Sie **lehnen die Einladung ab,** die für sie offensichtlich nicht bedeutsam genug erscheint.
- **Die Ablehnung ist vehement und kompromisslos:** Einige einladende Knechte werden sogar getötet.
- In einer zweiten Runde werden deshalb „**die Menschen auf der Straße**" eingeladen. Diese nehmen die Einladung dankend an. Als Gäste kommen „Böse und Gute" zusammen. Das scheint kein Problem zu sein. Auch heute kommen in der Gemeinde nicht nur tadellose Menschen zusammen.
- **Einer feiert ohne die entsprechende Festkleidung.** Wie die anderen war er auf der Straße eingeladen worden und besaß sicher kein festliches Gewand. Vermutlich wurde ihm eines beim Empfang angeboten. Er fügt sich jedoch nicht in die Festordnung ein, sondern sieht sich vielleicht nur als Beobachter.
- Die rabiaten Konsequenzen irritieren. **Warum wird dem nicht angemessenen gekleideten Besucher keine Chance gegeben?** Immerhin hat er – anders als die erste Gästegruppe – die Einladung angenommen. Luther nannte die Geschichte deshalb ein „schrecklich" Evangelium. Sie passt so ganz und gar nicht mit dem liebenden Vater zusammen. Das Gleichnis muss auf einen anderen Aspekt hinweisen wollen: **Im Reich Gottes ist kein Platz für passive Zuschauer oder Zaungäste. Es zielt auf Teilhabe.**

Beachten Sie, wie anders bei Lk das Gleichnis erzählt wird: Lk 14,16-24.

Dienstag, 10. Oktober   **Matthäus 22,15-22**

- Eine interessante Allianz bildet sich: Anhänger der Pharisäer tun sich mit Anhängern des von der römischen Besatzungsmacht eingesetzten Regionalkönigs Herodes zusammen und stellen Jesus eine **Fangfrage**.
- Jesus wird als „Rabbi" angeredet. Dies war zu seiner Zeit die respektvolle Anrede für einen Lehrer. Wörtlich: „Mein Lehrer".
- Die Fragenden ehren scheinbar Jesus als solch einen Lehrer. Ihm wird Wahrhaftigkeit attestiert: Er lehre den Weg Gottes. Er achte nicht auf Äußerlichkeiten und lasse sich nicht vom Ansehen der Person leiten (vgl. 1Sam 16,7; Jak 2,1ff).
- Doch den Fragenden wird „Bosheit" (V 18) bescheinigt (Basis-Bibel: Jesus „durchschaute ihre Absicht"). Es gibt Menschen, die sich trotz aller schönen Worte in ihrem Verhalten von niederen Motiven leiten lassen, um andere zu täuschen.
- **Wie hält es Jesus mit der Anerkennung des Kaisers**, der sich im Römischen Reich als Gott verehren lässt? Spricht er sich für die Steuerzahlung aus oder ruft er evtl. zum Widerstand auf? Mit seiner Antwort beweist Jesus große Weisheit. **Er unterscheidet zwischen dem Himmelreich und dem Reich dieser Welt.** Viele Auslegungen in der Kirchengeschichte meinen, dass er damit das Römische Reich als Ordnungsmacht akzeptiert – und damit auch das Recht, von den Bürgern Steuern zu erheben. Andere wie Albert Schweitzer sehen in der Antwort Jesu eher eine Relativierung des irdischen Reiches angesichts des kommenden Gottesreiches.

> *Gebt Gott, was Gottes ist ... Was könnte das für Sie bedeuten? Was ist das Beste, was Sie ihm geben könnten?*

- Jesus hat sich nicht aufs Glatteis führen lassen. Er verblüfft die Zuhörer und weist auf das Wesentliche hin: **Der Kaiser als Repräsentant des Staates kann immer nur eine begrenzte Loyalität erwarten, Gott hingegen unsern unbedingten Gehorsam.** Vgl. Sie dazu auch Apg 5,29.

Mittwoch, 11. Oktober   Matthäus 22,23-33

- Eine neue Gruppe tritt auf: **Die Sadduzäer,** die sich als **aristokratische Elite** von den Pharisäern darin unterscheiden, dass sie z. B. nicht an die Auferstehung der Toten glauben.
- Jesus wird auch von ihnen als Rabbi angeredet. Die Sadduzäer richten sich an ihn mit einer Frage: **Wie kann man sich die Auferstehung vorstellen?**
- Sie entwerfen ein Beispielszenario vor dem Hintergrund der mosaischen Brüderehe. Diese Praxis ist uns heute auf dem Hintergrund des Gedankens der Liebesheirat fremd, sorgte aber in alttestamentlicher Zeit für eine Versorgung der Witwen und hatte damit einen sozialen Hintergrund.
- In dem von den Sadduzäern konstruierten Beispiel soll die **traditionelle Auffassung eines Lebens nach der Auferstehung lächerlich gemacht werden**: eine Frau, die dann mit einem Male nach der Auferstehung mit sieben Männern zugleich verheiratet ist – ein absurder Gedanke! Das kann´s doch wohl nicht sein! Jesu Antwort ist auch für heutige Vorstellungen eines Wiedersehens nach dem Tod interessant: **Das Leben nach der Auferstehung ist nicht einfach eine Neuauflage unseres irdischen Lebens.** Zwar verkündigt auch Jesus die Auferstehung von den Toten, macht aber deutlich, dass es im Reich der Auferstehung **zuerst einmal um die Gottesbeziehung geht** und nicht um die Fortsetzung irdischer Beziehungen, wobei auch **die Geschlechterspannung von Mann und Frau aufgehoben** ist. Menschen werden nach der Auferstehung **wie Engel im Himmel** sein.
- Jesus weist die Vorstellung seiner Gesprächspartner deutlich und klar zurück: „Ihr irrt!". Demgegenüber stellt er seine Lehre, deren Ursprung er klar offenlegt: Dieser liegt in der Schrift, konkret in diesem Fall in einem Wort der Tora, der Grundlage aller rabbinischen Schriftauslegung.
- Jesus weist auf die Kraft (dynamis) Gottes hin (V 29). Wer die Kraft Gottes kennt, dem erschließen sich Verstehenszusammenhänge in einem anderen Horizont.

Donnerstag, 12. Oktober   **Matthäus 22,34-46**

Die Gespräche gehen weiter. Diesmal tritt aus der Gruppe der Pharisäer ein Gesetzeslehrer auf und **fragt nach dem höchsten Gebot.**

● Jesus zitiert das „**Schema Jisrael**", **das jüdische Glaubensbekenntnis** (5Mose 6,5): „**Gott lieben von ganzem Herzen, von ganzer Seele und von ganzem Gemüt**". Diesem stellt er das **Gebot der Nächstenliebe** mit einem Zitat zur Seite (3Mose 19,18).

● **Gottesliebe durch Nächstenliebe.** Diese Thematik beschäftigt den Evangelisten Matthäus intensiv. Nur drei Kapitel später nimmt er das Jesuswort vom Weltgericht mit auf in seine Erzählungen: Was ihr einem dieser Geringsten (den Hungrigen und Durstigen, Fremden, Nackten, Kranken und Gefangenen) getan habt, das habt ihr mir getan (Mt 25,31-46). **Nächstenliebe ist von Gottesliebe nicht zu trennen.**

> *Gottesdienst und Menschendienst gehören zusammen. Wie zeigt sich das in Ihrem Leben?*

● Der zweite Teil des Textes beschäftigt sich mit der Frage nach dem Messias, dem Christus, den Gesalbten Gottes. **Diesmal ergreift Jesus die Initiative.** Er fragt nach der Herkunft des Messias und die Anwesenden antworten schulbuchgemäß: „Er ist ein Sohn Davids." Jesu Nachfrage, warum David den Messias dann in Psalm 110,1 „Herr" nennt, wenn dieser gleichzeitig doch sein Sohn sei, verwirrt sie.

● Die Leserinnnen und Leser des gesamten Evangeliums dagegen haben einen **Verstehensschlüssel: Indem ein Nachkomme Davids von Gott zum Herrn erhöht wird, kann David diesen auch im Geist Herrn nennen.** Von der Gottessohnschaft des Davidsohns hatte Matthäus bereits zuvor berichtet (Mt 1,1; 3,17; 12,23; 17,5). Für die Pharisäer ist dies außerhalb ihres Verstehenshorizontes. Sie gehen von einem weltlichen Messias in der Tradition des Königs David aus. Matthäus malt den Lesenden Jesus dagegen als Davidsohn *und* Gottessohn vor Augen.

Freitag, 13. Oktober   Matthäus 23,1-22

● In einer weiteren Rede geht Jesus auf das Verhalten der Schriftgelehrten und Pharisäer ein. Das in den meisten Übersetzungen verwendete Wort „Heuchler" (V 13) kann auch mit „Schauspieler" oder „Scheinheilige" (so die BasisBibel) übersetzt werden. Die angesprochenen Themen dienen der **Schärfung der ursprünglichen und authentischen jüdischen Lehre.**

● Besonders in Blick genommen wird die Tatsache, dass die **Schriftgelehrten und Pharisäer** zwar das Richtige lehren, sich im eigenen Leben aber nicht daran halten. **Worte und Taten stimmen nicht überein.**

● **Kritisiert wird auch das Gehabe um Titel** wie Rabbi, Vater oder Leiter. Stattdessen fordert Jesus seine Jünger auf, sich als Geschwister und Diener zu sehen. Das ist auch unter ihnen keine Selbstverständlichkeit. Auch sie haben zuvor bereits über die Frage diskutiert, wer der Größte unter ihnen sei (Mt 18,1ff).

● Jesu Botschaft steht in der Tradition der hebräischen Schriften, die Gottes Gerechtigkeit thematisieren und Menschen zum gerechten Leben aufrufen: **Eine dienende Haltung wird ihren Lohn haben, denn Gott wird sie bestätigen.**

✎ Wo erleben Sie heute die Kluft zwischen Worten und Taten in der christlichen Gemeinde und/oder in der Gesellschaft bzw. Politik?

● Jesus hebt ab V 13 zu **sieben Weherufen** an, die sich darauf beziehen, dass die Pharisäer und Schriftgelehrten durch ihre auf äußere Formen bedachte Auslegung **Menschen vom Zugang zum Glauben ausschließen.** Zu allen Zeiten gilt: Wer sich an äußeren Formen festklammert, verliert leicht den Inhalt aus dem Blick.

● Zur Zeit Jesu wurden viele Aussagen durch eine **ausgiebige Schwurpraxis** unterstrichen, weil oft das einfache Wort bzw. Versprechen nicht viel zählte. Jesus nimmt diese Praxis aufs Korn. **In der Bergpredigt lehnt er das Schwören grundsätzlich ab** (Mt 5,33f).

Samstag, 14. Oktober **Matthäus 23,23-39**

● Die **Weherufe Jesu gegen die Pharisäer** sind heftig. In der Kirche wurde damit im Laufe der Geschichte fatalerweise ein antijudaistisches Denken begründet. Dabei wurde übersehen, dass **prophetische Gerichtsrede zwar schonungslos, aber mit der Hoffnung auf Umkehr der Gescholtenen verbunden** ist. Das ist so bei der Gerichtspredigt der Propheten des Alten Bundes, aber ebenso auch bei lau bzw. abtrünnig gewordenen christlichen Gemeinden, wie z. B. in den Sendschreiben an die sieben Gemeinden in der Offenbarung (z. B. Offb 3,14ff).

● Die in der Tendenz immer ausführlicher und damit intensiver werdenden Weherufe Jesu schärfen den Blick für das Wesentliche: **Im Leben kommt es auf Recht, Barmherzigkeit und Glauben** (V 23) **und innere Reinheit** (V 27-28) **an.**

● Die V 29-36 vergleichen die Pharisäer und Schriftgelehrten mit den Verfolgern der Propheten, die verstockt für ihre Botschaft waren. Einmal mehr ordnet Jesus sein Wirken in den Zusammenhang der Bundesgeschichte Gottes mit Israel ein.

● **Die Weherufe enden ohne Eröffnung einer positiven Perspektive.** Das ist schwer auszuhalten, denn wir sehnen uns immer wieder nach einem versöhnlichen Ende. Doch prophetische Rede ist stets nüchtern an der Wirklichkeit orientiert. Wo es nichts zu beschönigen gibt, zählt nur noch ein echter Neuanfang.

● Doch selbst im Gerichtswort schimmert im **Bild von der Henne und ihren Küken immer noch Gottes Güte und Zuneigung** gegenüber seinem Volk durch (V 37).

● Auch die doppelte Anrede „Jerusalem, Jerusalem" kann als **ein Stoßseufzer Jesu** über die geliebte Stadt gedeutet werden.

● Vor dem Neuanfang steht aber erst einmal die Katastrophe: V 38 spielt auf **die Zerstörung des Tempels** nach der Eroberung Jerusalems durch die Römer 70 n. Chr. an. Mit dem letzten Satz blickt Jesus aber voraus auf das Gottteslob der Gemeinde bei seiner machtvollen Wiederkunft.

Sonntag, 15. Oktober Psalm 119,9-16

● Erinnern Sie sich an die Bibellese des letzten Sonntags? Jeweils acht Verse von Psalm 119 ergeben eine Strophe mit einem besonderen Thema. Was ist heute dieses Thema?
● V 9 führt auf eine Spur. Offensichtlich ist der Autor selbst ein junger Mann und weiß, dass es eine knifflige Zeit ist. Schließlich gibt es viele Entscheidungen zu treffen. Was soll da richtig sein? Wir stehen heute vor einer unübersehbaren Flut von Ideen, Angeboten, Ratgebern und Meinungsmachern. Wie entdeckt man im Vielerlei Gottes Wegweiser? Wie hält man an seinem Wort fest?

> ✎ *Entdecken Sie im Text die praktischen Tipps und überlegen Sie, wie sie sich umsetzen lassen!*

● Hier ein paar Ideen:
→ V 10: **Gottes Nähe suchen**, d.h. sich Zeit nehmen fürs Bibellesen, für einen Bibelgesprächskreis, fürs Hören hilfreicher Vorträge und Podcasts und für den Gottesdienst.
→ V 11: **Bibelworte im Herzen behalten**, d.h. sie auswendig lernen und meditieren, sie in Fragen und Zweifeln prüfen, aber auch gegen Leichtfertigkeit und Spott in Schutz nehmen.
→ V 13.15: Über Gottes Worte reden, d.h. anderen davon erzählen, Gottes Gedanken miteinander diskutieren, nach der praktischen Umsetzung fragen, sie heute lebendig werden lassen.
→ V 14.16: sich freuen, d.h. **im Leben anderer entdecken, was Gottes Wort bewirkt,** dafür danken, mal ein Lied dazu schreiben oder eines singen.
● Ein Gedanke zum Schluss: Mich überrascht, dass sich ein junger Mensch mit diesen Fragen beschäftigt. Das ist ungewöhnlich. Woher kommt seine Begeisterung? Warum will er sich so tief in Gottes Wort verankern? Er muss gute Vorbilder haben und hat sicher schon selbst Erfahrungen mit seinem Gott gemacht. Jedenfalls eröffnet sich für ihn **ein Weg, den er gerne und „von ganzem Herzen"** (V 10) **gehen will,** ein Weg mit Zukunft und Verheißung.

Der Brief des Jakobus

Jak ist kein klassischer Brief, sondern eine ermahnende Lehrschrift mit brieflicher Einleitung, eine Sammlung von Weisheitssprüchen und Aufrufen zu tätigem Glauben. Ein klarer Gedankengang fehlt. Die 108 Verse enthalten 54 Imperative. Jak ruft eine lau gewordene Christenheit (= zwölf Stämme) in der Zerstreuung (1,1) zu gelebtem Glaubensvollzug auf. Gottes Heilshandeln wird nicht erwähnt, der Name Jesus Christus kommt nur zweimal vor (1,1), seine Botschaft ist aber vorausgesetzt. Viele Mahnungen erinnern an die Seligpreisungen und Weisungen der Bergpredigt.

Jakobus kämpft nicht gegen Paulus, wie oft gemeint, sondern gegen einen missverstandenen Paulus. Er warnt vor „billiger Gnade" (D. Bonhoeffer) und einem Glauben ohne Folgen. Auch für Paulus zählt nur ein „Glaube, der durch die Liebe tätig ist" (Gal 5,6). Jak greift nicht die paulinische Rechtfertigungslehre an, sondern ein Überzeugungschristentum ohne praktische Konsequenzen, eine tote Rechtgläubigkeit, ein lahmes Gewohnheitschristentum.

Bei der praktischen Verwirklichung des Glaubens setzt Jak folgende Akzente: Eintreten für die Armen (2,1-13), Anklage gegen die Reichen ohne soziale Verantwortung (5,1-6), Hinweis auf die Macht der Zunge (3,1ff), Warnung vor übler Nachrede und falschem Sicherheitsdenken (4,11-16).

Paulus und Jakobus wenden sich an unterschiedliche Adressaten, deshalb die verschiedene Terminologie: Was Jak „Werk" nennt, heißt bei Paulus „Frucht" (Jak spricht nie von „Gesetzeswerken"). Auch Paulus erwartet „Glaubensgehorsam" (Röm 1,5). Jak fordert auf, Hörer und „Täter des Worts" zu sein (1,22); er sieht den Glauben im Werk vollendet (2,22). Jesus sagt: „Wer meine Rede hört und tut sie nicht, der gleicht einem ... Mann, der sein Haus auf Sand baute" (Mt 7,26).

Trotz starkem Alltagsbezug ist keine konkrete Gemeindesituation zu erkennen. Irrlehrer oder Verfolgungen werden nicht erwähnt.

Montag, 16. Oktober Jakobus 1,1-12

● Als **Verfasser des Briefes** bieten sich aus dem NT gleich fünf Personen mit dem Namen Jakobus an (Mt 10,2.3; Mk 15,40; Lk 6,16). Mit der Mehrzahl der Ausleger möchte ich mich für den **Herrenbruder Jakobus** entscheiden. Der stand zwar anfangs mit zweifelnder Ablehnung seinem Bruder Jesus gegenüber (Mk 3,21.31-35), bekehrte sich aber spätestens nach einer Erscheinung des Auferstandenen zu ihm (1Kor 15,7) und spielte schon bald in der jungen Gemeinde neben Petrus eine wichtige Rolle und genoss hohe Autorität. Als strenger Judenchrist gab er auf dem Apostelkonzil seine Zustimmung zur gesetzesfreien Heidenmission von Paulus (Apg 15).

● V 1: Als **Adressaten des Briefes** nennt Jakobus „die 12 Stämme in der Zerstreuung". Es sind damit nicht nur Diaspora-Juden gemeint, sondern **Christen, die in dieser Welt wie Fremde leben** (vgl. 1Petr 1,1).

● V 2-4.12: Der Brief beginnt sogleich mit einem **Paukenschlag: Die Empfänger sollen „sich freuen, wenn sie in mancherlei Anfechtungen fallen"**. In der BasisBibel klingt es etwas freundlicher: „... wenn euer Glaube auf die Probe gestellt wird." Offensichtlich erkennt Jakobus in Anfechtungen etwas für Christen Heilsames, denn sie bewahren vor falscher Sicherheit im Glauben und zielen darauf ab, sich noch entschiedener an Jesus zu hängen. Martin Luther: **„Nur die Anfechtung lehrt, wer Christus wirklich ist."**

● V 6-8: **Zweifler im Glauben haben bei Jakobus schlechte Karten:** Sie werden von ihm als unbeständig und von Meereswellen hin und her Getriebene getadelt. Es ist gut zu wissen, dass Jesus da auch mit Zweiflern wie z.B. Thomas barmherziger umgeht (Joh 20,24-29; Jud 22).

● V 9-11: Erstmals ergeht im Jak **eine Mahnung an die Reichen**, die davor gewarnt werden, sich nicht für etwas Besseres zu halten und stets gegenwärtig sind, dass auch sie mit ihrem Reichtum einmal hinfällig werden und sterben müssen.

Dienstag, 17. Oktober   **Jakobus 1,13-18**

● V 13: Hatte Jakobus in den Versen zuvor in der „Anfechtung" das erfreuliche Zeichen zur Bewährung des Glaubens angesehen, so schreibt er jetzt von einem „versucht werden zum Bösen". **Auffällig ist, dass er dabei beide Male für „Anfechtung" wie „Versuchung" dasselbe Wort (griech. „peirasmos") verwendet.** Auf die Frage „Woher kommt die Anfechtung bzw. Versuchung?" geht es Jakobus offensichtlich darum, an der Verantwortung der Christen für ihr Tun und Lassen festzuhalten. **Indem er klarstellt, dass die Versuchung zum Bösen nicht von Gott kommt, kann der Christ nicht Gott (aber auch nicht dem Bösen!) die Schuld für sein Versagen in die Schuhe schieben.**

● V 14f: Jakobus macht klar: **Wir sündigen nicht einfach automatisch.** Am Anfang steht das Verlangen, die Lust bzw. Begierde. Werde ich mit ihr liebäugeln, kokettieren, mich ihr hingeben – oder werde ich widerstehen, mich ihr verweigern und sie als Angriff auf den Herrschaftsanspruch Jesu auf mein Leben bekämpfen? – „Danach wenn die Begierde empfangen hat" ... **Bevor es zur konkreten Sünde kommt, hat eine Identifikation stattgefunden, ein Einswerden mit dem Gegenstand der Begierde.** Aber das muss nicht so sein. Vgl. Luthers treffendes Wort: „Dass die Raben um deinen Kopf flattern, kannst du nicht hindern. Wohl aber, dass sie ein Nest auf deinem Kopf bauen!"

> ✎ *Wie passt die Aussage von Jakobus zu der Bitte des Vaterunsers: „... und führe uns nicht in Versuchung"? Wäre es nicht zutreffender, wenn es hieße: „... bewahre uns in der Versuchung"?*

● V 17: Adolf Schlatter interpretiert den Vers so: *„Nur Gutes und alles Gute gibt uns Gott".* Was Gott uns gibt, widerstreitet oft unserer Vorstellung einer guten Gabe. Doch spätestens am Ende unseres Lebens werden wir feststellen: „ER hat es alles wohl gemacht!"

Mittwoch, 18. Oktober — Jakobus 1,19-27

● Mit V 19 beginnt eine Spruchreihe, bei der es um praktische Lebensfragen geht. Der literarischen Gattung nach ist **V 19 ein Weisheitsspruch, der eine Lebensregel für unser menschliches Miteinander enthält.** Die Regel enthält ein Dreifaches:

→ **Rasche Bereitschaft zum Hören.** Mit dem Zuhören tun wir uns oft schwer, und so kommt es häufig dazu, dass wir aneinander vorbeireden. Unser Urteil über einen anderen steht dann fest, ohne uns zuvor ernsthaft darum bemüht zu haben, ihn zu verstehen.

→ **Bedächtiges Reden.** Wir reden oft spontan „aus dem Bauch" heraus, ohne unsere Worte und ihre Wirkung auf andere abzuwägen.

→ **Seine Affekte unter Kontrolle halten.** Wut und Zorn sind schlechte Ratgeber, wenn ein Gespräch gelingen soll.

● V 22-24: **Täter des Worts zu sein: Das ist ein zentrales Anliegen des ganzen Jak.** Selbstkritisch müssten wir uns fragen: Wie viele Andachten, Predigten und Vorträge hören wir, ohne dass sie uns dazu veranlassen, das Gehörte in die Tat umzusetzen? Wie häufig begnügen wir uns mit dem Seufzer: „Eigentlich müsste man jetzt" …, ohne dass daraus aber ein entschlossenes Handeln folgt? Jakobus sagt: Wir vergessen, wer wir sind und was unser Leben ausmacht, wenn unser Hören folgenlos bleibt.

> ✎ *Ähnlich kritisiert Jesus die fehlende Bereitschaft zum Tun in Lk 6,46.*

● V 26: Noch einmal kommt Jakobus darauf zu sprechen, dass wir unsere **„Zunge im Zaum halten" sollen**; ein Thema, das ihn später noch intensiver in Kap. 3 beschäftigen wird.

● V 27: **Der angemessene Gottesdienst** findet nicht nur sonntags zwischen 10 und 11 Uhr in der Kirche statt, sondern ebenso im Alltag – da, wo wir uns der Not anderer annehmen und nicht einfach angepasst an den Zeitgeist in der Masse mitschwimmen. Ganz ähnlich interpretiert Paulus den „vernünftigen Gottesdienst" in Röm 12,1f.

Donnerstag, 19. Oktober   **Jakobus 2,1-13**

● V 1: Dass wir den Glauben „von allem Ansehen der Person freihalten" sollen, ist eine **Mahnung, sich nicht von unangebrachter bzw. ungerechter Parteilichkeit bestimmen zu lassen** – etwa, indem wir jemand nur aufgrund seiner sozialen Stellung, Herkunft oder Bildung bevorzugen oder benachteiligen.

● V 2-4: Um seine Mahnung zu veranschaulichen, führt Jakobus **ein Beispiel** an. Da in den Gemeinden damals fast ausschließlich einfache Leute vertreten waren (1Kor 1,26-28), kann man sich gut vorstellen, dass man einem Reichen, der in der Gemeinde auftauchte, mit besonderer Ehrerbietung begegnete. Einen Armen in einfachen Kleidern würde man wohl ganz anders behandeln. Aber das ist nicht recht, schreibt Jakobus.

> *Aber wie ist das bei uns heute? Sind wir nicht weithin eine Gemeinde des bürgerlichen Mainstreams? Wo finden bei uns die eine Heimat, die Jesus damals besonders im Blick hatte? Heute wären das vielleicht alleinerziehende Mütter, Hartz-IV-Empfänger, Menschen mit psychischen Erkrankungen, Flüchtlinge ....*

● V 8-12: Mit dem „königlichen Gesetz" meint Jakobus das Gebot der Nächstenliebe. Wer mein Nächster ist, dem meine Liebe gelten soll, kann ich mir nicht aussuchen. Daher verstößt der, der Menschen nach der Person ansieht, gegen das Gebot der Nächstenliebe. Und wenn er sonst alle Gebote beachten würde und sich nur an dieser einen Stelle anders verhält, so übertritt er damit das ganze Gebot.

● V 13: Man könnte den Schlusssatz so verstehen, dass wir einmal im Gericht vor Gott dadurch bestehen, dass wir andern gegenüber barmherzig waren. Fritz Grünzweig schreibt dazu: „Wir können und müssen uns die Seligkeit nicht verdienen. Durch Gottes Gnade und Barmherzigkeit wird sie uns geschenkt. Doch das Gericht wird erbarmungslos gegen den ergehen, der gegenüber anderen kein Erbarmen bewiesen hat."

Sonntag, 22. Oktober — Psalm 119,17-24

● **Wer in Gottes Wort zu Hause ist, fühlt sich bisweilen fremd in dieser Welt.** So könnte man das Thema dieses Abschnitts überschreiben. Wenn Gott redet, dann regt sich Widerstand.

● Der Gipfel ist wohl, was in V 23 angesprochen wird: **Der, der Gott gehorsam ist, kommt mit dem Staat in Konflikt. Für autoritäre Regime,** wie sie damals normal waren, ist es eine Herausforderung, wenn ihnen widersprochen wird, verbal oder praktisch.

● Davon abgesehen werden „**die Stolzen**" genannt (V 21f), die von den Geboten abirren. Für sie ist der Glaube überholt, engstirnig, fanatisch. In vielen Varianten wird auch heute von Freunden, Familie, Literatur und öffentlicher Meinung oftmals signalisiert, dass mit dem Glauben an einen lebendigen Gott heutzutage kein Blumentopf mehr zu gewinnen ist.

● Das alles führt dazu, dass sich der Beter **wie ein Fremder fühlt** (V 19), d.h. an den Rand der Gesellschaft gedrängt, ohne Einfluss oder einfach wie aus einer anderen Welt. Sollte es sich tatsächlich um einen jungen Menschen handeln (V 9), dann ist die allgemeine Ächtung besonders schlimm.

> ✎ *Lesen Sie den kleinen Abschnitt noch mal und achten Sie darauf, wie der Psalmbeter reagiert. Wie begegnet er dem Eindruck, gerade durch das, was ihm lieb ist, isoliert zu sein? Welche Überzeugung unterstützt ihn auf seinem Weg?*

● Einerseits erschließt sich das Wunderbare an Gottes Wort nicht von selbst. Wenn Gott selbst die Bedeutung seiner Worte nicht erschließt, dann bleiben sie verborgen (V 19). Ein Gebet ist der Schlüssel, um zu verstehen und in die Tiefe vorzudringen. Die BasisBibel übersetzt V 18: „**Öffne mir die Augen, so sehe ich die Wunder, die durch deine Weisung geschehen.**"

● Andererseits bleibt der junge Mann überzeugt: Gott zuzuhören und ihm zu vertrauen ist kein Luxus, kein „nice to have", daran hängt das Leben (V 17). Und das ist wahrlich kostbar.

Montag, 23. Oktober — Jakobus 3,13-18

● V 13: Woran zeigt sich **menschliche Weisheit und Klugheit**? Für Jakobus jedenfalls nicht in intellektuellem Vermögen oder umfänglichem Schulwissen. Ihm geht es vielmehr um eine **Lebensklugheit, die sich in unserm Lebenswandel und in der Art unseres Umgangs untereinander zeigt.**

● V 14-16: Woher rühren Neid und Streit, die oft genug unsere Beziehungen untereinander belasten und vergiften? Offensichtlich daher, dass jeder rechthaberisch nur auf seinen Vorteil bedacht ist und sich über die berechtigten Interessen und Anliegen anderer hinwegsetzt. Ein Magazin fragte kürzlich in einer Titelgeschichte **„Sind wir eine Gesellschaft von Ichlingen geworden?"** Sind heute weniger die Hände, die man dem andern einladend entgegenstreckt, typisch für unsern Umgang miteinander als die ausgefahrenen Ellenbogen, mit denen man den andern beiseiteschiebt? Jakobus sieht in solchem Verhalten nicht nur einen Mangel an Respekt und Wertschätzung. Sein Urteil lässt an drastischer Schärfe nichts zu wünschen übrig: „Es ist irdisch, menschlich und teuflisch" sowie „Unordnung und lauter böse Dinge".

● V 17: Die **„Weisheit von oben"** zeigt sich für Jakobus in einem von Aufrichtigkeit, Friedfertigkeit, Güte, Korrekturbereitschaft, Barmherzigkeit, Objektivität und Wahrhaftigkeit geprägten Lebensstil.

> *Das ist schon ein umfangreicher Katalog im Blick auf unsere Beziehung zu anderen Menschen. An welchen Stellen dieses Katalogs sehen Sie für sich noch einen Lernbedarf?*

● V 18: Aber dieser Lebensstil hat **fruchtbare Auswirkungen** auf die Umgebung – insbesondere was das friedliche Miteinander anbetrifft. Johannes Schneider in Neues Testament Deutsch: „Die durch die göttliche Weisheit gewirkte Lebensführung bringt allen, die durch ihr sittliches Bemühen den Frieden schaffen, reichen Gewinn in Zeit und Ewigkeit."

Donnerstag, 26. Oktober   **Jakobus 5,1-6**

● Schon einmal hatte Jakobus Reichtum bzw. Reiche zum Thema seines Briefes gemacht (Kap. 2,1ff). Diesmal geht es um **ein scharfes Gerichtswort über die Reichen von geradezu prophetischer Wucht**. William Barclay schreibt dazu in seinem Kommentar: „In keinem Buch wird mit solcher Brisanz und Dynamik von sozialen Missständen und sozialer Ungerechtigkeit gesprochen. In keinem Buch sind sich die Verfasser so brennend bewusst, welch eine schreckliche Übertretung des Gesetzes Gottes und des göttlichen Willens die Kluft zwischen Reichtum auf der einen und Armut auf der anderen Seite darstellt."

● V 1-3: Sicher hat Jakobus hier ungläubige Reiche im Blick, die dem christlichen Glauben gegenüber feindlich eingestellt sind. Ihnen kündet Jakobus das schonungslose Gericht an. Dabei weist er zunächst auf **die Unbeständigkeit irdischer Schätze** hin. Natürlich weiß auch Jakobus, dass Silber und Gold nicht verrosten können. Aber er will auf diese Weise veranschaulichen, dass selbst die kostbarsten und unzerstörbar erscheinenden Dinge für den Besitzer irgendwann einmal völlig wertlos werden. Denn was nützt dem Menschen aller Reichtum, wenn er lebensbedrohlich erkrankt, sein Land mit Krieg überzogen wird – oder es ans Sterben geht?

● V 4-6: Das Gericht ergeht aber nicht nur über die Reichen, weil sie ihr Leben auf dem trügerischen Reichtum aufgebaut haben, sondern weil ihr Reichtum sie **auch zu brutaler Ausbeutung ihrer Arbeiter und zu maßloser Schwelgerei verleitet** hat. Der Gipfel ihrer Ungerechtigkeit und Bosheit zeigt sich darin, dass sie nicht einmal vor Mord und Totschlag gegenüber dem armen Gerechten zurückschrecken, der ihnen wehrlos ausgeliefert ist.

✎ Enthält dieser Text für Sie auch eine kritische Anfrage an unsern Reichtum und den Umgang mit den Armen in dieser Welt?

Freitag, 27. Oktober   Jakobus 5,7-12

● „Geduld" – so lautet das bestimmende Wort in unserm Text. Jakobus ist es **ein wichtiges Anliegen, die Empfänger zu größerer Geduld zu ermutigen und sich darin wechselseitig zu bestärken.** Nun ist Geduld keine Eigenschaft, die uns bereits in die Wiege gelegt ist. Von Natur aus neigen wir wohl alle viel eher zur Ungeduld. Und das besonders in einer Zeit, die uns mit ihren Werbebotschaften und Versprechen ständig vorgaukelt, dass kein Warten und keine Geduld mehr nötig sind, weil sich unsere Wünsche und Hoffnungen postwendend erfüllen lassen. Wir leben in einer Zeit, die Sofortbefriedigung auf ihre Fahnen geschrieben hat.

● V 7f: Jakobus geht es in erster Linie um **die Geduld bei der Erwartung der Wiederkunft Jesu.** Es ist übrigens das einzige Mal, dass Jakobus eins der zentralen Heilsereignisse zum Thema in seinem Brief macht. Weder ist bei ihm von der Geburt Jesu, seinem Leiden, Sterben und Auferstehen die Rede als allein von seiner Wiederkunft. Weil diese Wiederkunft in der jungen Gemeinde in naher Zukunft erwartet wurde, erforderte das Ausbleiben dieses Ereignisses eine gehörige Portion Geduld.

● Jakobus begründet seine Aufforderung zur Geduld mit der **Erfahrung aus der Landwirtschaft.** Da kann der Bauer nicht heute säen und morgen bereits die Ernte einfahren. Nein, es braucht Zeit, bis das Samenkorn zur vollen Ähre heranreift. Wollen wir als Christen in dieser Welt zuversichtlich leben und dabei die Hoffnung auf den wiederkommenden Herrn nicht aufgeben, dann geht das nur mit Ausdauer und Geduld. Denn wir sind mit unserm Leben in einen **Spannungsbogen von Erwartung und Erfüllung** hineingenommen. Schon jetzt können wir befreit aufatmen, weil Jesus uns durch seinen Tod und seine Auferstehung mit Gott versöhnt hat. Aber noch warten wir auf das versprochene Erbe, die Teilhabe am Leben in Gottes Herrlichkeit. Die Auszahlung dieses Erbes aber wird eingeleitet durch die Wiederkunft Jesu.

Samstag, 28. Oktober Jakobus 5,13-20

● Nachdem Jakobus oft recht scharfe Töne angeschlagen hat, findet er **zum Schluss geradezu seelsorglich einfühlsame Worte.** Dabei spielt **das Gebet eine herausragende Rolle:** Allein siebenmal kommt das Wort „Gebet" bzw. „beten" in unserm Text vor.

● V 13: Angesichts von erfahrenem Leid verstummt oft das Gebet – etwa aus einer inneren Vorwurfshaltung Gott gegenüber („warum hat Gott das nur zugelassen?"). Jakobus rät: **Lass gerade im Leid den Kontakt zu Gott nicht abbrechen** und wenn dir Gottes Güte zweifelhaft geworden ist, dann klage ihm dein Leid! Umgekehrt gilt: **Wem es im Leben gut geht, soll dies nicht als selbstverständlich ansehen, sondern Gott für die erfahrene Güte preisen** (Ps 103,2).

● V 14f: **Das Gebet mit und für Kranke ist ein weiteres Anliegen von Jakobus.** Seine Aussage „Das Gebet wird dem Kranken helfen, und der Herr wird ihn aufrichten" ist **seelsorglich nüchtern,** weil er mit dieser Formulierung kein Blanko-Versprechen einer durch die Fürbitte garantierten Heilung abgibt. Gott kann es schenken und vermutlich haben die Empfänger des Briefes es im Leben auch schon erfahren dürfen. Aber selbst wenn Gott dem Kranken keine Genesung schenkt, so wird ihn das Gebet der Geschwister dennoch stärken und darin gewiss machen, dass er mit seiner Krankheit bei Gott geborgen ist.

● V 16: Auch wenn uns die **Praxis der persönlichen Beichte fremd geworden** ist, so wäre doch schon viel gewonnen, wenn **in unsern Gemeinden ein Klima wechselseitiger Vergebungsbereitschaft herrschen würde,** wo Gemeindeglieder den Mut haben, eigene Fehler und Schuld voreinander einzugestehen und den Bruder bzw. die Schwester um Vergebung bitten.

● V 19f: Auch wenn **das Bemühen um die Rückgewinnung eines vom rechten Weg abgekommenen Mitchristen** oft erfolglos bleibt, so sollten wir ihn doch nicht als für immer verloren abschreiben, sondern ihn wissen lassen, dass die Türen zu unserer Gemeinde für ihn offenbleiben.

Sonntag, 29. Oktober **Psalm 19**

● Auf den ersten Blick scheint der Psalm aus zwei willkürlich zusammengestellten Teilen zu bestehen: Erst geht es um die **Schöpfung** (V 1-7) und dann um **Gottes Gesetz und Wort** (V 8-15). Aber so weit sind diese beiden Bereiche nicht voneinander entfernt. Gottes Schöpfung und sein Wort, das sind die beiden Wege, auf denen er sich offenbart. So geheimnisvoll Gott ist, man kann ihm begegnen.

● In grandiosen Bildern beschreibt der Psalm, wie sich die unterschiedlichen Naturphänomene von Gottes Größe erzählen. Tatsächlich können Gestirne, Pflanzen und Tiere nicht anders, als Gott zu loben – in Ps 96,11-13 werden sie sogar in bildhafter Sprache aufgefordert, sich zu freuen und zu jubeln. Es lohnt sich, z. B. auf einem Spaziergang an einer besonders schönen Stelle sich Zeit zu nehmen und auf ihren Lobpreis zu hören.

● Vollkommen, gewiss, rein und kostbar – wer Gottes Wort so charakterisiert, der muss gute Erfahrungen damit gemacht haben. Denn andere Meinungen gibt es genug: Kann man sich darauf verlassen? Gibt es nicht zu viele Widersprüche? Passt es noch in unsere Zeit? Man könnte der Heiligen Schrift also auch andere Attribute geben.

> *Treffen die in V 8-12 genannten Eigenschaften Ihre Erfahrung mit dem Wort Gottes oder fallen Ihnen eher andere Bilder ein?*

● Ob in der Schöpfung oder in seinem Wort, **Gott spricht.** Er spricht uns an. Deshalb zeigen seine Worte auch Wirkung. Sie ermutigen, trösten, klären und machen weise (V 8f). Dass Gott redet und nicht schweigt, sagt auch etwas über ihn selbst aus. Er will mit uns ins Gespräch kommen. Glauben ist keine Einbahnstraße. So wie er hört, wartet er auf unser offenes Ohr.

Das Buch Hiob

„Gott, der Schöpfer und Erhalter des Himmels und der Erden, hatte sich, indem er die Gerechten mit den Ungerechten gleichem Verderben preisgab, keineswegs väterlich bewiesen ..." – so stellte Johann Wolfgang von Goethe angesichts des verheerenden Erdbebens von Lissabon fest, dem im Jahr 1755 ca. 100.000 Menschen zum Opfer fielen. Und warum wurden die Kathedralen und Kirchen zerstört, während die berüchtigten Vergnügungsviertel mit ihren Bordellen unbeschadet blieben, wenn Gott die Bösen straft und die Guten segnet? Und wie konnte ein liebender Gott so etwas überhaupt tun oder auch nur zulassen?

Diese Fragen erschütterte damals die Geisteswelt Europas. Wo ist Gott, wenn Unschuldige leiden? Was ist überhaupt die Ursache des Leides? Und sie sind zeitlos. Sie wurden bereits im Buch Hiob diskutiert und stellen sich bis heute.

In der Weisheit des Alten Testaments (vgl. Einleitung zu den Sprüchen) gibt es einen Zusammenhang zwischen Tat und Folge, Tun und Ergehen. Verabsolutiert man diese grundsätzlich ja nicht falsche Erkenntnis, kann man zu dem Schluss kommen: Wer leidet, muss vorher gesündigt haben. Aber auch umgekehrt: Der Mensch dient Gott, damit es ihm gut geht. Im Hiobbuch ist es interessanterweise der Satan, der diese Frage als entscheidende Frage an Gott stellt: „Meinst du, dass Hiob Gott umsonst fürchtet?" (1,9).

In diesem in weiten Teilen in poetischer Sprache verfassten Buch werden diese Fragen in ausgiebigen Reden diskutiert. Die einfache Sicht vom belohnenden und strafenden Gott und der Tun-Ergehen-Zusammenhang werden gründlich auf die Probe gestellt.

Der Verfasser des Buchs ist unbekannt, sein Name leitet sich von der Hauptperson her. Auch das genaue Alter oder Entstehungshintergründe lassen sich nur schwer bestimmen. Im biblischen Kanon wird das Buch der Weisheitsliteratur zugeordnet.

Das Buch gliedert sich in eine Rahmenerzählung (1–2 + 42), drei **Wechselreden** zwischen Hiob und seinen Freunden (4–23), eine

Sammlung von Klagen und Anklagen Hiobs (3 + 29–31), die Rede des Elihu (32–37) und zuletzt in zwei Gottesreden (38–41).

Besonders die Himmelszenen in den ersten beiden Kapiteln werfen Fragen auf, auf die es keine einfachen Antworten gibt: Warum lässt sich Gott auf so einen Deal mit dem Satan ein? Warum befindet sich der Satan überhaupt in Gottes Gegenwart? Es lohnt sich, die im Buch Hiob aufgeworfenen Fragen zuzulassen und zu durchdenken, auch wenn die Antworten vielleicht nicht immer gegeben werden – oder aber anders ausfallen, als wir erwarten würden.

Montag, 30. Oktober — Hiob 1,1-12

Hiob – sein Name kann bedeuten „**Wo ist mein Vater?**" oder „**der Angefeindete**". Von Hesekiel wird Hiob als Gerechter bezeichnet (Hes 14,14.20). Sein Drama beginnt in zwei Wirklichkeiten, der sichtbaren und der unsichtbaren:

● **V 1-5: Das Land Uz** (Jer 25,20) ist in Edom anzusiedeln. Es ist die heile Welt Hiobs, des frommen, gottesfürchtigen Mannes mit unermesslich großem Reichtum an Vieh, Knechten und Kindern. Da es zu seiner Zeit noch keine Priester gab, brachte Hiob die Opfer für eventuelle Fehler seiner Kinder selbst dar (V 5). Fazit: Bei Hiob stimmten Reden, Tun und Leben überein.

● **V 6-12:** Doch **im himmlischen Thronsaal** JHWHs beginnt das Drama, als der Satan (hebr. Feind, Widersacher, Ankläger) vor Gott mitten zwischen den Gott dienenden Gottessöhnen erscheint. Der Satan steht unter Gott, ist ihm nicht ebenbürtig. Auf seiner Reise durch die Welt hat er viel gesehen. Gott fragt ihn, ob er auch auf Hiob geachtet hat und lobt diesen als besonders fromm und gottesfürchtig. Ausdrücklich heißt es, dass Hiob das Böse mied (V 1.8). Jetzt fordert Satan Gott auf, Hiob zu prüfen, ob der nur dann an Gott glaubt, wenn er dafür ein reiches und gesegnetes Leben bekommt (V 9-11). In einer schweren Prüfung würde Hiob nicht an Gott festhalten, behauptet Satan, denn *umsonst* ist Hiob nicht fromm.

✎ *Denken Sie über diese Behauptung im Blick auf Ihren Glauben nach. Sehen wir in Gott den Garanten für Lebensglück?*

● Erstaunlicherweise lässt Gott diesen Vorschlag Satans mit der Einschränkung zu, dass er Hiob alles wegnehmen darf, doch sein Leben nicht. Gott gibt Satan den Auftrag. **Was bedeutet das für unsere Vorstellung von Gott?**

● Die sichtbare und die unsichtbare Wirklichkeit umgeben Hiob, Er ahnt nichts davon. Und wir?

Reformationstag, 31. Oktober Hiob 1,13-22

● V 13-19 schildern in literarisch anschaulicher Weise, wie die **vier sprichwörtlichen Hiobsbotschaften** Schlag auf Schlag bei Hiob eintreffen – ihn treffen. Zuerst verliert er durch feindliche Überfälle (Sabäer und Chaldäer waren räuberische Nachbarstämme) und schreckliche Naturkatastrophen seinen gesamten Besitz an Vieh und Mitarbeitern. Auf einen Schlag ist aus dem reichen ein armer Mann geworden. Damit nicht genug. Durch ein furchtbares Unwetter verliert Hiob alle seine Kinder und damit auch seine Zukunft. Gegen dieses geballte schreckliche Schicksal, das ihn jetzt trifft, kann Hiob nichts machen. Unverschuldet ist es über ihn hereingebrochen. Er weiß ja nicht, wer es verursacht hat.

● V 20: Wie reagiert er auf diesen unfassbaren Schicksalsschlag, der ihn einsam und unglücklich macht? Als Orientale zerreißt er sein Gewand und schert sein Haar, Zeichen seiner großen **Trauer**. Tief niedergeschlagen ist er. Doch dabei bleibt es nicht. **Er betet.**

> ✎ *Was erstaunt Sie am Gebet von Hiob V 21? Ist es Fatalismus oder vertrauensvoller Realismus?*

● Er betet: **gegeben – genommen – gelobt.**

→ Zuerst sieht Hiob sich als endliches Geschöpf, dessen Leben ein Geschenk Gottes ist (**gegeben**).

→ Als Zweites sieht er den großen Verlust all dessen, was sein Leben bisher ausmachte (**genommen**).

→ Dann das erstaunliche Fazit: Er lobt Gott (**gelobt**). Alles kommt von ihm, dem dafür das Lob gebührt. Als Beschenkter und als Verlierer lobt Hiob den Geber. Ausdrücklich schließt der Text mit V 22 ab.

● Das Geheimnis dieses Gebets-Bekenntnisses? „Wir finden es in der Vergangenheit Hiobs wieder. Diese Worte sind nicht der Ausdruck eines plötzlich hervorbrechenden Glaubens, sie entspringen vielmehr dem Glaubensleben, das Hiob vorher schon geführt hat" (H. v. Oettingen).

Mittwoch, 1. November   Hiob 2,1-13

● Szenenwechsel: Parallel zu 1,6-8. Jetzt verstärkt Satan seine Forderung. Seine These: Wenn das Leid Hiob persönlich trifft, wird er sich von Gott abwenden. Erneut erlaubt Gott Satan diesen Test. Böse Geschwüre am ganzen Körper quälen Hiob jetzt. Aussatz? Er sitzt in der Asche auf dem Müllplatz. Die furchtbare Hautkrankheit isoliert ihn, er ist unansehnlich geworden und man meidet ihn aus Angst vor Ansteckung.

● Hiobs Frau, die einzig ihm noch gebliebene Vertraute, wird zum Werkzeug Satans. Sie fordert Hiob auf, Gott abzuschwören, denn seine Frömmigkeit bringt ihm ja nichts. Dann lieber Gott verfluchen und sterben. Was für ein Rat! Fordert sie ihn zu Selbstmord auf?

● Hiob antwortet seiner verblendeten Frau mit V 10: Das Gute nehmen wir gerne von Gott, doch das gilt ebenso für das Böse. **Könnte ich diesen Satz für mein Leben bejahen? Wo wären die Grenzen dessen, was ich bereit wäre, aus Gottes Hand anzunehmen?**

● Unser Verstehen reicht nicht aus, um das Problem des Leides zu begreifen. Wir sehen nicht hinter unsere Wirklichkeit, sehen nur die Auswirkungen, keine Ursachen. Die Erprobung Hiobs war keine Laune Gottes, sondern darin begründet, dass Gott wusste, Hiob hält trotz dieser schrecklichen Ereignisse an seiner Beziehung zu ihm fest.

● Das Ende ist hier dasselbe wie in 1,22. Hiob versündigt sich nicht an Gott, sagt ihm also nicht ab, sondern nimmt das Gegebene an. Er wird damit zum Lehrer der Menschheit (Kierkegaard). „Hier wird eine Gottesfurcht gelehrt, die dem Rätsel verborgener Gottesentscheidungen standhält und noch im tiefsten Leid Jahwe verbunden bleibt" (H.W. Wolff).

Weiß ich mich auch in leidvollen Situationen von Gott geliebt und durch Jesus Christus gerecht gemacht oder sehe ich mich als Spielball göttlicher oder menschlicher Willkür?

Donnerstag, 2. November — Hiob 3,1-26

• Nachdem drei Freunde Hiobs zu ihm gekommen und sieben Tage und Nächte schweigend bei ihm gesessen haben, beginnt Hiob mit seiner Klage. Es ist **der Aufschrei eines total Verzweifelten.** Unklar ist, ob er nur zu sich selber, zu den Freunden oder zu Gott spricht. Jetzt nimmt er sein Geschick nicht mehr ergeben an wie in 1,22 und 2,10, sondern schreit alles heraus. Seine jetzige Reaktion auf das unermessliche Leid ist nun völlig anders als vorher. Zu unterschiedlichen Zeiten können auch wir unsere Lage unterschiedlich beurteilen.

• V 1-10 sind Fluch, Bitterkeit und Rebellion gegen das eigene Dasein, die eigene Geburt, die doch Gott als Schöpfer geschehen ließ. „Nacht" ist jetzt Hiobs Thema. Dunkel statt Licht. **Abwesender Gott statt der ihm nahe Gott.**

• **V 11-19: Warum? Warum? Warum?** Hiob wünscht sich den Tod herbei, weil sein Leben jetzt sinnlos geworden ist. Der Tod ist jetzt sein einzig lohnendes „Lebensziel". Er will nichts mehr spüren müssen. „Der Tod, sonst tatkräftig gefürchteter Feind und Zerstörer allen Glücks, erscheint ihm – welche Verkehrung! – als einzige Verlockung, die Frieden und Gerechtigkeit in sich birgt" (A. Haarbeck). Hiob sieht im Tod einen Fluchtweg.

> *Welche Fluchtwege suchen Sie in leidvollen Lebenssituationen?*

• **V 20-26: Hiob klagt Gott an,** lehnt sich gegen ihn auf, denn er hat ihn von allen Seiten eingeschlossen, eingemauert ohne eine Perspektive. Diese Klage Hiobs zeigt: Ich darf klagen, schreien, weinen! Solche oder ähnliche Gedanken an Finsternis, an herbeigesehnten Tod und die Warum-Fragen darf ich Gott sagen! Ähnlich finden wir sie auch in Jer 20,14-18 oder in Klgl 3,1-17. Hiob ermutigt, die Gedanken in unseren Herzen auszusprechen und sie nicht hinter einem vermeintlich frommen Mantel zu verbergen.

Freitag, 3. November — Hiob 4,1-21

● Was jetzt in Kap. 4–28 folgt, sind **die Gespräche Hiobs mit seinen Freunden**. Jeder der Freunde kommt in drei Reden zu Wort, auf die Hiob jeweils in einer Gegenrede antwortet.

● **Elifas von Teman,** wahrscheinlich der Älteste unter ihnen, beginnt mit seiner Rede. Er wird als der sanfte Mystiker (V 13ff) unter den drei Freunden bezeichnet. Elifas würdigt zu Beginn seiner Rede zwar Hiobs vorbildliches Verhalten (V 2-4), von tröstender Anteilnahme an seinem unermesslichen Leid ist aber darin nichts zu spüren. Er fragt ihn, warum er jetzt in seiner elenden Lage nicht daran festhält, dass Gott sein Trost ist, denn Gottesfurcht, Unsträflichkeit und Unschuld, also seine guten Werke, kann er doch vorweisen.

● Die V 8-11 jedoch zeigen schon, worauf dieser „leidige Tröster" (16,2) hinauswill: **Jeder erntet das, was er gesät hat.** Der an sich richtige Satz (Gal 6,7) passt hier aber nicht. Wenn Hiob jetzt leidet, hat das eine Ursache. Ebenso wenig wie Hiob weiß Elifas, was sich in der himmlischen Welt abspielt. Wird seine Belehrung den Weg zu Hiobs trostbedürftigen Herzen finden? **Diese Rede des Freundes ist ein Prüfstein – auch für uns. Wie verhalten wir uns leidgeprüften Menschen gegenüber? Was ist da angemessen?**

● V 13-16 schildert Elifas nun seinen nächtlichen, furchtbaren Schrecken, der über ihn kam und in der Frage gipfelt: **Wie kann ein Mensch vor Gott gerecht und rein dastehen** (V 17)? Damit ist das Grundthema der Reden der Freunde angesprochen. Und dahinter ist schon das Fazit zu spüren: Du, Hiob, bist auch nicht rein, daher muss in deinem Leben doch etwas vorgefallen sein, wofür Gott dich bestraft.

Bedenken Sie, welche Hoffnung haben wir als Christen in Bezug auf die Gerechtigkeit, die vor Gott Bestand hat. Lesen Sie dazu Röm 3,28 und 4,5 und 5,8.9.

Samstag, 4. November — Hiob 5,17-27

Am Schluss seiner ersten Rede wird Elifas belehrend und spricht Worte aus, die Hiob am Ende seines Lebens auch so erfährt. V 25 wird sich bewahrheiten. Jedoch erst ganz am Schluss (Hiob 42,12). Dazwischen liegen die ausführlichen Freundesreden und ihre ebenso ausführlichen Erwiderungen Hiobs und dann die Begegnung mit Gott selbst (Kap. 38–42).

● Elifas beginnt mit einer Seligpreisung und zählt auf, was in anderen Situationen durchaus richtig und hilfreich ist. **Doch richtige Worte zur falschen Zeit gesagt können nicht helfen** – so wie hier V 17-18, „Siehe, selig ist der Mensch, den Gott zurechtweist ... **er verletzt und verbindet ...**" Das sind bedeutende Sätze, doch sie **treffen auf Hiob gerade nicht zu**, denn Gott weist ihn durch das große Leid nicht zurecht und er hat Hiob auch nicht verletzt. Gott lässt die schweren Prüfungen zu, um Satan zu zeigen, dass Hiob auch im größten Leid noch an Gott festhält. Doch das wissen weder Elifas noch Hiob.

● V 19-26 sind **Verheißungen für die Zukunft**. Hungersnöte, Kriege, üble Nachrede, wilde Tiere sind alles Angriffe auf das Leben. Aber sie werden letztlich nichts ausrichten können, denn am Ende schenkt Gott Frieden. Für Hiob wird es gut ausgehen. Das sind **prophetische Worte**. Doch Hiob sitzt jetzt völlig verzweifelt in der Asche und wünscht seinen Tod herbei. Da **helfen diese Zukunftsaussichten nicht**, denn er sieht für sich keine Zukunft mehr.

● Am Schluss seiner ersten Rede ist sich Elifas ganz sicher, dass er das Richtige gesagt hat. Er hat das alles erforscht, nicht einfach so dahingesagt. Daher soll Hiob darauf hören und es sich merken (V 27).

> ✎ *Achten wir darauf, dass wir Menschen in leidvollen Situationen zur rechten Zeit die richtigen, hilfreichen Worte sagen können? Wie kann das geschehen?*

Sonntag, 5. November   Psalm 22,1-22

● Zwischen zwei Lobliedern findet sich **der große Leidenspsalm.** Weil Jesus ihn am Kreuz gebetet hat (Mt 27,46 überliefert den Anfang, in Joh 19,30 klingt das Ende von Ps 22 an), hat er sich tief ins christliche Gedächtnis eingegraben. Die Zuordnung im Psalmenbuch besagt: Der wunderbare Aufstieg Davids vom Hirtenjungen zum König Israels hatte seinen Preis.
● Viele Stationen seines Lebens erweckten nicht den Anschein, als sei Gott an seiner Seite. Angefangen beim Spott der Brüder bis zur Eifersucht Sauls, die in einer jahrelangen Jagd auf David mündete. Wie oft mag David gedacht haben, das Ende sei gekommen? Ganz realistisch schildert er, wie der, der am Boden liegt, immer auch verbal gepeinigt und erniedrigt wird. Welche konkrete Situation hier gemeint ist, wissen wir nicht.

> *David fühlt sich von Gott verlassen. Aber in seiner Verzweiflung findet er kleine Haltepunkte. Machen Sie sich auf die Suche! Was bzw. woran hält er sich fest?*

→ V 5f: Ganz offensichtlich kennt David Geschichten, in denen Menschen Hilfe erfahren haben.
→ V 10: David erinnert sich daran, dass sein Leben von Anfang an aus Gottes Hand kommt. Dann liegt auch das Ende bei ihm (V 16).
→ V 4 wirkt nicht gleich tröstlich. Gottes Heiligkeit kann entmutigen, so als kümmere er sich nicht. Sie besagt aber auch, dass Gott Wege kennt, die uns noch verborgen sind. Das macht Hoffnung.
→ V 2.3.11.20: Mit dem Wort „mein" bekennt David, dass der Herr auf seiner Seite ist. Die Frage ist also nicht, ob Gott hilft, sondern wann.

● **Jesus betet diesen Psalm in seiner Todesstunde am Kreuz.** Bis in Details (V 8f.17.19) hinein wirkt Psalm 22 prophetisch. Der Blick in die Welt zeigt allerdings: Viele andere leiden und haben gelitten, wie Jesus es tut. **Er stellt sich an ihre Seite und versteht ihren Schmerz.**

Montag, 6. November — Hiob 6,1-10.24-30

● Jetzt antwortet der geschlagene Hiob dem Freund. Er beklagt, dass man ihn in seinem Leiden und seinem Kummer nicht wirklich ernst nimmt. Er möchte ja belehrt werden, aber nicht in dieser Weise, die deutlich werden lässt, dass der Freund sich nicht wirklich in Hiobs Lage versetzt hat und ihn in seinem großen Schmerz nicht ernst nimmt.

● V 4-5: Sein bisher untadeliges Verhältnis zu Gott hat für Hiob einen tiefen Riss bekommen. Er fühlt sich von Gott wie mit vergifteten Pfeilen beschossen. **Ist Gott nun sein Feind?** Wie ein verhungerter Esel oder Stier schreit der Verzweifelte jetzt. Sein Brüllen ist also nicht ohne Grund. Und der scheinbare Trost des Freundes ist fade wie Eiweiß.

● In V 8-10 hofft Hiob darauf, dass Gott seine Bitten erhört und ihn sterben lässt. Und doch kann er sagen, dass er **Gottes Worte nicht verleugnet hat.** Hiob weiß, dass „er sich mitten in dem rätselvollen Geschlagensein an Gott und an sein Wort hält. Darin hat er seinen einzigen Trost und seine letzte Hoffnung" (H. v. Oettingen). Was für eine unglaublich große Not spricht aus diesen Worten Hiobs!

> *In der Art und Weise, wie Hiob an Gott auch in der Not festhält, ist er ein Glaubensvorbild. Aber wo liegen die Gefahren, wenn wir Menschen in tiefstem Leid und in größter Verzweiflung begegnen und versuchen, ihnen einen solchen Glauben nahezubringen?*

● V 24-30: Hiob fordert seine Freunde auf, ihn wirklich zu belehren. Dann wird er den Mund halten. Er empfindet ihre belehrenden Worte jedoch als Tadel. Seine Verzweiflung nehmen sie nicht ernst. Seine anklagenden Worte verhallen bei den Freunden wie Wind. Deshalb bittet er sie, in ihrem Denken und Raten umzukehren und ihn wirklich ernst zu nehmen und nicht in seinen Worten Lügen zu sehen. **Er ist sich ganz sicher, dass er nicht im Unrecht ist.**

Dienstag, 7. November **Hiob 7,7-21**

Hiobs Rede ist noch nicht zu Ende. Nun wendet er sich an Gott. Jedoch nicht in frommer Ergebung, wie Elifas ihm riet (5,17), sondern in **großer Auflehnung**.

● **V 7-10**: Im Angesicht des bevorstehenden Todes empfindet er sich wie eine Wolke, die sich auflöst. Er kennt allerdings sein Lebensende noch nicht und weiß nicht, dass sich noch einmal alles zum Guten wenden wird.

● Die **V 11-16** sind eine einzige **lebensmüde Klage vor Gott**. Ob man als kleiner Mensch so mit Gott sprechen darf wie Hiob? Er hat furchtbare Angst und fühlt sich durch erschreckende, grauenerregende Träume von Gott angegriffen. Selbst der Trost, den er auf seinem Bett liegend, wünscht, tritt nicht ein. Jetzt bittet Hiob nur noch darum, dass das alles mit seinem Tod ein Ende finden möge.

● **V 17-21**: Was ist der Mensch? Diese Frage erinnert an Ps 8,5.

Vergleichen Sie Ps 8,5 mit Hiobs Aussage V 17.18.

● Hiob sieht in diesen Gnadenerweisen von Ps 8 genau das Umgekehrte. Er sieht nicht Gottes bewahrende Güte, sondern sieht ihn „als den, der unaufhörlich den kleinen Menschen beobachtet und heimsucht, hinter jedem seiner Schritte her ist, um ihm keine Ruhe zu lassen" (H. v. Oettingen).

In großer Not können wir anders von Gott denken als in guten Zeiten. Was hilft uns aber, zu dem gnädigen Gott der Bibel umzukehren?

● Hiob möchte nicht mehr von Gott angesehen werden (V 20). Jetzt spricht Hiob von seiner Sünde. Er sieht sich von Gott angegriffen. Er fragt Gott, warum ihm Gott seine Sünde nicht vergibt. Es ist erstaunlich, dass Hiob nicht aufhört, sich mit allen seinen offenen Fragen und seiner Todessehnsucht an Gott zu wenden. Mit ihm zeigt uns die Bibel einen grundehrlichen Menschen und Beter. Auch wenn er manches nicht richtig sieht in seinem Schmerz, ist es doch wichtig, dass er sich mit allem an Gott wendet.

Mittwoch, 8. November — Hiob 8,1-22

- „Warum lässt du mich nicht einfach in Ruhe?", hatte Hiob Gott gefragt. Hiob sieht sein Leben zu Ende gehen, ja, und dann? Dann ist er nicht mehr da (7,8-10). Er muss sterben, ohne eine Antwort von Gott, warum er ihn so angreift und plagt.
- Nun greift **Bildad** ein. Er verteidigt Gott und greift Hiob an. Gott richtet nicht grundlos und willkürlich (V 3). Aus dem plötzlichen Tod von Hiobs Kindern folgert er, dass diese massiv gesündigt haben müssen. Hiob soll sie vergessen und sich wieder Gott zuwenden, der wird ihn wieder glücklich machen.

> *Ist Ihnen diese Art der „Seelsorge" schon einmal begegnet?*

- Doch **ist uns diese Logik so fremd?** Aus der Größe des Unglücks folgern wir auf ein schweres Vergehen, das die betroffenen Menschen auf sich geladen haben. „Warum musste mir das passieren?" „Womit habe ich das verdient?" Sind Hiobs Kinder denn wirklich gewissenlose Menschen gewesen? Mit dieser Denkweise täuschen wir uns selbst und plagen andere, so wie Bildad den Hiob.
- „Wer Gott vergisst, hat keine Hoffnung mehr" (V 13). Wohl wahr, aber der Umkehrschluss ist nicht wahr: Wen das Unglück trifft, der hat Gott offensichtlich vergessen. Jesus sagt einmal, dass die Todesopfer bei einem Einsturz in Jerusalem nicht schuldiger gewesen sind als die anderen Bewohner (Lk 13,4).
- Ja, es stimmt: Wenn Gott nicht gerecht ist, bleibt uns nur noch der Nihilismus als Ausweg. Aber ist seine Gerechtigkeit so, wie wir sie uns vorstellen? – Der Gute wird belohnt und bewahrt, der Böse bestraft. **Haben wir, wie Hiobs Freunde, vielleicht ein falsches Gottesbild?**

Samstag, 11. November   Hiob 12,1-6; 14,1-12

● Die Temperatur steigt. Hiob wird sarkastisch: „Mit euch wird die Weisheit sterben!" Hiob und seine Freunde schenken sich nichts. „Die Augen der Frevler werden verschmachten", hatte Zofar behauptet (11,20). „Ruhe haben, die wider Gott toben" (12,6), hält Hiob dagegen. Das heißt, es gibt genug Beispiele dafür, dass Gotteshasser in Ruhe und Frieden leben. **Wo ist denn Gottes Eingreifen?** Hiob hat eigene Augen, mit denen er die Widersprüchlichkeit sieht, in der seine Freunde denken.

● Er weiß sehr wohl, dass die Sünde von Geburt her an ihm haftet und er sie nicht loswird (14,4). Ob Gott nicht mal vorübergehend wegblicken kann (14,6)? Wäre das eine Lösung? Hiob kann doch gar nicht schuldlos sein, er steht unter diesem Los der Menschheit.

Ist es Schicksal oder Schuld, Urschuld, dass wir unter dem Fallgesetz der Sünde und des Todes stehen?

● Und dann packt ihn noch die Frage, ob mit dem Tod alles aus ist. „Er wird nicht wieder aufstehen, solange der Himmel bleibt" (14,12). Wenn das stimmt, dann ist dieses Leben die letzte Gelegenheit, und die Verlustangst wird riesengroß.

● Wie schon zuvor geht auch hier in der Mitte der Hiob-Rede seine Antwort an die Freunde unvermittelt in ein Gebet zu Gott über (vgl. ab 13,20). **Er wechselt vom Reden über Gott in das Reden mit Gott. Ob er von dort her eine Antwort bekommt?** Seine Freunde reden nur über Gott.

> **„Wie groß ist meine Schuld und Sünde? Lass mich wissen meine Übertretung und Sünde. Warum verbirgst du dein Antlitz und hältst mich für deinen Feind?"**
> **Hiob 13,23 + 24**

✎ *Zum Nachdenken: Rede ich nur über Gott oder auch mit ihm?*

Sonntag, 12. November   **Psalm 22,23-32**

● Was ist da wohl passiert? Der Wechsel zwischen V 22 und V 23 in Psalm 22 geschieht abrupt, übrigens nicht nur in diesem Klagepsalm. Ob das dann ein einziger Psalm sein kann? Oder sind zwei selbstständige Teile nachträglich kombiniert worden? Die Ausleger diskutieren es.

> *Umso spannender finde ich es, Verbindungen zu erkennen. Machen Sie sich auf die Suche! Achten Sie auf ähnliche Motive und auf die Wortwahl.*

● Sicher haben Sie das **versteckte Lob schon im ersten Teil** erkannt (V 4-6.20). Eigentlich ist es mehr ein trotziges Bekenntnis. Aber jedes Bekenntnis ist ein Lobgesang. **Umgekehrt erinnert der Lob-Teil an das, was jetzt offensichtlich vorüber ist** (V 25.30). David kann aufatmen und zurückschauen auf eine neue, kostbare Gotteserfahrung.

● Doch Davids Freude ist keine Happy-Hour im stillen Kämmerlein. Was er erlebt hat, muss unter die Leute, in den Kreis der Familie (V 23), zu seinem Volk (V 24), in die Versammlung der Glaubenden (V 26) und in die ganze weite Welt (V 28). Wer hört von unseren guten Erfahrungen mit Gott, von Gebetserhörungen und konkreter Hilfe?

● Gerade der Blick in die weite Welt überrascht. So richtig wird dieser biblische Gedanke erst bei den großen Propheten eine Rolle spielen (Jes 2,2f). Andererseits gilt schon Abraham das Versprechen, dass durch ihn alle Völker gesegnet werden. David aber ist ein Nachkomme Abrahams.

● Der weit wichtigere Segensträger allerdings ist **Jesus**, der Nachkomme von beiden. **Zu ihm werden sich viele bekehren, weil sie in ihm den erkennen, der aus Tod und Staub rettet.** Ob Jesus selbst am Kreuz den ganzen Psalm und damit auch den zweiten Abschnitt der Hoffnung gebetet hat, bleibt offen. Beides ist denkbar. Nach seiner Auferstehung jedenfalls hat sich Psalm 22 auch ab V 23 erfüllt.

Mittwoch, 15. November — Hiob 40,1-5

- Kap. 38–39: Endlich! Gott antwortet und redet mit ihm! Das hatte sich Hiob sehnlichst gewünscht, vgl. 38,1. Doch anstelle der erwarteten Auflistung seiner Schuld bekommt Hiob „Schöpfungsunterricht". Er erkennt, dass Gott in seiner weiten Welt nichts aus der Hand gleitet und dass er auch ihm Recht schaffen und sein Schicksal wenden kann.
- Erneut redet Gott mit ihm. Aber was sagt er denn? Als Erstes wird Hiob erschrocken, vielleicht auch erfreut sein, dass ihn Gott überhaupt ernst nimmt. Sein Klagen und Fragen war nicht in den Wind geredet. Und seine Vorwürfe auch nicht. Sie wurden sehr wohl vernommen.
- Nun muss er sich verantworten. Seine Verteidigungsschrift (31,35) kann er beiseitelassen. Kein Punkt daraus wird angesprochen. Denn auch seinen gottesfürchtigen Lebensstil hat der Schöpfer wahrgenommen.
- Es ist etwas anderes: **Er hatte mit dem „Allmächtigen gerechtet"**, wörtlich „ihn getadelt", ihn „zurechtgewiesen". Seine Vorwürfe waren nicht von Pappe: Gott sei willkürlich, sein Feind, höre nicht auf ihn, er tue ihm Unrecht, er könne das Recht nicht durchsetzen usw. Hiob hat sich verrannt. Seine Freunde haben ihn dazu verleitet.
- **Hiob entdeckt nun**, dass Gott doch ganz anders ist, dass er seine Worte sehr wohl hört und ihn auch in der Krankheit und Gottverlassenheit nicht aus den Augen verloren hat.

> Hiob „legt seine Hand auf den Mund", eine Geste, mit der er zugibt, dass er sich in seinen Anklagen verstiegen hatte. Es ist wie ein erstes Eingeständnis: Du bist Gott, nicht ich. Er gibt Gott recht.

Er entdeckt auch, dass sein Leiden nicht mit einer vermuteten und versteckten Schuld zu tun hatte. Es verschlägt ihm den Atem.

Donnerstag, 16. November — Hiob 40,6-32

● Mit Hiobs Eingeständnis ist der Konflikt noch nicht ausgestanden. Wieder wird er vorgeladen. Gott kommt direkt zur Sache: „Lehre mich!", und dann die Frage, ob Hiob seine Gerechtigkeit auch so durchsetzen kann wie Gott. Kann er sein Urteil über menschliche Gottlosigkeit auch vollstrecken?
Sind die Fragen dazu da, Hiob niederzumachen? Oder liegt darin vielleicht eine **„barmherzige Härte"**, die darauf abzielt, Hiob herunterzuholen und ihn wieder auf eine gesunde Beziehungsebene mit Gott zu stellen?
● Damit nicht genug. Es folgt die Beschreibung zweier urtümlicher Tiere, des **Behemot**, ein Tier, das uns möglicherweise an einen Dinosaurier erinnert. „Sein Schwanz streckt sich wie eine Zeder" (V 17), passt nicht zur beliebten Deutung auf ein Nilpferd. Dann der **Leviatan**, der uns an ein Riesenkrokodil erinnern kann. Beide Tiere haben eins gemeinsam: Wir Menschen greifen sie besser nicht an. **Sie erinnern uns an eine gesetzte Grenze unserer Möglichkeiten.** Falls wir es doch wagen, gilt Gottes Warnung: „An diesen Kampf wirst du denken und es nie wieder tun!" (V 32).
● **Wenn Hiob diese beiden Ungeheuer nicht herauszufordern wagt, wie viel weniger Gott!** Die Schöpfung ist wunderbar, aber sie ist nicht harmlos, wie viel weniger ihr Schöpfer.
Erst unter dem Ansturm der Fragen, die Gott stellt, und der lebendigen Schilderung der beiden unangreifbaren Wesen wird Hiob deutlich, mit wem er sich angelegt hat. Den Leviatan herauszufordern ist lebensgefährlich, wie viel mehr ist es, Gott herauszufordern.

> *Die Gottesreden an Hiob sind ein Schock für uns postmoderne Menschen. Wieso?*

Freitag, 17. November   **Hiob 42,1-6**

- Jetzt ist Hiob an dem Punkt, an dem er **die Waffen streckt**. Er ist nicht nur von Gottes Größe überwältigt, sondern von innen heraus überzeugt.
- „**Ich erkenne, dass du alles vermagst.**" Gott kann Hiobs Geschick wenden, die furchtbare Leidenszeit beenden – zu seiner Zeit und auf seine Weise. Das sagt Hiob noch als Kranker und Isolierter. Die äußere Situation hat sich noch nicht geändert.
Aber etwas Einschneidendes ist geschehen.
- **Die Fragen Gottes hallen in Hiob nach**: „Wer ist der, der den Ratschluss verhüllt mit Worten ohne Verstand?" Ohne Verstand? Das ist heftig. Aber Hiob hat jetzt verstanden, was damit gemeint ist: „Ich habe über etwas geredet, was mir zu hoch ist und ich nicht verstehe" (V 3). Die Trauer um den Verlust von Besitz und Kindern, die Isolation von seiner Frau und den Nachbarn, das Leiden an den falschen Richtigkeiten seiner Freunde, das Irrewerden an seiner Vorstellung von Gott, der Kampf mit ihm und gegen ihn, irgendwo musste er sich doch Luft verschaffen. Jetzt fällt das alles ab wie Schorf von einer Wunde.
- „**Jetzt hat mein Auge dich gesehen**". Meint er das im übertragenen Sinn oder hat Hiob eine Gotteserscheinung erlebt wie später Mose oder Elia? So klingt es jedenfalls.
- Bekommt Hiob denn eine direkte Antwort auf seine vielen Fragen? Er schaut Gott, nicht erst nach dem Sterben, wie er erhofft hatte (19,26), sondern heute schon. Gott selbst ist die Antwort.
„Ich spreche mich schuldig und bereue." Niemand hat ihn dazu gezwungen. Nach der Begegnung mit Gott selbst kommen die Worte ehrlich aus seinem Mund.

> *Und wo ist der Satan geblieben, der im Prolog (Kap. 1–2) eine so große Rolle gespielt hatte? Er kommt nicht mehr vor. Was hat das zu bedeuten?*

Samstag, 18. November — Hiob 42,7-17

● **Wieso hat Hiob von Gott „recht geredet", im Unterschied zu seinen Freunden?** Hiob hat immer wieder mit Gott geredet. Die drei Freunde haben nur über Gott geredet. Darum sind sie jetzt in Gefahr. Gilt es als Schuld, wenn wir unbedacht von Gott daherreden? Gedankenlos („Ach Gott, ach Gott!"), oder respektlos („der da oben") oder einfach nur „richtig", aber in der Rolle des Pressesprechers, der alles erklären kann?

● Hiob soll jetzt für seine Freunde beten, für sie, die ihm das Leben mit ihren Richtigkeiten so unendlich schwer gemacht haben. Er soll ihnen vergeben. **Indem Hiob für die Freunde betet, wird er von Gott vor ihnen rehabilitiert.** Und sie müssen erschreckt einsehen, dass wir uns schuldig machen, wenn wir unangemessen von Gott reden. „Gott erhörte Hiob" (V 9), er schweigt also nicht mehr. Gleichzeitig werden Hiob und seine Freunde miteinander versöhnt.

● Mehr noch: Auch **Hiob wird gesund und heil** (V 10). Und: Gott gibt ihm den verlorenen Besitz doppelt wieder, dazu noch einmal zehn Kinder. Seine Töchter mochte er wohl ganz besonders. „Täubchen, Zimtblüte und Schminktöpfchen" – na, wenn das kein Ausdruck von zärtlicher Zuneigung ist! Wenn unser Leben nach der Wertung der Psalmen im Durchschnitt 70 Jahre dauert, dann erhält Hiob auch dieses in doppelter Länge zurück. Nach seiner Heilung lebt er weitere 140 Jahre, er, der jeden Tag mit dem Tod gerechnet hat.

> *Es gab Ausleger des Buches Hiob, die meinten, mit dem Happy End sei die ganze Erzählung verdorben worden. Besser wäre es gewesen, wenn Hiob im nackten Glauben, ohne etwas zu sehen, gestorben wäre. Was denken Sie dazu? Vgl. Jak 5,11.*

Sonntag, 19. November   Psalm 70

- Der Beter wird von Gegnern hart bedrängt, bis hin zur Bedrohung seines Lebens. Er, der „elende und arme" (V 6) weiß, dass er der Situation nicht gewachsen ist. Dazu kommt, dass die Gegner wohl nicht nach Gott fragen: Im Hebräischen findet sich ein Kontrast zwischen V 3 (die Gegner **trachten** dem Beter nach dem Leben) und V 5 (dem Lob derer, die nach Gott **suchen**). Für „trachten" und „suchen" steht im Hebräischen dasselbe Wort.
- **Daher wendet sich der Beter in seiner Not an Gott, der ihm schnell helfen und gegen seine Gegner Recht schaffen soll.** Den Gegnern wünscht er, dass sie beschämt, aber nicht, dass sie vernichtet werden. Die Scham soll in ihnen zur Umkehr führen (V 4).
- Ps 70 ist beinahe identisch mit Ps 40,14-18. Dort steht vor dem Text ein ausführlicher Dank und Lob (40,1-11) und dann folgen zwei Verse mit Klage über Leiden (Ps 40,12-13). Wie es dazu kam, dass der Text beinahe unverändert zweimal in den Ps steht, wissen wir nicht. Möglicherweise entstand die Doppelung, als man die Ps in unterschiedlichen Sammlungen anordnete. Wie immer in der Bibel: Auch wenn wir manches über die Entstehung der Texte nicht genau wissen, so dürfen wir darauf vertrauen, dass der Text, so wie wir ihn haben, gewollt ist und nicht durch Zufall oder Irrtum zustande kam. Entsprechend können wir danach suchen, was uns die jetzige Gestalt sagt: Hier ist es sinnvoll, das Gebet in zwei Varianten zu haben.

> *Lesen Sie Ps 40,13-18 und achten Sie auf die kleinen Unterschiede.*

- Es passt, wenn man es einfach so nimmt, wie in Ps 70. Alternativ passt es aber auch, diese Worte bewusst in den Zusammenhang von Erfahrungen von Gottes Zuwendung in der Vergangenheit zu stellen. Die Erinnerung daran und das Lob Gottes verändern den Blick auf gegenwärtige Probleme.

Der Brief des Judas

Wie der Jakobusbrief (s. 16.-28. Oktober) und fünf weitere, nach ihren Autoren benannte Briefe (1/2Petr; 1–3Joh) wird auch der kurze Judasbrief zu den „katholischen Briefen" des NT gerechnet. „Katholisch" ist hier keine Konfessionsbezeichnung. Das griech. Wort bedeutet „allgemein", und zwar hier in dem Sinn, dass diese Schreiben nicht an konkrete, namentlich genannte Gemeinden oder Personen gerichtet sind. Entweder hatte der jeweilige Verfasser ein breiteres Spektrum an Gemeinden im Blick, oder (wie beim Judasbrief) wissen wir nichts Genaues über die Empfänger und müssen versuchen, ihre Situation und Probleme aus dem Inhalt zu rekonstruieren.

Der Judasbrief richtet sich an eine wohl vor allem judenchristlich geprägte Gemeinde, in der sich Irrlehrer breitgemacht (Jud 4) und Einfluss gewonnen hatten. Sie und ihr Verhalten werden in bildreicher, vom AT her gesättigter Sprache als eine längst prophezeite endzeitliche Erscheinung beschrieben. Die Gemeinde, die sie offenbar gewähren lässt, wird zum Widerstand aufgefordert und dafür an das erinnert, was ihr schon längst „von den Aposteln unseres Herrn Jesus Christus" gesagt worden war.

Den besonderen Charakter des Jud machen seine deutlichen Berührungen mit dem wohl jüngeren 2Petr, der stark endzeitliche Akzent und der Bezug auf jüdische Schriften aus dem 3./2. Jh. v. Chr. (äthiopischer Henoch) und dem frühen 1. Jh. n. Chr. („Himmelfahrt des Mose") aus, die offenbar auch in christlichen Kreisen bekannt und beliebt waren. Der Verfasser des Jud, bei dem es sich um Judas, den Halb- oder Stiefbruder Jesu (Mk 6,3) handeln dürfte, greift auf diese Texte zurück. Trifft das zu, dann wird der Brief wahrscheinlich vor dem Tod des Herrenbruders Jakobus, auf den sich Jud 1 bezieht, geschrieben sein, also vor 62 n. Chr.

Montag, 20. November **Judas 1-16**

> 📖 *Vergleichen Sie Mt 12,46-50; 13,53-57; Mk 3,20f; Joh 7,2-9 mit der Frage: Was erfahren wir über Jesus und seine Familie?*

● Es gab gute Gründe, warum Jakobus und Judas, zwei Halb- oder Stiefbrüder von Jesus, sich in ihren Briefen nicht auf ihre verwandtschaftliche Nähe zu Jesus beziehen: weil sie ihm zu seinen Lebzeiten sehr distanziert gegenübergestanden hatten. Beide führen sich bescheiden als dessen „Knechte" ein, obwohl zumindest Jakobus, als sein Brief entstand, schon lange hohes Ansehen genoss.

● „… dass ihr für den Glauben kämpft" (V 3), erwartet Judas von den Briefempfängern. Was meint er?

→ **Das Bild vom Kampf kommt nicht aus dem militärischen, sondern aus dem sportlichen Bereich**, hat also nichts mit Gewaltbereitschaft anderen gegenüber zu tun. Eine geistig-geistliche Auseinandersetzung ist gemeint. Wo ist sie heute auch nötig?

→ Zunächst geht es um innere und äußere Kämpfe von Christen mit allem, was sie lockt, Jesus untreu zu werden (Anfechtung, Zweifel, Begierde …). Die Irrlehrer leben solche Untreue vor (Jud 4b.8.12).

→ Aber **auch um das, was Christen glauben**, was jede Generation wie einen Staffelstab von Früheren übernommen hat, muss gekämpft werden – nicht aus Traditionalismus, sondern weil es auch heute trägt. Beispiel ist das Verständnis von Jesus, der „alleinige[r] Herrscher und Herr" aller Christen ist (V 4).

> „Jesus Christus, wie er uns in der Heiligen Schrift bezeugt wird, ist das eine Wort Gottes, das wir zu hören, dem wir im Leben und im Sterben zu vertrauen und zu gehorchen haben." Barmer Erklärung I

● Eine Fülle von Beispielen aus dem AT (V 5-7), der zeitgenössischen jüdischen Literatur (8f.14f) und der Natur (12f) illustriert die Charakterisierung der Gegner.

Dienstag, 21. November **Judas 17-25**

Ging es in Jud 1-16 ausführlich um Gegner, die sich in der Gemeinde „eingenistet" hatten und auch im zweiten Teil des Jud immer präsent bleiben, so wendet sich Judas nun in V 17-23 den Konsequenzen zu, die sich für die Adressaten ergeben. V 24f ist der Briefschluss.

> *Die Bibel ist kein Museumsstück, sondern ein Lebens- und Arbeitsbuch. Es lohnt sich in diesem kurzen Brief, mehrfach vorkommende Wörter, die Akzente signalisieren, farblich zu kennzeichnen bzw. durch Bleistiftsstriche miteinander zu verbinden!*

● In weiser Selbsteinschätzung unterscheidet der Herrenbruder sich von „den Aposteln unseres Herrn Jesus Christus" (V 17). **Er anerkennt die bleibend grundlegende Qualität ihrer Worte, also ihrer mündlichen Verkündigung.**
→ Dass man jetzt schon „zu der letzten Zeit" lebt und Vorgänge entsprechend einordnen muss, ist für Judas klar, ebenso
→ das vermehrte Auftreten von „Spöttern", die in der Endzeit sogar das Sagen haben werden (Jes 3,4 in der griech. Septuaginta). Das griech. Wort bedeutet ursprünglich „auf etwas herumtanzen". Ihr Spott bezieht sich nach 2Petr 3,3f darauf, **dass die erwartete Wiederkunft Christi scheinbar doch nicht eintritt.** Daran arbeiten sich vom Glauben Distanzierte bis heute ab. Halten wir trotzdem daran fest?
● Glauben und leben hängen wie meist auch hier eng zusammen. Die „Spötter" fragen nicht nach Gottes Willen für ihr Leben, sondern leben „nach ihren eigenen gottlosen Begierden". Unglaube ermöglicht gott-loses Leben, und der Traum von einem von Jesus emanzipierten Leben lässt umgekehrt den Glauben schrumpfen.
● Auf die (kompromisslosen) Anweisungen V 20-23 läuft der Jud zu. Nötig ist die eigene Beziehung zum dreieinigen Gott (V 20f). Das verhindert nicht barmherzige Zuwendung zu Zweifelnden und Irrenden (V 22f).

Buß- u. Bettag, 22. Nov.   Matthäus 24,1-14

● Es geht dem Ende entgegen. Auf Jesus wartet das Leiden und Sterben in Jerusalem. Dreimal hat er es seinen Jüngern angekündigt, das letzte Mal kurz vor dem Einzug in Jerusalem (Mt 20,17-19). Aber bevor das alles geschehen wird, schaut Jesus mit den Jüngern über diese Zeit hinaus. Sein Ende wird nicht das Ende sein, er wird auferstehen – und noch mehr. Er wird als der Weltenrichter zurückkommen. **Vor seinem eigenen Ende schaut und beschreibt Jesus das Ende der Welt – und wie seine Gemeinde dieses Ende überstehen kann.** Dabei haben die Jünger gar keinen Blick dafür. Sie zeigen ihm stattdessen den prächtigen Tempel. Das nimmt Jesus zum Anlass, sie auf die kommenden Ereignisse einzustimmen. Und das gleich mit Wucht:

→ Der Tempel, der jetzt so strahlend anzusehen ist, wird total zerstört werden, – was im Jahr 70 n. Chr. durch die Römer dann ja auch geschah. Jesus aber will damit sagen: **So wie der Tempel vernichtet wird, so wird es einmal mit der ganzen Welt geschehen.** Und das kündigt sich bedrohlich an:

→ Es werden Menschen auftreten und sich als die wahren Heilsbringer aufführen. Sie werden **viele verführen.**

→ **Kriege werden die Welt erschüttern** und große Ängste hervorrufen.

→ **Hungersnöte und Erdbeben** führen zu großem Elend.

● Die Folgen sind auch für **Nachfolger Jesu** erschreckend. Sie werden **auf der ganzen Welt verfolgt werden.** Das wird bei vielen zu Spaltungen und zum Abfall vom Glauben führen. Die Liebe zu Gott und zueinander wird erkalten, weil jeder nur noch das Seine sucht. Aber trotz allem gilt: **Denen, die an Christus festhalten, wird am Ende die Herrlichkeit Gottes leuchten.** Darum: Nicht den Kopf in den Sand stecken, sondern **jetzt erst recht missionieren!** Alle Welt soll die gute Nachricht von Jesus hören, damit viele gerettet werden. Als die Jünger fragen, **wann das alles geschehen wird,** verweist Jesus auf diese Zeichen. Einen Zeitpunkt nennt er nicht (vgl. V 36).

Donnerstag, 23. November   **Matthäus 24,15-28**

● Es ist schon heftig, was Jesus hier seinen Jüngern im Blick auf die Zukunft eröffnet. Nicht nur, dass einmal alles zu Ende geht, sondern **wie** das geschehen wird, prägt er seinen Jüngern – und damit auch uns – ein. Was mit dem „**Gräuelbild der Verwüstung**" gemeint ist, bleibt trotz des Verweises auf Worte im Danielbuch (9,27; 11,31) unklar. Wahrscheinlich hat Jesus die Eroberung Jerusalems und Verwüstung des Tempels durch die Römer vor Augen.

● Jedenfalls: Es werden schreckliche Tage kommen, wie bei einem Vulkanausbruch oder einer Feuersbrunst, die unmittelbar das Leben der Menschen bedrohen. Da gibt es nur eins: **Fliehen!** Ja nicht mehr zurückkehren! Ganz schlimm ist es für die, die nicht fliehen können. Aber auch für alle anderen! **Wenn Gott nicht in diesem Gericht Gnade walten und die Dauer der Plage verkürzen würde, würde niemand sie überstehen.** Aber weil ja auch Christen zu den Gefährdeten gehören, die verloren zu gehen drohen, macht Gott der schrecklichen Zeit früher ein Ende.

● Damit aber die, die Gott schonen und bewahren will, durchhalten, gibt Jesus **klare Weisung: Lasst euch nicht verführen!** Es wird immer wieder Menschen geben, die euch vom Glauben abbringen wollen. Sie sind hochbegabt und haben eine faszinierende Ausstrahlung. Sie wirken wie unschuldige Schafe, aber sie sind doch **Wölfe im Schafspelz.** Sie reden fromm und wollen doch nur die Macht über die Verführten gewinnen. Da gilt es standhaft zu sein und ihnen nicht zu folgen. Um Christus und ihn allein geht es. **Er allein ist der Messias, – er allein wird wiederkommen, Gericht halten und die zu sich holen, die sich in diesem Leben zu ihm gehalten haben** (V 13).

✎ Wie gehen Sie mit diesen bedrohlich erscheinenden Worten Jesu um? Sie sind schwer erträglich, aber dürfen wir sie darum überlesen und übergehen?

Freitag, 24. November   **Matthäus 24,29-31**

● „Die Herren dieser Welt gehen, unser Herr kommt", hat der spätere Bundespräsident Gustav Heinemann 1950 auf dem Deutschen Evangelischen Kirchentag in Essen gesagt. Er erinnerte damit an die „Herren", die sich von ihrem Volk als Führer feiern lassen, am Ende aber abtreten und elend zugrunde gehen. Als Heinemann dieses Wort sagte, lag das schmähliche Ende Adolf Hitlers ja gerade erst fünf Jahre zurück.

● Die Hoffnung, dass das Ende der Mächtigen auf dieser Erde besiegelt ist, ist durch die Zeiten hindurch lebendig geblieben. Jesus hat diese Hoffnung durch seine eigenen Worte genährt. **Er, der am Kreuz einen bitteren ungerechten Tod stirbt, wird als Weltenrichter wiederkommen.** Wie wird das sein? Auf jeden Fall werden sich die Menschen entsetzen. Denn das, was bisher selbstverständlich war, Sonne, Mond und Sterne, wird vergehen. Bevor die neue Welt erscheinen wird, muss die alte weichen. Aber es wird ein Wiedererkennen geben.

● **Jesus wird als lebendiges Zeichen Gottes am Himmel erscheinen.** Jeder Mensch muss es sehen. So wie die große Christusstatue bei Rio de Janeiro überall sichtbar ist, so wird es hier auch sein, nur viel umfassender und für viele erschreckend. Denn da ist dann keine steinerne Statue mehr, sondern der machtvoll erscheinende Herr der Herren, der zurechtbringen und richten wird. Die, die ihn in ihrem Leben als Herrn und Heiland bekannt haben, werden von allen Enden der Erde her gesammelt und in seine göttliche Welt geführt werden (1Thess 4,16f u.ö.). **Trostworte sind das, Trost für weltweit verfolgte Christen, Trost für die, die ihren Glauben bewahren!**

> ✎ *Wieder: Wie gehen Sie mit diesen Worten Jesu um? Sie finden sich auch bei Markus (13,24ff) und Lukas (21,25ff). Die Devise für Christen kann nur heißen: „Kopf hoch, denn Jesus kommt!" (Lk 21,28).*

Samstag, 25. November   Matthäus 24,32-44

● Immer wieder sind Christen der **Versuchung erlegen, einen Terminplan für die Endzeit und die Wiederkunft Jesu aufzustellen.** Angst, aber auch Vorfreude haben sie in manchen christlichen Kreisen damit verbreitet – und sind doch **jedes Mal neu wieder damit gescheitert.** Wenn selbst Jesus klar sagt, dass sogar er „von dem Tage und der Stunde nicht weiß" (V 36), verbietet sich jeder Versuch, mehr wissen zu wollen als Jesus selbst. Aber was dann? Jesus ist natürlich bewusst, dass seine Jünger gerne wissen wollen, wann sie mit seinem Wiederkommen rechnen können. Was gibt er ihnen mit?

● Einerseits, so sagt er, kann jeder am Beispiel des Feigenbaums sehen, wann die Zeit reif ist. Andererseits verweist er darauf, dass eben nur der Vater im Himmel den genauen Zeitpunkt bestimmt. **Diese Spannung ist auszuhalten.** Aber eins steht fest: Gottes Volk („dieses Geschlecht" in V 34 ist wohl darauf zu beziehen) wird in dieser Welt bis zum Ende bestehen.

● Leider, so beklagt es Jesus, machen sich die Menschen nicht klar, dass das Ende vor der Tür steht. Sie leben einfach in den Tag hinein, schlagen alle Warnungen in den Wind, verdrängen die Wirklichkeit. Aber **das Ende** wird kommen und es **wird Spaltungen mit sich bringen.** Der Riss geht mitten durch die Menschheit, ja auch durch die eigene Familie und Freundschaft. Die einen kommen um, die anderen, die „beharrt haben bis ans Ende" (V 13), werden herausgerettet.

● **Darum ist eins wichtig: Wachsam zu sein.** Das Bild vom Dieb in der Nacht mag im ersten Moment befremden. **Gemeint ist: Er wird plötzlich und überraschend kommen.** Die Gemeinde Jesu kann darum bis heute nur als wache, wartende, erwartungsvolle Gemeinde bestehen.

> *Wie sieht dieses Warten für Sie aus? Rechnen Sie damit, dass Jesus zu Ihren Lebzeiten wiederkommen kann?*

Donnerstag, 30. November   **Matthäus 25,31-46**

● Es fällt schwer, diesen eher bedrohlich klingenden Abschnitt auszulegen – und dann noch in der vorgegebenen Kürze. **Es geht um das Weltgericht,** bei dem sich vor Jesus als dem Menschensohn alle Knie beugen müssen (Phil 2,9-11). Er beruft die große Völkerversammlung aus Juden, Heiden und Christen ein. Sie werden (in Anlehnung an Hes 34,17-22) als Schafe und Böcke voneinander geschieden. **Entscheidender Maßstab für Annahme oder Verdammnis ist die Barmherzigkeit gegenüber Menschen auf der Schattenseite des Lebens.** Auffallend ist, dass weder die, die Barmherzigkeit geübt haben, sich dessen bewusst waren, noch die, die sie andern schuldig blieben.

● So vieles an Nächstenliebe geschieht unter uns, weil wir uns nach Anerkennung sehnen, weil wir damit etwas vorzeigen wollen. **Jesus aber meint die selbstlose Barmherzigkeit, die nicht aus Berechnung geschieht, sondern spontan ganz bei dem anderen ist.** Am Ende aber werden die, die nur ihr eigenes Wohlergehen im Sinn hatten und sich von der Not anderer nicht berühren ließen, von denen geschieden, die sich selbstlos für Bedürftige eingesetzt haben. Aber wer kann das schon von sich sagen? Doch so wird es einmal sein, wenn Jesus Gericht hält. Dann werden die Gedanken des Herzens ans Licht kommen; dann wird es eine Scheidung geben.

● Es ist schwer, mit diesen Aussagen Jesu umzugehen. Es gibt sicher **nur zwei Antworten für uns Christen: Zum einen geht es darum, Jesus wirklich nachzufolgen** und im Sinne der Bergpredigt zu leben (Mt 5-7). **Zum andern: Getrost sein! Wer sich am Kreuz Jesu Christi die Vergebung zusprechen lässt und sein Leben Jesus anvertraut, der empfängt ewiges Leben** (Röm 8,31ff).

✎ Dass es einmal ein Jüngstes Gericht geben wird, wollen viele nicht mehr für wahr halten. Wie gehen Sie damit um? Lesen Sie Joh 3,16-21!

Der Prophet Jesaja (Kapitel 40–55)

„Stehen die Dome der alten Zeit nicht wie ‚Fossilien' da [...] die in unsere Städte wie in späte Sedimente eingeschlossen sind" – so beschrieb einmal der Schriftsteller Ernst Jünger die Situation des Christentums in unserer säkularen Gesellschaft. Ist der Glaube an Gott nicht schlicht bedeutungslos geworden in unserer Zeit? Die alten Kirchen stehen noch, wirken aber für die meisten Zeitgenossen wie Relikte aus einer anderen Zeit. Die gesellschaftlichen Debatten werden von anderen Stimmen als dem Christentum bestimmt. Ist Gott ohnmächtig geworden? Was ist mit dem Reich Gottes, das sich wie ein Senfkorn ausbreitet? Gerade wenn man an Weihnachten durch die Fußgängerzonen unserer Städte bummelt, vielleicht vorbei an einem der „Dome aus alter Zeit", mag man denken: Der, um den es an Weihnachten eigentlich ging, ist in Vergessenheit geraten. Andere Götter haben jetzt die Macht.

Das dürfte dann so ungefähr das Lebensgefühl der Israeliten im Babylonischen Exil treffen – mit dem Unterschied, dass es in Babylon keine „Dome der alten Zeit" gab, der alte Tempel in Jerusalem zerstört war und gewaltige heidnische Tempelanlagen das Stadtbild beherrschten. Die babylonischen Götter schienen definitiv stärker zu sein als Israels Gott.

König Nebukadnezar (gestorben 562 v. Chr.) hatte die Israeliten ins Exil geführt. Doch seine Nachfolger waren schwach. Persien mit König Kyros wurde immer stärker. In diese Situation hinein (ca. 550–540 v. Chr.) spricht der zweite Teil des Jesajabuchs. Gott lässt Neues ankündigen (43,14-21): Die Zeit der Gefangenschaft ist zu Ende, die Schuld ist vergeben (40,2). Es sind Worte des Trostes, der Ermutigung, der Zuversicht. Der Prophet wird zum Seelsorger an resignierten, müden, verzweifelten Israeliten.

Er ruft zum Aufbruch aus dem Exil auf (48,20), darum die vielen Worte, in der Wüste einen Weg in Richtung Jerusalem vorzubereiten (40,3; 41,18; 43,19). In Wirklichkeit ist Gott der Herr der Geschichte, der den heidnischen Perserkönig Kyros zu seinem Werkzeug bestimmt – zum Werkzeug für den zweiten Exodus der

Geschichte Israels nach dem Auszug aus Ägypten (44,24–45,6).
Kyros besiegt 539 v. Chr. die Babylonier; wenig später gibt er den jüdischen Gefangenen die Freiheit, sie können nach Jerusalem zurückkehren.
Alle anderen Götter sind nichtig – Jesaja spottet kräftig über die „Götzenmacher" (44,9-20; 45,16; 46,5-7). Gleichzeitig weitet sich der Blick von Israel in die ganze Welt: Gott ist der Gott aller Völker; nicht nur der Erlöser Israels, sondern der Erlöser aller Welt (43,11f; 45,5-7.22-24). Es finden sich hier die berühmten vier „Gottesknechtslieder", die von Israel als Knecht Gottes den Bogen schlagen zu **dem** leidenden Gottesknecht, der stellvertretend für die Schuld der „vielen" stirbt (42,1-7; 49,1-6; 50,4-9; 52,13–53,12).
Lassen Sie sich von diesen Texten begleiten durch den Advent, die Zeit des Wartens auf den Messias. Gerade dann, wenn andere Götter und Götzen, denen wir heute huldigen, so viel mächtiger erscheinen, helfen sie, sich auf den wiederkommenden Messias, auf Christus, zu besinnen und sich zu vergegenwärtigen, dass Gott der wahre Herr der Geschichte ist.

Freitag, 1. Dezember — Jesaja 40,1-11

Mit dem 40. Kapitel wird geradezu ein neues Buch aufgeschlagen. Menschen geraten in den Blick, die die Strafe Gottes erfahren haben, indem sie in die Verbannung nach Babylon verbracht wurden. Jetzt aber sollen sie Trost erfahren. In mehreren kurzen Strophen bringt dieser Prolog zum zweiten Teil des Jesajabuchs ganz Grundsätzliches zur Sprache.

● Man scheint in den **Thronsaal Gottes im Himmel** versetzt zu sein. Es wird ein Grundsatzbeschluss gefasst, der das Volk zum Aufatmen bringen soll (V 1f). Mit seelsorgerlichen Worten wird die Absicht Gottes kundgetan, dass die Strafe bezahlt ist. Gott ist den Menschen nah, er hat sich für sie entschieden.

● Diesem **Befehl Gottes, dass die Strafe vorüber ist**, soll nun Gehör verschafft werden (V 3-5). Der Weg, den die Exilsgemeinde nach Jerusalem zurücklegen soll, ist zwar lang, aber er soll geebnet werden.

> ✎ *„... macht in der Steppe eine ebene Bahn unserm Gott!"*
> *Wie nimmt das Neue Testament auf dieses Bild Bezug? Lesen Sie dazu Lk 1,76 und 3,4-6.*

● Solch eine Zusage muss zunächst unwirklich erscheinen. Wie soll das gelingen angesichts der Übermacht der Babylonier? Das Bild von der Blume, die im heißen Wüstenwind schnell verdorrt, verdeutlicht den Einwand des Propheten: Dieser Trost wird die Adressaten vielleicht gar nicht mehr erreichen. Ist ein solcher Trost nicht letzten Endes vergeblich? Die erneute Zusage Gottes aber macht klar (V 8): Das Wort Gottes unterliegt keiner Vergänglichkeit, es hat Bestand!

● In V 9-11 wird der Blick auf das Ziel der Rückkehrer gerichtet: **Jerusalem**. Wie ein Späher soll die Stadt auf der Lauer liegen, um die, die aus Babylon kommen werden, so früh wie möglich zu sehen. Diese Freudenbotschaft soll aber nicht nur Jerusalem, sondern das ganze Land Juda erreichen. Mit einem starken Bild schließt dieser Prolog. **Gott selbst wird wie ein Hirte sein Volk weiden, und die Schwachen wird er fürsorglich nach Hause tragen.**

Samstag, 2. Dezember   Jesaja 40,12-31

Die Zusage, Gott werde sich wieder seinem Volk zuwenden und es aus der Gefangenschaft führen, stößt bei den Adressaten auf Unverständnis. Wie soll so etwas möglich sein, wenn man sich die Stärke der anderen Völker und das eigene Unvermögen vor Augen hält?

● In einem ersten Abschnitt (V 12-17) wird der **Blick auf Gott, den Schöpfer** gerichtet. Ihm, der die ganze Welt geschaffen hat, wird nichts unmöglich sein. Mit einigen Bildern stellt der Prophet dem Volk Gottes vor Augen, dass die scheinbar übermächtigen Völker in Wahrheit nur **wie ein Staubkorn oder wie ein Tropfen an einem Eimer** sind. Schöpft neuen Mut – so Jesaja – Gott wird sich als der Mächtige erweisen!

● Die Menschen im babylonischen Exil aber haben die großartigen Paläste und die eindrucksvollen Bilder und Statuen vor Augen, die die Babylonier ihren Gottheiten zu Ehren erbaut haben. Wie kann sich das schwache Israel damit messen? Zudem scheinen sich doch deren Götter in vielen Siegen als mächtiger erwiesen zu haben. Doch der Prophet stellt ihre Vorläufigkeit heraus. Im Moment erscheinen sie als unbesiegbar, doch das wird nicht so bleiben. Mit dem lebendigen Gott kann man sie nicht vergleichen. Es fällt auf, wie seelsorgerlich der Prophet mit den Menschen umgeht. Er vertröstet nicht auf bessere Zeiten, sondern macht Mut, diesem Gott zu vertrauen, weil er sich als mächtig erweisen wird. **Wo brauchen wir immer wieder Ermutigung statt einfacher Vertröstung? Wie können uns diese Worte heute helfen, neu Vertrauen zu fassen?**

● Die Lage der Exilsgemeinde scheint mehr als schwierig zu sein. In V 27f klingt ihre Klage durch. Sie sind der Meinung: Gott sieht und hört uns nicht. Ist das der Anfang einer tiefen Depression? In einem weiteren Anlauf versucht der Prophet, den Menschen erneut Mut zuzusprechen: **Der Herr wird Kraft für jeden neuen Tag geben. Er wird die, die an ihn glauben, halten und tragen.**

1. Advent, 3. Dezember   Psalm 117

- Ein kurzer, aber bemerkenswerter Lobpsalm. Gott ist kein Stammesgott, der nur für eine Nation oder eine Region „zuständig" wäre. Schon im AT geht es weit darüber hinaus. Seine „Zuständigkeit" hat keine Grenze. Der Psalm rechnet ganz ausdrücklich damit, dass **auch Menschen, die nicht zum Volk Israel gehören**, eine Art von Beziehung zu Gott haben können und sollen.
- Der Grund für das Lob ist **Gottes Gnade** und **Wahrheit,** wobei Wahrheit hier Gottes absolute Verlässlichkeit meint. Sie sind ewig und absolut tragfähig, darum wird Gott gelobt. Seine Treue kann man an seinem Weg mit seinem Volk Israel („uns") sehen. Aber es geht dabei eben nicht nur um Israel. Gottes Treue zeigt sich **exemplarisch an seinem Volk,** damit **alle Völker** daran sein Wesen erkennen können.

> *Lesen Sie Röm 15,8-12, wo Paulus Ps 117 zitiert. Er dient dort als Schriftbeweis wofür? Und lesen Sie Offb 7,9-17, wo das Motiv der Menschen als allen Völkern wieder auftaucht.*

- Die Rolle der Heiden/Völker in der Geschichte Gottes blieb für Israel schwierig. Auch in der ersten Christenheit war sie zunächst umstritten. Man kann fragen, ob sie für uns heute wirklich geklärt ist. Mit der Zahl der Menschen deutscher Herkunft schrumpft auch die Zahl der Christen deutscher Herkunft. Wenn aber alle Völker mit dazugehören, dann ist die Zukunft der Gemeinde dadurch überhaupt nicht bedroht. Wir erleben aber sowohl Berührungsängste bei der Begegnung mit Christen mit Migrationshintergrund als auch Hemmungen beim Zeugnis für unseren Gott, besonders gegenüber Menschen mit Migrationshintergrund, die anderen Religionen angehören.
- **Der Psalm kann auch unseren Blick weiten: All diese Menschen hat Gott auf dem Herzen. Sie auszuschließen, würde bedeuten, Gott auf die Größe eines Stammesgottes schrumpfen zu lassen.**

Montag, 4. Dezember — Jesaja 41,8-20

● Die ersten Verse des Kapitels handelten von einem **Gerichtswort gegen fremde Völker**. Vermutlich waren besonders die Babylonier im Blick, die Teile des Volkes Gottes in die Verbannung gebracht hatten. Trotz ihrer Stärke werden sie sich nicht halten können. Ihre Bilder wackeln und geben anderen keinen Halt (V 7).

● Noch sieht die Gemeinde im Exil kein Licht am Ende des Tunnels. Noch flößen die Götter in Babylon Angst ein. Aber Jesaja soll den Menschen ganz konkrete Hilfe zusprechen (V 8-10):

→ Der Herr hält den Menschen fest.
→ Er ist mit ihnen, er ist und bleibt ihr Gott.
→ Er stärkt den Mutlosen.
→ Er lässt ihnen Hilfe zukommen.
→ Der Feind wird eines Tages nicht mehr da sein und damit keine Bedrohung darstellen.

● Noch einmal wird deutlich, wie bitter nötig die Menschen den Zuspruch brauchen. Sie nehmen sich selbst als kleinen Wurm wahr (V 14), der von einem schier übermächtigen Gegner zertreten zu werden droht. Die Trostbotschaft scheint nicht durchzudringen. Doch wiederum wird verheißen, dass sich Gott an ihre Seite stellt. Die Worte „**Löser**" bzw. „**Erlöser**" und „**Heiliger Israels**" deuten an, dass sich die Hilfe nicht nur auf die äußeren Gegebenheiten bezieht. Gott wird sein Volk erlösen, d. h. auch ihre innere Zerrissenheit und Schuldverfallenheit beseitigen.

> *Es wird dem Volk nicht verheißen, dass es groß und stark werden wird und so in der Lage ist, dem Feind zu widerstehen. Es ist die Kraft Gottes, die Hilfe verschaffen wird. Sehen Sie eine Verbindung zu dem, was Paulus in 2Kor 12,9 sagt?*

● Die Bilder von **Wasser** und **Wüste** unterstreichen noch einmal das bisher Gesagte. Gott wird dem Verdurstenden Wasser schenken, er selbst wird für sein Volk streiten und den Weg zurück nach Jerusalem bereiten.

Dienstag, 5. Dezember — Jesaja 42,1-9

Die hier beginnenden vier sog. „**Gottesknechtslieder**" heben sich heraus, aber sind eng mit Jes 40–66 verflochten. Die Frage des äthiopischen Kämmerers, wer hier gemeint ist (Apg 8,34), beschäftigt die Ausleger bis heute. Die kollektive Deutung auf Israel als Knecht (wie Jes 41,8; 44,1) passt hier nicht, da der „Knecht" einen Auftrag *an* Israel hat (49,5f). Eher ist **eine Einzelgestalt mit königlichen, prophetischen und priesterlichen Zügen** gemeint, hier noch geheimnisvoll bis zur späteren Enthüllung und Erfüllung in Jesus: Mt 12,16-21 (wie Jes 61 in Lk 4,18-21).

● Gott präsentiert seinen **Erwählten,** dem er für seinen Dienst Stärke und Zuversicht einflößt (V 1.6) und den er seines Wohlgefallens versichert, wie Jesus bei seiner Taufe (Mt 3,17). Der Geist Gottes wird dauerhaft auf ihm ruhen wie auf dem Messias (Jes 11,2, vgl. auch Jes 61,1).

● Er hat einen doppelten **Auftrag:** Er soll „zum **Bund für das Volk**" werden, wie einst Mose zum Mittler eines neuen Bundes Gottes – und „zum **Licht der Heiden**" wie in 49,6 (s. dort). Er soll Gottes Recht unter den Heiden zur Geltung bringen. Deren Götter können nicht helfen (45,20), weil sie weder die Welt erschaffen haben (V 5) noch „Neues" in der Geschichte schaffen können (V 9).

● Das Hinaustragen des Rechtes Gottes bis zu den fernsten „Inseln" trifft auf eine (oft unbewusste) Sehnsucht der Heiden nach Wahrheit und Wegweisung (vgl. Jes 2,2-4).

● Auch das **Wie** der Ausführung ist neu: Er braucht keine marktschreierische Propaganda (s. Mt 12,16ff). Und als der angefochtene (49,4) und misshandelte Knecht (50,6) wendet er sich gerade denen zu, die angeschlagen sind und zu zerbrechen drohen.

Herr, lass mich wie Du einem „geknickten Rohr", einem Schwachen und Angefochtenen, beistehen und in der Adventszeit „Licht" für Blinde, Gebundene sein (V 7).

Freitag, 8. Dezember   Jesaja 43,14-28

● „**So spricht der Herr**" – mit dieser markanten Formel werden zwei kleinere Einheiten eingeleitet (V 14f sowie V 16-21).

→ V 14f beinhalten eine kurze, aber sehr inhaltsreiche Verheißung an das Volk Israel. Zum ersten Mal wird der Ort **Babel** als Ort der Verbannung genannt. Nun wird Babel selbst erleben, was es anderen Völkern angetan hat. Der **Perserkönig** steht schon bereit (Jes 45,1-7), um das Gericht zu vollstrecken. Darin wird deutlich, dass sich das Wort Gottes als wahr erweist. Damit wird auch klar: **Der lebendige Gott ist der Heilige, der Schöpfer und so der wahre König!**

→ Die **bevorstehende Rettung** wird so beschrieben, dass zugleich Anklänge an den schon lange zurückliegenden **Auszug aus Ägypten** deutlich werden. So wie damals der Pharao besiegt wurde, so können sich auch die Babylonier nicht der Macht Gottes widersetzen. Damit lenkt der Prophet den Blick auf das Neue, das sich Bahn brechen wird. Es wird eine Überbietung des ersten Auszugs sein. Gott wird den Weg der Exilsgemeinde zurück nach Jerusalem ebnen. Der Herr lässt Neues wachsen, selbst in der Einöde wird es genug Wasser geben, um das gesamte Volk zu versorgen. Das Neue ist nicht aufzuhalten.

● V 22-28: Noch einmal wird die Situation eines **Gerichtsprozesses** vor Augen gestellt, jetzt aber unter anderen Vorzeichen. Gott selbst sieht sich durch die Vorwürfe des Volkes auf der Anklagebank. Man hatte ihm offenbar vorgeworfen, den Menschen nicht geholfen zu haben, obwohl sie ihm recht geopfert hatten. Doch dieses gottesdienstliche Handeln war nur vordergründig. Die Menschen haben Schuld auf sich geladen, sie haben seiner Stimme nicht gehorcht und seine Satzungen nicht eingehalten. **Nicht Gott, sondern das Volk ist schuldig.**

● Das ändert nichts daran, dass Gott die Sünden seines Volkes wegwischen wird – er vergibt um seinetwillen (V 25). **Die an ihn glauben, dürfen leben, auch wenn sie es nicht verdient haben!**

Samstag, 9. Dezember   Jesaja 44,1-5

Jerusalem liegt in Trümmern, seine Bewohner sind größtenteils verschleppt. **Die Zurückgebliebenen fühlen sich ausgezehrt wie ein vertrockneter Boden.** Da redet Gott zu ihnen und verspricht neues Leben!

- Der Knecht hört (vgl. 5Mose 6,4), wenn sein Herr spricht (V 1). Ein selbstverständlicher Vorgang! Doch weil sie so oft nicht hören wollten, befinden sie sich nun in dieser Lage. Dennoch betont Gott seine bleibende Treue: **Als Knecht bleibt Israel an ihn gebunden, als Erwählte bleiben sie von ihm geliebt.** Gott liebt dieses Volk, weil er es sich selbst erschaffen hat (V 2).
- Die Anrede „Jeschurun" (V 2) kommt nur noch in 5Mose 32,15 und 33,5.26 vor. Ein Ehrentitel, dessen Bedeutung aber unsicher ist.
- Gott fordert in der Not auf: „**Fürchte dich nicht!**" (V 2). Weil seine Liebe zu seinem Erwählten felsenfest steht, will er sich immer noch um sie kümmern. Was für ein gnädiger und treuer Gott!
- Diese Gnade wird greifbar in Gottes lebensförderndem Handeln (V 3). Er übergießt sie mit erquickendem Wasser. Sein Geist bewirkt neue Nähe, eine intensive Beziehung zu Gott. Sein Segen zeigt sich in zahlreichen Kindern, die die Trümmer Jerusalems bewohnen und wieder aufbauen. Wo Gott bewässert, blüht es! Was für ein großzügiger Gott!
- Gottes Ziel ist Wachstum (V 4): Das Bild vom Gras und den Weidenbäumen am Bachlauf meint üppiges, überbordendes Leben! Sie sollen **Gottes Fülle** erleben (vgl. Joh 1,16; 10,10).
- Die Antwort der Menschen wird sein, dass sie ihre vertiefte Zugehörigkeit zu ihrem Herrn auch nach außen ausdrücken wollen (V 5). Möglichkeiten werden aufgezählt: ein Bekenntnis, ein neuer Name, eine Tätowierung in der Handinnenfläche. Die innere Identität verlangt nach einem äußeren Erkennungszeichen.

Wo spüren Sie im Moment Dürre und Durst? Machen Sie draus ein Gebet!

2. Advent, 10. Dezember — Psalm 80

Psalm 80 ist ein **Klagelied des Volkes**, dem es sehr schlecht geht und das zum Spott seiner Nachbarn geworden ist. Das führt der Psalmist nicht auf geschichtliche Zufälle oder machtpolitische Konstellationen zurück, sondern darauf, dass Gott seinem Volk den Schutz entzogen hat. Er selber gibt ihnen Tränen zu trinken und daher wird ihm jetzt geklagt und er gebeten, sich seinem Volk wieder zuzuwenden.

- Auffällig ist eine Art „Refrain" V 4,8 und 20. Möglicherweise wurde der in einem Wechselgebet gesprochen.
- Im Psalm werden verschiedene Bilder für die Beziehung Gottes zu seinem Volk genannt, wobei das persönlichste am Ende kommt. Zunächst wird **Gott als Hirte** angesprochen und das Volk als Schafe (V 2). Dann wird das Volk ausführlicher als **Weinberg** beschrieben, den Gott angelegt hat und groß werden ließ (V 9-12). Danach entzog er aber den Schutz und ließ zu, dass der Weinberg zerstört wurde (V 13-15). Gott wird als Erbauer des Weinbergs angesprochen. Damit wird er daran erinnert, dass er dem Zerstörten gegenüber nicht unbeteiligt und neutral sein kann. Es ist ja *sein* Werk und er hat hier viel investiert. Mit dieser Erinnerung wird er gebeten, sich wieder um den Weinberg zu kümmern. Danach geht der Psalm zu dem intimsten Bild über: Eigentlich ist das Volk Gott doch noch viel näher als ein Weinberg: Eigentlich ist es doch **sein Sohn** (V 16-19). Gott wird damit als Vater angesprochen, den es schmerzen muss, wenn sein Sohn verletzt wird. Darum soll er seinen Sohn wieder annehmen und beschützen.
- In Psalm 80 steckt eine geistliche Weisheit, die auch für unser Gebet wichtig ist: **Der Ausgangspunkt des Gebets sind nicht unsere Wünsche oder Bedürfnisse. Der Ausgangspunkt ist Gott selber:** Weil er schon gezeigt hat, was wir ihm bedeuten, deswegen können wir zu ihm kommen und bitten, das wieder wirklich werden zu lassen, was seine Idee war.

Montag, 11. Dezember   Jesaja 44,6-20

- Vierfach stellt Gott sich vor (V 6). Damit stellt er heraus: Gegenüber allen irdischen Herrschern und deren imposant auftretenden Göttern ist er der Oberste, ja der einzig Wahre!
- Der Abschnitt beginnt mit diesem Paukenschlag. JHWH behauptet – gegen allen Augenschein, den die Israeliten bei den pompösen Festumzügen mit babylonischen Götterfiguren miterleben konnten –: „**Ich bin der Einzige! Es gibt keinen anderen Gott außer mir!** Alle anderen sog. Götter sind lediglich „Möchtegern-Götter" ohne Macht und ohne Autorität!"
- Doch Gott behauptet dies nicht nur, er fordert heraus, dies zu überprüfen. Wer konnte in der Vergangenheit die Zukunft voraussagen? Antwort: Nur JHWH! Wer kann Dinge für die Zukunft vorhersagen? Antwort: Nur JHWH! Nur wer das fertigbringt, kann es mit ihm aufnehmen! Darum gilt: „Fürchte dich nicht! (V 8). Vertraue dich ihm an!"
- In Babylon gab es ein Arsenal an Göttern. JHWH degradiert sie alle, indem er sie entlarvt: **Alle diese angeblichen Götter sind lediglich von Menschenhand gemacht** und aus irdischem Material gefertigt! Und sie sollen retten (V 17)? Dumm, ja verflucht, wer auf sie hereinfällt (vgl. 5Mose 5,7-9; 27,15)!
- JHWH beschreibt das Tun des metallverarbeitenden Schmids (V 12) und das Tun des holzverarbeitenden Zimmermanns (V 13-17). Die Pointe sind die V 18-20: Selbst diese Handwerker sind so verblendet, dass sie nicht dahinterkommen, was sie tun. Aus der einen Hälfte des Materials stellen sie Dinge des alltäglichen Lebens her, aus der anderen Hälfte fabrizieren sie Götzen.

> ✎ *Wem oder was wird heute göttlicher Rang eingeräumt?*
> ✎ *Hinterfragen Sie sich: Woran hängt Ihr Herz? Wer oder was macht bei Ihnen dem einzigartigen Gott Konkurrenz?*

Dienstag, 12. Dezember　　　　　Jesaja 44,21-28

● Wenn ein Knecht seinem Herrn nicht gehorcht, wird er verstoßen. Aber Gott handelt nicht nach Menschenart! Er hält zu seinem Knecht, weil er sich an ihn gebunden hat – im Hintergrund steht Gottes **bleibende Erwählung**. Auf sie spielt „Ich habe dich bereitet, dass du mein Knecht seist" (V 21) an.

● **Gottes Vergeben** wird plastisch beschrieben: Der Wind weht Wolken weg. Die Sonne löst Nebel auf (vgl. Jes 1,18). Nichts von der Schuld bleibt, wenn Gott verzeiht!

● Was fehlt, ist die **Umkehr des Knechts** (V 22). Gott will Israel helfen, wieder der Knecht zu sein, der ihm von ganzem Herzen dient. Darum tritt er auf wie ein Evangelist.

● Dass Gott so gnädig ist, veranlasst die gesamte Schöpfung zum unbändigen **Freudenjubel** (V 23): Himmelshöhen und Meerestiefen (Vertikale), Bergmassive und Waldebenen (Horizontale).

● In V 24-28 stellt **Gott sich als der Handelnde in der Geschichte** vor – von der Schöpfung („Himmel ausbreiten") über die Gegenwart („Wahrsager zunichtemachen") bis in die Zukunft („Trümmer aufrichten").

● Als Gnädiger nimmt er sich jetzt Neues vor. Und das vollbringt er mit jemandem, mit dem keiner rechnet. Einen ausländischen Politiker will er gebrauchen: **Kyros II.** (V 28). Zum „Hirten" bestimmt er ihn, d.h. dieser soll die Schafe (= Israel) zu ihrem Weideland (Heimat Jerusalem) führen, d.h. sie weiden, erquicken, trösten, ihnen Gutes und Barmherzigkeit tun ... (vgl. Ps 23). Dieser **Gott ist Herr der Geschichte**, er hat einen Plan und gebraucht Einzelpersonen dafür! Darum hat Israel doch noch Zukunft!

✎ *Wie sehr jubeln Sie über die Gnade Ihres großherzigen Gottes? Was musste er Ihnen schon alles verzeihen?*
✎ *Haben Sie erlebt, dass Gott durch jemanden handelt, mit dem Sie überhaupt nicht gerechnet haben?*
✎ *Trauen Sie Gott zu, Ihre Geschichte zu lenken?*

Mittwoch, 13. Dezember   Jesaja 45,1-8

- Der Herr spricht zu **Kyrus II.**, dem Perserkönig (558–530 v. Chr.). Mit ihm hat er Großes vor, er soll sein „**Messias**" sein (V 1). Gott schreibt Geschichte – mit Politikern und mit Staaten.
- Gott **ergreift Kyrus bei der rechten Hand** (V 1), d. h. er setzt ihn in sein Amt ein. Anderen Königen – darunter der König von Babylon – **entwendet er das Schwert**, was Niederlage bedeutet. Nun ist der Weg frei. Nichts steht den Plänen Gottes mehr im Weg.
- Bei den Eroberungen will Gott Wunder tun (V 2f): Berge (= Stadtmauern) einebnen, unüberwindbare Tore aufbrechen, die Plünderung der Schatzkammer ermöglichen. Mit all dem verfolgt Gott das Ziel, dass sein Vasall Kyrus ihn kennenlernt (V 3).
- Doch nicht auf Kyrus liegt Gottes Augenmerk, er ist **Werkzeug in seiner Hand**. Jakob/Israel ist sein Knecht/Auserwählter (V 4). Mit der Umwälzung der Machtverhältnisse geht es Gott primär um Israels Heil. Durch die Eroberungspolitik des Perserkönigs sollen sie in ihre Heimat zurückkehren. Anders als die Babylonier erlaubten die Perser den Eroberten, ihre Religion auszuüben. Darum erlässt Kyrus 538 v. Chr. ein **Edikt**, in dem er den **Wiederaufbau des Jerusalemer Heiligtums** und die Rückgabe des entwendeten Tempelinventars anordnet (s. Esra 6,3-5).
- Gott gebraucht den Heidenkönig, der ihn bis dahin nicht kannte (zweimal in V 4 + 5). Durch sein Tun erweist sich **JHWH als der einzige Gott** (V 6). Das soll weltweit bekannt und gerühmt werden. Er allein ist es, der Heil und Unheil schafft, der Frieden oder Krieg bringt (V 7). Er allein hat diese Schöpferkraft! So sorgt er für Heil und Gerechtigkeit (V 8).

Gott schrieb damals Weltgeschichte, seinem auserwählten Volk zuliebe! Welche anderen Beispiele fallen Ihnen ein, wo er das getan hat?

Donnerstag, 14. Dezember   Jesaja 45,9-17

● Der Herr bedient sich ausgerechnet des heidnischen Perserkönigs Kyrus II. für sein Vorhaben, sein Volk zurückzubringen in ihre Heimat. Doch das erregt Empörung in den Reihen der Israeliten!
● Mit drei Vergleichen in zwei Wehe-Worten kontert Gott:
→ Wer seinen **Schöpfer zur Rechenschaft ziehen** will für das, wie er ihn gemacht hat, verkennt seine Position: nur eine Scherbe unter vielen anderen. Was hat sie schon zu melden!
→ Aus dem Tonklumpen (= die, die aufbegehren) kann der Töpfer (= Gott) etwas fertigen, ohne dass er vor seinem Material Rechenschaft dafür ablegen müsste.
→ Kinder haben ihre Eltern nicht zu fragen, warum sie gezeugt oder geboren wurden.
● **Der Herr ist Schöpfer der Erde** und aller, die auf ihr leben, und des Himmels und aller, die in ihm leben (V 12). Entsprechend kann er mit allen tun, was ihm beliebt. Er hat König Kyrus in seiner Souveränität dazu bestimmt, Heil für Israel zu schaffen (V 13). Und das ohne Tributzahlungen! Israel sollte sich freuen, anstatt zu murren.
● In V 14-17 sagt Gott die Zukunft für drei Gruppen an:
→ Ägypter, Kuschiter und Sebäer sind **Völker Nordostafrikas**: Sie bringen ihren Reichtum nach Jerusalem, begeben sich freiwillig in Gefangenschaft. Sie dienen den Israeliten, weil sie deren Gott und sein Tun erleben. Ihn beten sie an und ihn bekennen sie als den Einen und Einzigen (lies Mt 2,1ff).
→ Die **Götzenbildner aus Babylon** (vgl. 44,9ff): Ihre Götter sind Taugenichtse. Wer sich auf sie verlässt: Schmach, Schande, Schamesröte über sie!
→ **Israel:** Ihr Herr erweist sich als der Machtvolle, der wirklich Weltgeschicke lenken kann. Seine Erlösung bleibt! Dauerhaftes Heil für Israel!

✎ Wo hadern Sie mit Gott? Könnte Ihnen ein Perspektivwechsel wie in V 9-13 helfen, damit aus Frust und Anklage gegenüber Gott Zufriedenheit oder gar dankbare Freude wird?

Freitag, 15. Dezember   Jesaja 45,18-25

- Ein flammendes Plädoyer JHWHs: **„Es gibt keinen anderen Gott außer mir!"**
- Zuerst greift er zurück auf seine **einzigartige Schöpferkraft** (V 18f). Was für ein wohlwollender Schöpfer, der so guten Wohnraum geschaffen hat! In seiner Schöpfung ist er erfahrbar und lässt sich in ihr erkennen (vgl. Röm 1,20).
- Es folgt ein Aufruf an die Überlebenden der Eroberung Babylons, über Gott und sein Tun wie in einem Prozess zu beraten (V 20f): Ist er der einzige wirkmächtige Gott? Oder haben doch ihre hölzernen Götzenbilder Macht?
- Doch Jahwe will nicht nur, dass sie sich Gedanken über ihn machen, sondern nun wechselt er die Rolle. Er lädt sie in seine Nähe ein, in eine Beziehung mit ihm (V 22). Ihre Umkehr zu ihm wird sie retten, was mehr ist als physisches Überleben. Und dabei denkt er **nicht national (nur Israel), sondern global** („aller Welt Enden"). Der Sieger verurteilt die Prozessverlierer nicht, sondern macht ihnen dieses unglaubliche Angebot. Hier zeigt der gnädige Gott sein wahres Gesicht!
- Das ist Gottes Herzensanliegen/Schwur (V 23f): Der Tag kommt, an dem sich vor ihm „alle Knie beugen" und „alle Zungen bekennen", dass er ihr Gott ist. Der Bekenntnisinhalt „Gerechtigkeit und Stärke" meint hier Rettung und Schutz.

Das nimmt Paulus auf, indem er Jesus als Bezugspunkt für alle „Knie" und „Zungen" proklamiert (vgl. Phil 2,10f): **Durch Christus haben alle Zugang zu dem einen Gott. Was für eine Freude, zu diesem Herrn zu gehören, in seiner Nähe zu sein!**

Gottes Universalanspruch liegt nach Jes 45 in seinem Schöpfersein begründet, nach Phil 2 in seiner Selbsthingabe.

✎ Schreiben Sie eine Liste, warum Ihr Gott für Sie einzigartig ist! Freude über Jesus heute! Wollen Sie jetzt Gott anbeten? Was sagt Ihre Zunge dabei?

Samstag, 16. Dezember Jesaja 46,1-13

● Kap. 46–48 sind als Einheit zu lesen: Was ist die Konsequenz aus dem Bisherigen für die **Götter** (46), für **die Stadt Babel** (47), für das **Volk Israel** (48)?

● Die Hauptgötter Bel (= Marduk) und Nebo (= Bels Sohn) stehen für alle **Götter Babylons.** Ihr Schicksal ist besiegelt: Sie fallen! Bei der Eroberung Babylons will man ihre Statuen schnell in Sicherheit bringen, doch das Vieh bricht unter der Last zusammen. Alle, die sich von ihnen tragen lassen wollten, fallen mit.

● **JHWH aber hat Israel getragen** wie ein Vater sein Kind – obwohl sie ihm mit ihrem Götzendienst zur Last fielen. Er bleibt der unwandelbar Treue – gestern, heute und in Ewigkeit (vgl. Hebr 13,8). Darum ist auf ihn Verlass!

● Alle Götter, wie kostbar sie auch gefertigt sein mögen, stehen still, bleiben stumm, helfen nicht (V 5-7). Ohnmächtig sind sie, unnütze Götzen!

● **JHWH dagegen hilft seit Urzeiten,** indem er immer wieder in die Geschichte eingreift. Im Voraus kündigt er durch seine Propheten an, was er tun wird (V 10). Der Beweis ist der „Adler vom Osten", der „Mann aus fernem Land" (V 11). Damit ist Kyrus II. gemeint. Mit ihm erfüllt Jahwe jetzt seine Voraussagen.

● V 12f ist ein Resümee: **Alle, deren Herzen JHWH noch nicht für sich gewinnen konnte** (s. V 8), **sollen erkennen, wie er hilft**: Zion wird wieder aufblühen, weil er eingreift. Israel wird in seine Heimat zurückkehren, weil JHWH Kyrus dahingehend lenkt.

● Kann der letzte Satz in V 13 auch auf Gottes Eingreifen in seinem Sohn hin gelesen werden? In ihm schafft er endgültig „zu Zion" das Heil. Für seine Wertvollen gibt er sein Wertvollstes!

Wie haben Sie erlebt, dass Gott Sie getragen hat? Gibt es ein Lied, das Sie sich vergegenwärtigen können, um Ihr Vertrauen zu stärken?

3. Advent, 17. Dezember — Psalm 85

- Der Psalm kommt aus einer Zeit der Krise: Hier ist es nicht die individuelle Not des Beters, sondern die Krise betrifft das ganze Land und das ganze Volk. Für die Krise werden aber nicht „weltliche" Ursachen angenommen. **Die Schuld des Volkes ist der tiefste Grund der Krise.** Und Gottes Zorn, sein Nein zu dieser Schuld, steht über dem Volk.
- Möglicherweise stammt der Psalm aus der Zeit nach dem Exil: Israel konnte zwar aus Babylon zurückkehren, seine Situation im Heimatland blieb aber sehr schwierig.
- Der Beter erinnert Gott erst einmal daran, dass er **in der Vergangenheit auch schon gnädig war** und vergeben hat (V 1-4).
- Dann gesteht er die völlige Hilflosigkeit und Angewiesenheit des Volkes ein: **Bleibt Gottes Ungnade, so bleiben sie verloren.** Gott muss ihnen wieder gnädig sein. Das ist die einzige Chance zur Rettung. Und so wird Gott gefragt, ob Hoffnung besteht, dass sein Nein ein Ende findet (V6-7).
- Der Beter sehnt sich danach, ein gutes Wort Gottes zu hören, das **Wort seiner Zuwendung und Vergebung.** Er weiß, dass er keinen Anspruch auf dieses Wort hat und es Gott frei bleibt, es zu sprechen oder auch nicht. Aber er setzt alle seine Hoffnung auf die neue Zuwendung Gottes und zeigt sein Vertrauen, dass Gott eben doch hilft, wenn man ihn fürchtet (V 10). In wunderbarer Poesie malt er dann aus, wie die Heilung aussieht, die dann geschehen könnte:
- Die **Heilung** ist nicht nur eine Bekehrung von Individuen, sondern betrifft das ganze Zusammenleben, dass dann von Güte, Treue, Gerechtigkeit und Friede geprägt sein würde und auch die Natur einschließt, die dann wieder fruchtbar wäre.
- Auch die Krisen unserer Gemeinden und unserer Gesellschaft werden wir nicht anders überwinden als durch Umkehr und Gottes neue Zuwendung. V 11-14 könnte man auch als **Beschreibung des Reiches Gottes** lesen.

Montag, 18. Dezember Jesaja 49,1-6

- Hier im **zweiten Lied vom Gottesknecht** klingt die Berufung vom Mutterleib und für die Völker wie in Jer 1,5 an.
- Sein Wort wird wie ein „scharfes Schwert" durchdringen und scheiden (vgl. Hebr 4,12). Es reicht weit und trifft genau wie ein „glatter Pfeil". Dabei bleibt er im Schatten von Gottes Hand geborgen, was nicht sein späteres Leiden ausschließt.
- Der Herr aller Herren will sich ausgerechnet durch einen Knecht **auf verborgene, paradoxe Weise „verherrlichen"**: weil an diesem Knecht nach V 4 nur **das Gegenteil von Herrlichkeit** zu sehen ist (deutlicher 50,4-9 und 53).
- Trotz der starken Berufung schien ihm sein voller Einsatz zeitweilig **fruchtlos oder gescheitert** zu sein. Diese Frustration wird durch die Erinnerung an die Berufung für Israel und die Ausweitung seines Auftrags überwunden:
- *Zuerst* soll er „Die Zerstreuten Israels" (V 6) zurückbringen. Wenn hier ursprünglich äußerlich an die Rückführung aus Babylon gedacht sein sollte, so käme die Innenseite hinzu, die **innere Heimführung zu Gott!** So wie Jesus über Jerusalem klagt: „Wie oft habe ich deine Kinder versammeln wollen, wie eine Henne ihre Küken versammelt unter ihre Flügel; und ihr habt nicht gewollt!" (Mt 23,37).
- V 6b: Israel wird nicht verworfen, aber der Auftrag wird ausgeweitet: **Der Gottesknecht soll zum „Licht der Völker" werden** (vgl. 60,3).
- **Die Apostel deuteten, nachdem sie sich treu immer zuerst an die Juden wandten, ihre Hinwendung zu den Heiden bewusst im Licht dieses Verses (Apg 13,46f)!** Pinchas Lapide schrieb, dass Paulus den prophetischen Auftrag, „Licht für die Völker" zu sein, „stellvertretend für Israel" vollzogen habe.

Wann haben Sie zum letzten Mal gedacht, Ihre Arbeit sei umsonst? Könnte jetzige „Frustration" durch die Erinnerung an unsere Berufung und einen neuen Auftrag überwunden werden?

Dienstag, 19. Dezember   **Jesaja 49,7-17**

● Gott stellt sich hier (V 7) mit drei Attributen vor: der **Herr**, der **Erlöser Israels**, der **Heilige Israels**. Bei allen drei Bezeichnungen geht es um den Knecht Gottes, der die Erlösung vollbringen wird. Es lässt aufhorchen und erschrecken, dass der, der die Erlösung bringt, von den Menschen verachtet wird. Zum sündigen Wesen von uns Menschen gehört, dass wir alles Heilige verachten.

> *Im berühmten 4. Gottesknechtslied Jes 53 wird diese Feststellung vertieft. Wenn Ihnen die Aussagen nicht präsent sind, schlagen Sie Jes 53,3 nach. Vergleichen Sie mit Psalm 22,7.*

● In V 9-11 wird konkret beschrieben, wie Gott für die Erlösten sorgt: **Ihr Leben gleicht nicht immer saftigen grünen Weiden**, aber selbst auf wenig fruchtbaren kahlen Hügeln finden sie mehr als genug zum Leben. **Gott tut Wunder und ebnet Wege, sodass sie keinen Mangel leiden müssen.**

● Für das Bild in V 16 gibt es mehrere mögliche Erklärungen:

→ Es gab einen Brauch im Altertum, dass sich Liebende den Namen des anderen eintätowieren ließen, vor allem bei längeren Zeiten der Trennung.

→ Gott hat den Stadtplan von Jerusalem in seine Hand eintätowiert, das würde die Aussage über die vor Augen stehenden Mauern erklären.

→ Da Tätowieren kein jüdischer Brauch war, könnte hier aber auch von den menschlichen Handlinien die Rede sein, die die verschiedenen Täler und Erhebungen der Topografie Jerusalems nachbilden.

● Es geht jedenfalls darum, dass **Gottes Volk nicht vergessen ist, sondern immer vor Augen ist**. Wenn von den Händen Gottes die Rede ist, dann sind diese Hände immer auch helfende Hände, Hände, die sogar Erlösung schaffen. Und in diesen Händen ist Platz für die Namen von Menschen, die Gott nicht vergessen wird. In den großen Händen Gottes ist ganz sicher auch Platz für Ihren und meinen Namen.

Mittwoch, 20. Dezember   Jesaja 50,4-11

● Hier im 3. sog. „Gottesknechtslied" steht für „**Knecht**" das Wort „**Jünger**". Als „Schüler Gottes" muss ihm täglich neu morgens das innere Ohr geweckt werden. Bonhoeffer schrieb dazu 1935: „In die ersten Augenblicke des neuen Tages gehören nicht eigene Pläne und Sorgen, auch nicht der Übereifer der Arbeit, sondern Gottes befreiende Gnade, Gottes segnende Nähe ... Vor das tägliche Brot gehört das tägliche Wort."

● Nur so kann er und können seine Nachfolger den „Müden" das ermutigende Wort sagen. Nach Jes 40,28-30 ist die Müdigkeit Folge der Perspektivlosigkeit (Gott kümmert sich nicht um uns, kann unser Schicksal nicht wenden). Hier müssen die Resignierten erst aufgerüttelt werden. Dieses Wort erinnert an den „Heilandsruf", an die Müden Mt 11,28.

● Trotz Anklängen an Jeremia wird hier anders als bei ihm das **Leiden um des Auftrags willen** bejaht. Trotz aller Schmähungen und Misshandlungen lässt sich der Knecht nicht von seiner Mission abhalten (ebenso wie heute Millionen verfolgte Christen).

● Anders als man damals dachte, steht Gott auf der Seite des Geschlagenen und nicht auf der des Siegers. „Hier fängt das Neue an: dass Gott selbst das Leiden und die Leidensbejahung seines Dieners will" (Westermann). Er macht sein Gesicht „wie einen Kiesel". Ähnlich Jer 1,18 und Hes 3,8f, aber hier entsteht die Widerstandskraft dadurch, dass der Knecht die Anfeindungen bejaht.

● **Der Knecht fordert seine Gegner zum Rechtsstreit heraus, weil Gott ihm recht geben wird.** *Wie* Gott das tun will, wird erst im letzten Text vom Gottesknecht Jes 52,13ff enthüllt.

✎ Vergleichen Sie Jochen Kleppers vertontes Gedicht von 1938 „Er weckt mich alle Morgen" mit den Anklängen an diesen und andere Bibeltexte. Und praktisch: Wo sind mein Gehorsam und meine Standhaftigkeit gefragt?

Donnerstag, 21. Dezember   **Jesaja 51,1-8**

Gott ruft eindringlich dazu auf, doch das **Angebot der Errettung** anzunehmen. Jeder Unterabschnitt beginnt mit dem Aufruf, doch **gut zuzuhören:**

→ Hört auf mich, alle, die ihr auf Gerechtigkeit aus seid (V 1-3)!
→ Hör mir gut zu, mein Volk (V 4-6)!
→ Hört mir zu, ihr kennt doch meine Gerechtigkeit (V 7-8)!

● **Gut zuzuhören** bedeutet für gläubige Israeliten, sich an den Anfang zu erinnern, an Abraham und Sara (beide hier gleichberechtigt genannt!). Abraham wurde aus dem Fels des Heidentums herausgemeißelt, Sara herausgegraben als Brunnen aus trockenem Wüstensand – ungewöhnliche Bilder für die einzigartige göttliche Erwählung.

● **Gut zuzuhören** bedeutet zuallererst, auf die Weisung Gottes zu hören: Weisung bedeutet hebräisch „Tora" – die fünf Bücher Mose als Bundesbuch Gottes mit den Geboten werden von den Juden „Tora" genannt. Es geht also um das Befolgen der guten Gebote Gottes. So wird Gottes Volk in seiner Berufung leben, den Völkern das Licht Gottes zu bringen. Nichts braucht eine vergehende Welt dringender als diese ewige Botschaft. Wer genau hinschaut, kann erkennen, dass der sichtbare Himmel und die Erde in höchstem Maß vergänglich sind (V 6), so wie auch die Menschen, die sterben wie die Fliegen. Auf dem Hintergrund dieses wenig schmeichelhaften Vergleichs leuchtet die Botschaft vom ewigen Heil und der ewigen Rettung umso heller.

● **Gut zuzuhören** bedeutet zu erkennen, dass bei Gott ganz andere Maßstäbe gelten. Menschen fürchten sich normalerweise vor dem Spott anderer. Vor dem Spott der Ungläubigen brauchen sich die Glaubenden jedoch nicht zu fürchten, weil deren Spott so wenig bestehen bleibt wie sie selbst (V 8).

✎ Beten Sie heute doch für die Christen, die unter dem Spott anderer leiden, dass Gott selbst sie mit seiner Ewigkeitsperspektive tröstet.

Freitag, 22. Dezember   **Jesaja 51,9-16**

● Menschen in schwierigen Lebenssituationen fragen sich oft, ob Gott sie vergessen hat, ob er keine Macht hat oder ob er menschliche Schwächen zeigt und schläft. Auch wenn der Hüter Israels weder schläft noch schlummert (Ps 121,4), so hält er es doch aus, **vom Propheten zum Aufwachen aufgefordert zu werden.**

● Die Gläubigen früherer Zeiten, deren Glaube sich in Notsituationen bewährt hat, ermutigen uns immer wieder: **Lasst Gott nicht in Ruhe! Klagt ihm euer Leid! Bestürmt ihn mit euren bohrenden Fragen! Bekniet ihn mit euren Bitten!** Und dann erinnert Gott an seine früheren Taten: So hat er den Drachen Rahab besiegt – ein mythologisches Seeungeheuer, eine dunkle, chaotische, widergöttliche Macht. Aber Gott hat sie besiegt, hat das Chaos geordnet, hat die Welt gegründet. Das war in grauer Vorzeit. Aber Gott hat nicht aufgehört zu wirken: Die Befreiung aus der Sklaverei in Ägypten ist für alle Zeiten das präsente geschichtliche Zeichen für das Volk Israel. Gott hat damals das Unmögliche vollbracht: die Versklavten befreit, und wo kein Durchkommen in Sicht war, Wege gebahnt. **Wenn Gott es damals getan hat, dann kann er es doch auch jetzt wieder tun.**

● Die Antwort Gottes lässt nicht auf sich warten (V 12-16):
→ „Ich, ich bin euer Tröster." Gott verhindert die Katastrophen zwar nicht immer, aber er ist bei den Menschen in der Not. Wir denken oft, Gott sei nur dann da, wenn er Schweres verhindert. Aber dann würden wir wahrscheinlich gar nicht wahrnehmen, dass er da ist.

→ Weiter macht Gott auf eine Quelle der Angst aufmerksam: **„Wer bist du denn, dass du dich vor Menschen gefürchtet hast."** Die Ursache für viele Sorgen liegt nicht in der vermeintlichen Abwesenheit Gottes, sondern in unserer Menschenfurcht.

→ **„Der Gefangene wird eilends losgegeben"**, d.h. Gottes Hilfe ist schon unterwegs. Aber seine Zeitvorstellung ist eine andere als unsere. Deshalb ist Geduld gefragt.

Samstag, 23. Dezember   Jesaja 52,1-12

● Der Abschnitt beginnt mit der **dritten Aufforderung zum Aufwachen** (nach 51,9 und 17). Zion steht stellvertretend für ganz Jerusalem und seine Bewohner. Wenn Gott anwesend ist in dieser Stadt (V 6), gibt es Grund zu feiern und sich festlich zu kleiden (V 1). Gottes Volk soll nach **außen ein Licht für die Völker sein** (51,4), aber das ist nur die eine Seite der Medaille. Die andere ist die Berufung **nach innen als Gott geheiligtes Volk**. Obwohl Jerusalem in biblischer Sicht das Zentrum der Welt ist, soll es kein multireligiöser Schmelztiegel sein, sondern ganz klar allein dem lebendigen Gott geweiht und auf ihn hin ausgerichtet sein (V 2).

● Manche Ausleger vermuten, dass in V 7 von einer Art **Staffellauf** die Rede ist, bei dem eine gute Nachricht von einem Läufer zum anderen übergeben wird. Folgende Läufer schließen sich dem Lauf der guten Nachricht an:

→ **Der Bote:** Die Gestalt des froh heraneilenden Boten auf den Bergen Israels weist uns hin auf den Boten und Bringer der Gottesherrschaft: **Jesus von Nazareth. Dieser Freudenbote macht sich auf den staubigen Weg zu den Menschen und muss dabei manche Hindernisse überwinden.**

→ **Die Wächter:** Sie sind Verantwortungsträger des Volkes, die das Volk vor Überfällen schützen. Jesus bildete mit dem Kreis der Jünger Verantwortungsträger aus, die nach Ostern mit der guten Nachricht vom Sieg über den Tod in die ganze Welt hinausliefen.

→ **Die in den Trümmern Jerusalems Lebenden:** Menschen in Not sind zu allen Zeiten besonders empfänglich für die Frohe Botschaft.

→ **Die Enden der Erde:** Weil Gott König über die ganze Welt ist, soll die Botschaft auch alle Menschen erreichen.

✎ *Einen Tag vor Heiligabend klingt für uns beim Lesen von V 7 die Weihnachtsbotschaft durch: Friede, Rettung und ein König. Welche neutestamentlichen Aussagen fallen Ihnen dazu ein?*

Heiligabend, 24. Dezember   Psalm 115

● V 1-3: Oft wollen Menschen, wo etwas gelingt, die Aufmerksamkeit auf ihren eigenen Verdienst lenken und geehrt werden. Das kann auf subtile Art sogar im Gottesdienst geschehen. Dagegen wird eingeschärft: **Es geht um Gottes Ehre.**

● In V 4-8 werden die Götzen Gott gegenübergestellt. Sehr anschaulich wird ihr gemeinsames Merkmal beschrieben: Sie können nichts tun. Es sollte uns eine Mahnung sein – wer sind unsere toten Götzen, an die wir unser Herz hängen?

● V 9-15: Im Gegensatz zu den Götzen steht der wahre Gott, der hilft und mit seinem Segen Leben ermöglicht. In den V 9-11 wird der zweite Teilsatz wiederholt und betont: **Der wahre Gott ist echte Hilfe.**

● Am 24.12. können wir von Mund, Augen usw. der leblosen Götzen kaum lesen, ohne an den Gottessohn zu denken, der mit Mund, Augen, Händen reden, sehen und greifen kann. „Wo ist denn ihr Gott" (V 2) – er liegt als Baby *in einer Futterkrippe*.

● V 16-18: Auf den ersten Blick irritierend sind die Toten aus dem Lob Gottes und damit aus der Beziehung zu ihm herausgenommen. Tatsächlich enthält dieser Text, wie manche andere im AT, keine Hoffnung auf ein Weiterleben nach dem Tod. Nebenbei beweist das, dass der Glaube im AT nicht aus einem Wunsch (-denken) entstanden sein kann, nach dem Tod weiterzuleben. Jesus wird diesen Satz allerdings als Argument **für** die Auferstehung verwenden (Mt 22,23-32). Wenn Gott der Gott der Lebenden ist, und zugleich der Gott Abrahams, Isaaks und Jakobs, die zur Zeit Jesu lange verstorben waren, dann können sie nicht tot sein, sondern müssen leben. Es bleibt also dabei, dass **die (wirklich) Toten Gott nicht loben.** Zu dieser Aussage dürfen wir aber die folgende, genauso wahre stellen: **Die, die mit Gott versöhnt verstorben sind, gehören nicht zu den (wirklich) Toten, sondern bekommen von Gott neues Leben.**

1. Weihnachtstag, 25. Dezember Lukas 1,46-55

Am Tag nach Jesu Geburt mag die erschöpfte Maria über den langen, für sie in jeder Hinsicht strapaziösen Weg von Nazareth (Lk 1,26ff) nach Bethlehem nachgedacht haben. Ob sie mit derselben demütigen Begeisterung wie damals bei Elisabeth unseren heutigen Text, das „Magnificat", noch einmal gebetet hat? Es ist ja **ein Loblied darauf, was Gott an und mit ihr getan hatte und wie er mit dieser Welt umgeht.**

- **Was Gott an Maria getan hat: V 46b-50**

Im Schatten jüdischer „Hochkirchlichkeit", die im Tempel blühte, gab es im Israel der Zeitenwende eine Frömmigkeitsbewegung, zu der auch Maria und Joseph gehörten. Das Pflichtopfer, von dem in Lk 2,23f die Rede ist, war nach 3Mose 12,6-8 das, was Arme opfern mussten. **Niedrig** (V 48a) **und bedürftig** (V 53), so sahen sich diese Frommen und wussten sich in der Spur von Menschen, wie sie in den Psalmen (z.B. Ps 9,19) öfter vorkommen. Menschen ohne „Kontakte", denen nichts anderes blieb als von Gott her Hilfe und Heil zu erwarten (V 47). Diese uralte Hoffnung sollte nun erfüllt werden – durch ihr Kind. Ja, Maria war gerne Gottes Werkzeug.

- **Wie Gott in dieser Welt handelt: V 51-55**

Dabei vergaß sie den Rahmen nicht, in dem sie lebte: die Leute, die nach vorne drängten (V 51b), Macht und Einfluss hatten (V 52), im Geld schwammen (V 53b). Dem allen bereitet Gott einmal ein Ende – das erhofften die Frommen.

- Aber Marias Sohn Jesus, ihr Hoffnungsträger, entfachte keine politische und soziale Revolution! Er sprach mit Armen und Reichen, Schuldigen und Gerechten, denn für sie alle ist Gott in Jesus Mensch geworden. Aber er sprach mit ihnen nicht über Aktienkurse oder wie man die nächste Wahl gewinnen könne. **Er sprach mit ihnen über ihr Verhältnis zu Gott.** Nicht, weil sie keine andere Wahl mehr hatten, sollten sie Jesus vertrauen, sondern weil er sie überzeugt hatte.

2. Weihnachtstag, 26. Dezember   Lukas 2,29-32

● Sechs Wochen sind seit Jesu Geburt vergangen. Wir treffen Maria und Joseph im Jerusalemer Tempel. **Sie wollen ihren Sohn Gott offiziell „zur Verfügung stellen"**, wie es wörtlich heißt (V 22). Sie, die abgeben, treffen dort zwei Wartende: Simeon, einen alten Mann, und Hanna, eine alte Frau, beide am Leben gehalten von der Hoffnung, Gottes lange angekündigtem Erlöser (Lk 1,55) noch persönlich zu begegnen.

● Ob ich die Hochzeit unserer Tochter noch erleben werde? Oder die Konfirmation der Enkel? Die Hoffnung auf solche sehr persönlichen Ereignisse kann alte Menschen am Leben halten. Und wenn es dann geschehen ist, gehen sie gern – nicht alle, aber manche. Simeon war einer von ihnen. Er geht mit einem Loblied über Gottes Güte auf den Lippen.

● Warum will, warum muss Simeon Gottes Erlöser *sehen*? Warum will Thomas gut dreißig Jahre später den Auferstandenen *sehen*? Weil sehen uns Menschen mehr Gewissheit gibt als „nur" hören. Und weil es ja um sehr viel ging: um „den Trost Israels" (V 25); um Gottes „Heiland" (V 30; 1,47); um „das Heil" (V 31); um „ein Licht zur Erleuchtung der Heiden" (V 32a). **Weihnachten ist ein Fest des Sehens. Hoffnungen erfüllen sich.**

● Für Lukas, von Geburt ein Heide, geht schon jetzt die Tür für alle auf, die nicht als Juden geboren waren. Sehen kann man zunächst nur, dass es heller wird in der Welt. Selbst die tiefste Finsternis kann das Licht eines brennenden Streichholzes nicht unterdrücken. Und finster war und ist es bis heute in einer Welt ohne Gott, ohne Jesus! Worin besteht das Licht? In der Chance, aus dem eigenen Schatten springen zu können; nicht mehr von dunklen Mächten beherrscht zu werden; nicht mehr in Angst leben zu müssen.

● Simeon redet nicht nur allgemein von Helligkeit, er redet von ihrem Ursprung: „meine Augen haben deinen Heiland gesehen". **Unser Glaube, das ganze Christentum hängt an der einen Person Jesus Christus.**

Mittwoch, 27. Dezember — Jesaja 52,13–53,5

Dieser **Höhepunkt der vier Gottesknechtslieder** ist ohne Analogie im AT. Als Vollendung der Texte in Kap. 42, 49 und 50 wird hier die Wirkung seines Leidens geschildert.

● Gleich zu Beginn wird das Ziel genannt: Er wird „hoch und erhaben" sein wie der Thron Gottes in Jes 6,1. Dass ein so unmenschlich Entstellter und Verachteter eine solche **Erhöhung** erfährt, ist einzigartig und wird Völker und Herrscher vor Erstaunen „aufspringen" lassen.

● Im Gegensatz zur Schönheit Josephs oder des Gesalbten David (1Sam 16,12f.18) ist die Leidensgestalt des Knechtes Gottes so hässlich abstoßend, dass man sich über ihn entsetzte. Seine abstoßende Leidensexistenz führt wie in manchen Klagepsalmen (Ps 22,25) zu Verachtung und Isolation.

● Es entsprach rechtgläubiger Überzeugung, dass Leiden und Unglück eine Strafe des zürnenden Gottes für früheres Fehlverhalten sind (vgl. Hiob 8,3f; Ps 39,11f). Umso überraschender die Erkenntnis, dass er um „unserer Sünde willen zerschlagen" wurde.

● **Stellvertretung** findet man im AT schon bei Mose, der lieber anstelle des sündigen Volkes „aus dem Buch" Gottes getilgt werden will (2Mose 32,32), aber er kann die Schuld nicht für immer und schon gar nicht für alle Völker wegtragen.

● Er trug auch „unsere Krankheiten" und **Schmerzen**. Die Krankenheilungen und Austreibungen der Geister durch Jesus werden in Mt 8,17 ausdrücklich als Erfüllung dieser prophetischen Verheißung verstanden. Aber auch als der „Schmerzensmann" am Kreuz kennt er unsere Schmerzen.

● Wie das damalige Judentum hat auch **Jesus** den Gottesknecht auf den Messias bezogen und seinen eigenen Weg so verstanden:

> ✎ *Vergleiche die Parallelen zu Jes 53 in seinen Leidensankündigungen (Mk 8,31; 9,31; 10,33f) und im Abendmahlsbericht in 1Kor 11,23-26.*

Donnerstag, 28. Dezember — Jesaja 53,6-12

- V 6: „Ein jeder sah auf seinen Weg" – Sünde geht mit Egoismus einher und macht orientierungslos.
- Dem wird das **stellvertretende Leiden des Knechtes** für „unsere Sünden" entgegengesetzt – insgesamt sechsmal (53,5.6.8.10.11.12)! Die Verkündigung des stellvertretenden (Sühne-)Todes Jesu kann nicht für entbehrlich erklärt werden! Der Knecht schafft als der objektive *Sündenbock* (3Mose 16,8f) nicht nur die Sünde des Einzelnen aus der Welt, sondern den ganzen Zusammenhang von Schuld und Unheil, der jede Gemeinschaft belastet.
- Als im Babylonischen Exil der Opferdienst nicht mehr möglich war, wird der Blick geöffnet für das **„ein für alle Mal"** vollzogene Opfer durch den Einen (wie Hebr 9,12.26!). Er trägt die Sünden „der vielen", d.h. eine unzählbare große Menge. Jesus spricht in Mk 10,45 vom Lösegeld „für viele", 1Tim 2,6 erklärt: „für alle".
- Seine Rechtfertigung und Erhöhung durch Gott, seine Zukunft nach dem Tod wird in der Sprache alttestamentlicher Erwartungen beschrieben („lange leben" …) und geht doch darüber hinaus: Mit „Licht" im Gegensatz zum Dunkel des Todes und der „Fülle" des Lebens wird die revolutionär neue Erkenntnis eines Lebens nach dem Tod angedeutet.
- Der Plan Gottes wird schließlich gelingen, die Frucht seines Leidens den „vielen" zugutekommen. In V 10b könnte ein besonderer Aspekt der Nachkommenverheißung an die Väter sichtbar werden: als **Anwachsen des Volkes Gottes durch das Leiden**: von der Vermehrung Israels in Ägypten „je mehr sie das Volk bedrückten" (2Mose 1,12.20) über Entstehung und Wachstum der Gemeinden trotz und durch Verfolgung (Apg 11,19-21) bis hin zum „Blut der Märtyrer als Same der Kirche" vom Altertum bis heute (China!).
- Nehmen wir das im Rückblick auf **alle vier Gottesknechtslieder und im Ausblick auf das neue Jahr als Verheißung, dass auch wir in der Nachfolge des Gottesknechtes Lebensfülle und Wachstum erleben werden.**

Freitag, 29. Dezember **Jesaja 54,1-10**

- Das **Schicksal Israels** wird hier mit den härtesten Frauenschicksalen der damaligen Zeit verglichen: **kinderlos, verwitwet, verlassen.** Doch Gott wird dieses schwere Schicksal zum Guten wenden. Israel ist nämlich die Jugendliebe Gottes, zu der Gott für immer steht, dessen Treue ewig bestehen bleibt.
- Ab V 7 redet der Prophet über einen kurzen und einen langen Zeitraum, beim kurzen macht er es kurz, vom langen schwärmt er umso mehr:
- „Ich habe dich einen kleinen Augenblick verlassen." Gott ist bloß einen Wimpernschlag lang weg. In V 8 wird das sogar noch eingeschränkt: Er ist nicht mehr weg, sondern hat sein „Angesicht im Augenblick des Zorns ein wenig vor (uns) verborgen", d.h. er ist immer noch da, nur abgewandt, er kommuniziert nicht mehr direkt mit uns mit Augenkontakt. Es handelt sich um eine kurze Kommunikationsstörung wie das kurze Knacken in der Telefonleitung, wodurch ein Gespräch aber nicht wesentlich behindert wird. Seine **abgewandte dunkle Seite** zeigt Gott nur einen Wimpernschlag lang.
- Die **zugewandte helle Seite Gottes** erscheint dagegen lang und groß. Diesen Zeitraum nennen wir Ewigkeit, das genaue Gegenteil eines Wimpernschlags. Über diesen Zeitraum gerät der Prophet ins Schwärmen, denn er dauert nicht nur unendlich lange an, er ist erfüllt von Barmherzigkeit, Gnade und Erlösung:

→ **Barmherzigkeit** (V 7): Die hebräische Wortwurzel bedeutet Mutterschoß. Es handelt sich also um die Geborgenheit eines Kindes im Schoß der Mutter. Gott hat ein mütterliches Wesen, wir können uns in den Mutterschoß Gottes flüchten.

→ **Gnade** (V 8): Das Wort meint eine „Wendung zum überreich Besseren", d.h. Gott lässt es uns unerwartet gut gehen.

→ **Erlösung** (V 8): Gott ist der Erlöser, der Auslöser, der für die Loslösung des Sklaven einen Preis bezahlt. Der Preis für die Herauslösung des Menschengeschlechts aus der Sklaverei der Sünde ist der Tod des Erlösers Jesus Christus.

Mitarbeiterinnen und Mitarbeiter 2023

Alle Autorinnen und Autoren, deren Wohnort mit einem * versehen ist, sind unter bibelfuerheute@brunnen-verlag.de erreichbar.

1., 6., 8., 29.1.	Dr. Beat Weber-Lehnherr, Basel, SCHWEIZ, weber-lehnherr@sunrise.ch
2.-12.1.	Dr. Rolf Sons, Flein, rolf.sons@elkw.de
13.-23.1.	Claus-Dieter Stoll, Mötzingen, cd@stollteam.de
15., 22.1.	Dr. Peter von Knorre, Gummersbach*
24.-28.1.	Stephan Zeipelt, Dortmund*
30.1.-4.2.	Raphael Fauth, Schorndorf, raphael.fauth@elkw.de
5., 12., 19.2.	Dr. Peter von Knorre, Gummersbach*
6.-11.2.	Dr. Andreas Käser, Schwieberdingen, andreas.kaeser@mailbox.org
13.-18.2.	Ralf Bödeker, Gevelsberg, burboedeker@web.de
20.2.-1.3.	Wolfgang Kraska, Rheinstetten-Forchheim, wolfgang.kraska@feg.de
26.2.	Dr. Rüdiger Gebhardt, Kassel*
2.-7.3.	Dr. Matthias Clausen, matthias.clausen@eh-tabor.de
5., 26.3.	Dr. Beat Weber-Lehnherr, Basel, SCHWEIZ, weber-lehnherr@sunrise.ch
8.-13.3.	Dr. Lieselotte Mattern, Ludwigsburg*
12., 19.3.	Dr. Rüdiger Gebhardt, Kassel*
14.-18.3.	Gudrun Theurer, Stadtbergen, gudruntheurer@web.de
20.3.	Klaus Jürgen Diehl, Wetter, klaus.j.diehl@gmx.de
21.-25.3.	Jens Brakensiek, Burbach*
27.3.-3.4.	Dr. Joachim Drechsel, Marburg*
2.4.	Dr. Beat Weber-Lehnherr, Basel, SCHWEIZ, weber-lehnherr@sunrise.ch

4.-10.4.	Rainer Härer, Schorndorf, i.r.haerer@gmx.de
11.-15.4.	Ernst-Eduard Lambeck, Bielefeld*
16., 23., 30.4.	Dr. Uwe Rechberger, Walddorfhäslach, Uwe.Rechberger@elkw.de
17.-25.4.	Burghard Affeld, Osnabrück, broaffeld@osnanet.de
26.4.-3.5.	Dr. Christoph Morgner, Garbsen*
4.-13.5.	Dorothea Bender, Linden, dorothea@dbender.net
7., 14., 18., 21., 28., 29.5.	Ulrich Seng, Kassel, sengwk@gmx.de
15.-20.5.	Ulrich Mack, Filderstadt, umack@gmx.net
22.-27.5.	Hartmut Frische, Minden, hartmutfrische@t-online.de
30.5.-2.6.	Dr. Siegbert Riecker, Kirchberg, s.riecker@bsk.org
3.-13.6.	Holger Noack, Wuppertal*
4.6.	Ulrich Seng, Kassel, sengwk@gmx.de
11., 18., 25.6.	Dr. Heiko Wenzel, Pohlheim*
14.-20.6.	Dr. Sabine Schröder, Schönwalde-Glien, post@sabineschroeder.de
21.-27.6.	Annegret Puttkammer, Neukirchen-Vluyn, annegret.puttkammer@neukirchener.de
28.6.-3.7.	Rainer Kiess, Filderstadt, rainer.kiess@t-online.de
2., 9., 16.7.	Dr. Heiko Wenzel, Pohlheim*
4.-8.7.	Kuno Klinkenborg, Dortmund, kuno.klinkenborg@amd-westfalen.de
10.-13.7.	Dr. Siegbert Riecker, Kirchberg, s.riecker@bsk.org
14.-19.7.	Manuel Janz, Hemer*
20.-28.7.	Dirk Scheuermann, Velbert, dirk.scheuermann@evkg-nierenhof.de
23., 30.7.	Gottfried Holland, Schwieberdingen, gottfried.holland@gbm-meuc.org
29.7.-4.8.	Dr. Friedhelm Jung, Bornheim, fjung@swbts.edu

5.-11.8.	Dr. Markus Steinhilber, Gunzenhausen, mgsteinhilber@gmx.de
6., 13., 20., 27.8.	Gottfried Holland, Schwieberdingen, gottfried.holland@gbm-meuc.org
12.-17.8.	Marlene Trick, Freudenstadt, marlene.trick@gmx.de
18.-26.8.	Stefan Hermann, Filderstadt*
28.8.-2.9.	Werner Trick, Freudenstadt, werner.trick@gmx.de
3., 10., 17., 24.9.	Dr. Eberhard Hahn, Ofterdingen, e.fritz.hahn@gmail.com
4.-11.9.	Wolfgang Buck, Daaden, buck-daaden@t-online.de
12.-18.9.	Frank Schröder, Erfurt*
19.-23.9.	Dr. Heinzpeter Hempelmann, Schömberg*
25.-30.9.	Heidi Krause-Frische, Minden, heidikrausefrische@t-online.de
1.10.	Dr. Eberhard Hahn, Ofterdingen, e.fritz.hahn@gmail.com
2.-4.10.	Klaus Jürgen Diehl, Wetter, klaus.j.diehl@gmx.de
5.-7.10.	Andreas Isenburg, Dortmund, andreas.isenburg@igm-westfalen.de
8., 15., 22., 29.10.	Maike Sachs, St. Johann, maike.sachs@elkw.de
9.-14.10.	Christian Uhlstein, Schwerte, christian.uhlstein@afj-ekvw.de
16.-28.10.	Klaus Jürgen Diehl, Wetter, klaus.j.diehl@gmx.de
30.10.-7.11.	Doris Oehlenschläger, Bad Salzuflen, dorisoehl@online.de
5., 12.11.	Maike Sachs, St. Johann, maike.sachs@elkw.de
8.-18.11.	Manfred Dreytza, Walsrode*
19., 26.11.	Volker Roggenkamp, Münster*
20., 21.11.	Dr. Heinz-Werner Neudorfer, Reutlingen, heinz-werner.neudorfer@t-online.de
22.-30.11.	Hartmut Bärend, Berlin*
1.-4.12.	Michael Schröder, Dietzhölztal*

3., 10., 17., 24.12.	Volker Roggenkamp, Münster*
5., 18., 20., 27., 28.12.	Dr. Wolfgang Reinhardt, Kassel, dunir@online.de
6.-8.12.	Michael Schröder, Dietzhölztal*
9.-16.12.	Martin Weber, Kirchberg*
19., 21.-23.12.	Joachim Rieger, Mössingen, joachim.rieger@elkw.de
25., 26.12.	Dr. Heinz-Werner Neudorfer, Reutlingen, heinz-werner.neudorfer@t-online.de
29.-31.12.	Joachim Rieger, Mössingen, joachim.rieger@elkw.de

Bibelstellen-Verzeichnis 2015–2023

1. Mose
1–4	2.-13.1.15
	2.-10.1.19
	2.-12.1.23
6–8	14.-17.1.15
6–9	11.-18.1.19
	13.-21.1.23
9,1-17	19.1.15
11,1-9	20.1.15
	19.1.19
	23.1.23
11,27–19	24.1.-8.2.23
12,1–	
19,29	21.1.-4.2.15
21,1-21	5.2.15
	9.2.23
22,1-19	6.2.15
	10.2.23
23,1-20	7.2.15
	11.2.23
24–25	26.-29.5.15
	30.5.-2.6.23
27,1–	
29,30	30.5.-5.6.15
	3.-9.6.23
31–33	6.-11.6.15
	10.-15.6.23
37,1-11	12.6.15
	16.6.23
37,12-36	13.6.15
	17.6.23
39–50	15.6.-4.7.15
	19.6.-8.7.23

2. Mose
1–6,1	13.-20.6.16
7	21.6.16
12,1–	
33.51	22.-23.6.16
13,17–	
20,21	24.6.-6.7.16
24,1–	
25,22	7./8.7.16
32–34	9.-14.7.16
40	15./16.7.16

3. Mose
1	6.3.17
8–10	7.-9.3.17
16	10.3.17
19	11./13.3.17
25	14./15.3.17

4. Mose
6,22-27	28.8.17
9–14	29.8.-7.9.17
17	8.9.17
20–24	9.-19.9.17
27,12-23	20.9.17

5. Mose
1–12	10.1.-5.2.18
15–19	6.-13.2.18
21	14.2.18
24	15.2.18
25	16.2.18
26	17.2.18
27	19./20.2.18
30–31	21./22.2.18
33–34	23./24.2.18

Josua
1–3	14.-17.1.22
4–5	18./19.1.22
6	20./21.1.22
7,1–	
10,15	22.-27.1.22
11	28.1.22
20,1-9	29.1.22
21,1-3.	
41-45	31.1.22
22–24	1.-7.2.22

Richter
1,1-3.	
17-21	13.6.22
1,27–	
2,23	14./15.6.22
4–5	16./17.6.22
6,1–8,3	18.-24.6.22
8,22–	
9,21	25.-28.6.22
9,50-57	29.6.22
13–16	30.6.-5.7.22

Rut
1–4	6.-9.7.22

1. Samuel
1–10	25.2.-13.3.19
2,1-10	10.12.17
	5.12.21
11–12	14./15.3.19
13	16.3.19
14	18.3.19
15–18	19.-25.3.19
20-25	26.3.-1.4.19
27–28	2./3.4.19
30–31	4./5.4.19

2. Samuel
1	6.4.19
2	8.5.19
5–7	9-14.5.19
11–12	15./16.5.19
15–17	17.-22.5.19
18–19	23.-25.5.19
21	27.5.19
23–24	28./29.5.19

1. Könige
1–3	11.-16.6.20
5,1–6,14	17.-19.6.20
8–9,9	20.-25.6.20
10–14,20	26.6.-6.7.20
16,29–19	7.-14.7.20
21–22,40	15.-18.7.20

2. Könige
2,1-18	5.8.21
4–5,19a	6./7.8.21
6,8-23	9.8.21
16,1-16	10.8.21
17,1-23	11.8.21
17,24–19	12.-17.8.21
22–25	18.-25.8.21

1. Chronik
10,1–11,9	15./16.8.22
13,1–	
14,17	17./18.8.22
15,1-16.	
25-29	19.8.22
16,1–	
22,19	20.-31.8.22
28,1-13	1.9.22
29,1-22	2.9.22

Bibelstellen-Verzeichnis 2015–2023

2. Chronik
1–3 3.-6.9.22
5–7 7.-12.9.22
29-31 13.9.22
10,1-19 14.9.22
12 15.9.22
18,1–19,3 16./17.9.22
20,1-26 19.9.22
26 20.9.22
28 21./22.9.22
34–36 23.9.-1.10.22

Esra
1 26.8.21
3–7 27.8.-1.9.21

Nehemia
1–2 6./7.9.21
4–6 8.-10.9.21
8 11.9.21
10,1.
29-40 13.9.21
12,27-43 14.9.21
13,15-22 15.9.21

Ester
1–10 3.-15.10.22

Hiob
1–2 21.-23.10.19
1–4 12.-17.10.15
    30.10.-2.11.23
4–6 24.-26.10.19
    3.-6.11.23
5,17-27 19.10.15
6,1-10.
24-30 20.10.15
7,7-21 7.11.23
8–9 21./22.10.15
    28./29.10.19
    8./9.11.23
11–12 23.10.15
    30./31.10.19
    10./11.11.23
12,1-6;
14,1-12 24.10.15
14 1.11.19
19 2.11.19
    13.11.23

19,21-29 26.10.15
31–32 4./5.11.19
    14.11.23
31,16–32,
22 27./28.10.15
38 6.11.19
38,1-21 29.10.15
40 30./31.10.15
    6./7.11.19
    15./16.11.23
42 2.-4.11.15
    7.-9.11.19
    17./18.11.23

Psalmen
1 16.7.17
    9.12.18
    9.5.21
    16.10.22
2 10.1.16
    25.12.17
    27.12.20
    25.12.21
3 22.1.17
    6.6.21
4 8.2.15
    15.1.17
    11.8.19
    21.11.21
    18.6.23
5 15.10.17
    27.6.21
6 5.3.17
    14.11.21
7 9.7.17
    4.7.21
8 1.1.15
    1.1.19
    1.1.21
    1.1.23
9 29.1.17
    18.7.21
10 1.3.15
    12.3.17
    17.3.19
    21.2.21
    12.3.23
11 6.8.17
    25.7.21

12 2.7.17
    22.8.21
13 18.6.17
    13.6.21
14 13.8.17
15 26.2.17
    14.2.21
16 23.8.15
    5.2.17
    20.10.19
    19.4.20
    24.1.21
    10.9.23
17 27.8.17
    15.8.21
18,1-20 12.2.17
    31.1.21
18,21-51 19.2.17
    7.2.21
19 18.10.15
    7.5.17
    3.11.19
    24.10.21
    29.10.23
20 24.9.17
    31.10.21
21 30.7.17
    7.11.21
22,1-22 25.10.15
    2.4.17
    27.10.19
    21.3.21
    5.11.23
22,23-32 1.11.15
    9.4.17
    10.11.19
    28.3.21
    12.11.23
23 19.4.15
    30.4.17
    5.5.19
    18.4.21
    23.4.23
24 27.11.16
    3.12.17
    2.12.18
    29.11.20
    28.11.21
    27.11.22

Bibelstellen-Verzeichnis 2015–2023

25	27.9.15		17.1.21		12.2.23
	8.10.17		29.1.23	62	1.2.15
	13.10.19	41	19.8.18		20.8.17
	28.2.21		23.1.22		3.3.19
	5.3.23	42	16.10.16		17.10.21
26	23.7.17		29.7.18		5.2.23
	11.7.21		1.11.20	63	25.1.15
27	17.5.15		10.7.22		19.11.17
	28.5.17	43	18.3.18		10.2.19
	2.6.19		3.4.22		1.8.21
	16.5.21	44	4.12.22		6.8.23
	21.5.23	45	14.5.17	64	9.8.15
28	25.6.17		2.5.21		10.3.19
	29.8.21	46	26.11.17		26.2.23
29	11.6.17		31.12.21	65	2.10.16
	30.5.21	47	25.5.17		7.10.18
30	22.2.15		13.5.21		4.10.20
	21.5.17	48	22.7.18		2.10.22
	8.8.21		7.8.22	66	22.4.18
31	7.2.16	49	9.9.18		8.5.22
	11.2.18		4.9.22	67	1.10.17
	23.2.20	50	18.11.18		25.4.21
	27.2.22		13.11.22	68,1-19	4.12.16
32	22.10.17	51	13.11.16		10.5.18
	10.10.21		8.7.18		6.12.20
33	4.1.15		26.7.20		26.5.22
	16.12.18		13.2.22	68,20-36	11.12.16
	11.12.22	51,12-14	25.5.15		13.5.18
34	8.3.15	52	11.11.18		13.12.20
	19.3.17		3.7.22		29.5.22
	24.3.19	53	15.7.18	69,1-16	22.3.15
	7.3.21		14.8.22		29.10.17
	11.6.23	54	21.1.18		7.4.19
35,1-16	25.2.18		6.2.22		26.3.23
	13.3.22	55	14.1.18	69,17-37	29.3.15
35,17-28	4.3.18		10.4.22		5.11.17
	20.3.22	56	30.9.18		14.4.19
36	5.6.16		1.5.22		2.4.23
	10.6.18	57	11.3.18	70	18.1.15
	21.6.20		2.1.22		18.8.19
	26.6.22	58	24.6.18		19.11.23
37,1-20	16.9.18		18.12.22	71	30.8.15
37,21-40	23.9.18	59	5.8.18		13.1.19
38	21.10.18		21.8.22		8.1.23
	23.10.22	60	15.2.15	72	6.1.15
39	4.11.18		17.2.19		8.1.17
	11.9.22		19.2.23		6.1.19
40	2.8.15	61	11.10.15		10.1.21
	29.9.19		24.2.19		6.1.23

Bibelstellen-Verzeichnis 2015–2023

73	26.6.16	90	6.11.16	16-45	22.1.23
	1.7.18		25.11.18	106,1-23	7.6.15
	12.7.20		8.11.20		12.6.16
	17.7.22		20.11.22		28.6.20
74	22.12.19	91	14.2.16		23.7.23
75	14.10.18		18.2.18	106,	
	6.11.22		1.3.20	24-48	14.6.15
76	3.6.18		6.3.22		19.6.16
	19.6.22	92	25.3.18		5.7.20
77	26.5.19		17.5.20		30.7.23
	2.7.23		1.1.22	107,1-22	21.6.15
78,1-31	6.9.15	93	1.5.16		20.1.19
	8.9.19		26.8.18	107,	
	13.8.23		12.6.22	23-43	28.6.15
78,32-55	13.9.15	95	6.5.18		27.1.19
	15.9.19		22.5.22	108	3.5.15
	20.8.23	96	17.4.16		19.5.19
78,56-72	20.9.15		7.1.18		7.5.23
	22.9.19		9.1.22	109	9.10.16
	27.8.23	97	1.1.18	110	14.5.15
79	15.11.15		30.1.22		12.11.17
	17.9.23	98	29.4.18		30.5.19
80	6.12.15		15.5.22		26.9.21
	8.12.19	99	20.5.18		18.5.23
	10.12.23		20.2.22	111	31.5.15
81	21.5.18	100	10.5.15		16.6.19
	24.4.22		14.7.19		14.5.23
82	3.2.19		3.1.21	112	8.11.15
	16.7.23		30.4.23		7.7.19
84	15.3.15	101	11.1.15		3.9.23
	26.3.17		25.8.19	113	16.8.15
	8.4.18		9.7.23		1.9.19
	31.3.19	102	13.3.16		4.6.23
	14.3.21		29.3.20	114	5.7.15
	27.3.22	103	26.4.15		24.9.23
	19.3.23		31.12.17	115	20.12.15
85	13.12.15		12.5.19		17.11.19
	15.12.19		20.6.21		24.12.23
	17.12.23		25.6.23	116	12.4.15
86	8.5.16	104	4.10.15		23.4.17
	26.1.20		1.1.17		28.4.19
87	15.4.18		6.10.19		11.4.21
	31.7.22		3.10.21		16.4.23
88	20.3.16		1.10.23	117	29.11.15
	5.4.20	105,1-23	23.6.19		1.12.19
89,1-19	17.1.16	105,1-15	15.1.23		3.12.23
	12.1.20	105,		118,1-14	24.5.15
89,20-53	24.1.16	24-45	30.6.19		4.6.17
	19.7.20	105,			9.6.19

Bibelstellen-Verzeichnis 2015–2023

	28.5.23	120	21.8.16	143	23.10.16
118,			6.9.20		28.10.18
15-29	27.12.15	121	31.12.16		16.1.22
	5.6.17		1.1.20	145	22.5.16
	10.6.19		31.12.22		27.5.18
	29.5.23	122	3.4.16		7.6.20
119,1-8	12.7.15		22.3.20		28.8.22
	8.10.23	123	21.2.16	146	28.8.16
119,9-16	19.7.15		8.3.20		2.9.18
	15.10.23	124	17.7.16		13.9.20
119,			9.2.20		18.9.22
17-24	26.7.15	125	30.10.16	147	14.8.16
	22.10.23		27.9.20		30.8.20
119,		126	22.11.15	148	1.1.16
25-32	24.7.16		24.11.19		12.8.18
119,			26.11.23		3.5.20
33-40	31.7.16	127	4.9.16		5.6.22
119,			20.9.20	149	24.4.16
41-48	7.8.16	128	31.1.16		10.5.20
119,			16.2.20	150	16.5.16
49-56	3.9.17	129	18.9.16		1.6.20
119,			15.3.20		
57-64	10.9.17	130	18.12.16	**Sprüche**	
119,			23.12.18	1–3	22.-29.4.15
65-72	17.9.17		20.12.20		26.4.-3.5.23
119,			25.9.22	4,10–	
73-80	28.1.18	131	24.5.20	5,23	30.4.-2.5.15
119,		132	6.3.16		4.-6.5.23
81-88	4.2.18		14.6.20	6,6-19	4./5.5.15
119,		133	29.5.16		8./9.5.23
89-96	21.7.19		19.1.20	7–9	6.-9.5.15
119,		135	3.7.16		10.-13.5.23
97-104	28.7.19		2.2.20	10–11	14.-17.6.19
119,		136	10.4.16	14–24	18.-29.6.19
105-112	4.8.19		26.4.20	25,11-28	7.5.21
119,		137	15.11.20	26,1-17	8.5.21
113-120	11.10.20	138	3.1.16	27,1-7	10.5.21
119,			5.1.20	28,12-28	11.5.21
121-128	18.10.20		9.10.22	29,1-18	12.5.21
119,		139	10.7.16	30,1-19	14.5.21
129-136	25.10.20		17.6.18	31,1-9	15.5.21
119,			2.8.20		
137-144	5.9.21		24.7.22	**Prediger**	
119,		140	11.9.16	1–7	12.-20.9.18
145-152	12.9.21		23.8.20	11–12	21./22.9.18
119,		141	28.2.16		
153-160	19.9.21		9.8.20	**Hohelied**	
119,		142	25.9.16	1–2,7	6.6.22
161-176	30.10.22		16.8.20	2,8–8	7.-11.6.22

Bibelstellen-Verzeichnis 2015–2023

Jesaja
1–9	19.11.-6.12.18
	21.11.-7.12.22
11,1-10	7.12.18
	8.12.22
12,1-6	8.12.18
	9.12.22
14,1-23	10.12.18
	10.12.22
19	11.12.18
24,1–	
25,9	12./13.12.22
25–26	12.-14.12.18
26,1-19	14./15.12.22
26,7-19	20.11.16
	22.11.20
28–29	15.-19.12.18
28,14-22	16.12.22
29,17-24	17.12.22
30,1-17	19.12.22
32	20.12.18
	20.12.22
33,17-24	21.12.18
	21.12.22
35,1-10	22.12.18
	22.12.22
40	30.11./1.12.15
	25.-27.11.19
	1./2.12.23
41,8-14	2.12.15
41	28.-30.11.19
	4.12.23
42,1-9	3.12.15
	2.12.19
	5.12.23
43–45	4.-14.12.15
	3.-12.12.19
	6.-15.12.23
46,1-13	15.12.15
	13.12.19
	16.12.23
48	14.12.19
49	16.-18.12.15
	16.-18.12.19
	18./19.12.23
50,4-11	19.12.15
	19.12.19
	20.12.23
51,1-8	21.12.15
	20.12.19
	21.12.23
51,9-16	22.12.15
	21.12.19
	22.12.23
51,17–	
52,6	23.12.19
52,1-6	23.12.15
52,1-12	23.12.23
52,7-12	24.12.15
	24.12.19
52,13–	
53,12	28./29.12.15
	27./28.12.19
	27./28.12.23
54,1-10	29.12.19
	29.12.23
55,1-13	30./31.12.15
	30./31.12.19
	30./31.12.23
56–58,14	27.11.-1.12.20
59–64,11	28.11.-
	10.12.16
	2.-11.12.20
65–66,24	12.-17.12.16
	12.-17.12.20

Jeremia
1	29./30.8.16
2,1-13	31.8.16
3,1-10	1.9.16
3,19–4,4	2.9.16
1–7	5.-10.10.20
6,9-23	3.9.16
7,1-28	5./6.9.16
9,1-23	12.10.20
9,22-23	7.9.16
12,1-6	8.9.16
	13.10.20
13,1-11	9.9.16
	14.10.20
14,1-16	10.9.16
	15.10.20
15,10–	
16,13	12./13.9.16
	16./17.10.20
17,5-13	19.10.20
18,1-12	14.9.16
	20.10.20
19,1-13	15.9.16
	21.10.20
20,7–	
21,14	16./17.9.16
	22./23.10.20
23,1-8	19.9.16
	24.10.20
23,16-32	26.10.20
25,1-14	20.9.16
	27.10.20
26,1-19	21.9.16
	28.10.20
27,1-22	29.10.20
28,1–	
29,14	22./23.9.16
	30./31.10.20
30,1-3;	
31,1-14	24.9.16
	2.11.20
31,18-	
20.31-37	26.9.16
	3.11.20
36–45	27.9.-11.10.16
36,1–	
41,18	4.-11.11.20
42–43	12./13.11.20
45,1-5	14.11.20

Klagelieder
1,1-11.	
17-22	12.10.16
1–5,22	16.-19.11.20
3	13./14.10.16
5	15.10.16

Hesekiel
1–4	19.-25.10.17
7–8	26.-28.10.17
10–11	30./31.10.17
12,1-16	1.11.17
16,1-22	2.11.17
17–18	3./4.11.17
20	6./7.11.17
33–34	8.-11.11.17
36–37	13.-15.11.17
40	16.11.17
42,15–	
43,12	17.11.17
47,1-12	18.11.17

Bibelstellen-Verzeichnis 2015–2023

Daniel
1	22.4.21
2	23./24.4.21
3,1-30	26.4.21
5–7	27.-30.4.21
8	1.5.21
9	3./4.5.21
10	5.5.21
12	6.5.21

Hosea
1–6	21.-29.6.18
8–14	30.6-7.7.18

Joel
1–4	8.-13.5.17

Amos
1	7.6.18
3	7./8.6.18
4–9	9.-20.6.18

Obadja
	14.11.19

Jona
1–4	16.-19.5.22

Micha
1–7	20.-29.7.20

Nahum
1–2	11./12.11.19
3	13.11.19

Habakuk
1–3	7.-11.9.18

Zefanja
1–3	4.-6.9.18

Haggai
1–2	2.-4.9.21

Sacharja
1–7	4.-14.12.17
	29.11.-9.12.21
8	15.12.17
	10.-13.12.21

9,9-12	16.12.17
	14.12.21
10	15.12.21
11	18.12.17
	16.12.21
12,9–13,1	19.12.17
	17.12.21
14	20.12.17
	18.12.21

Maleachi
1–3	20.-24.12.21
1,6-14	21.12.17
2,17–3	22./23.12.17

Matthäus
1,1–4,17	24.-31.12.18
	23.-30.12.22
4,18–23	6.7.-10.10.15
4–23	15.7.-19.10.19
	10.7.-14.10.23
24–25	18.-26.11.15
	15.-23.11.19
	22.-30.11.23
26–28	23.3.-6.4.15
	8.-22.4.19
	27.3.-10.4.23

Markus
1–3,6	2.-14.1.16
	2.-14.1.20
3,7-35	15.-18.1.20
3,7–10,52	18.7.-27.8.16
4–10,31	30.7.-5.9.20
10,32–16	9.3.-13.4.20
11–12	15.-24.2.16
13	25.-27.2.16
14,1-25	29.2.-2.3.16
14,26–	
16,20	17.-28.3.16

Lukas
1,1-80	19.-24.12.16
	18.-24.12.20
1,46-55	25.12.15
	17.12.17
	25.12.19
	19.12.21
	25.12.23

1,68-79	24.12.17
	12.12.21
2,1-52	25.-30.12.16
	25.-31.12.20
2,29-32	26.12.15
	26.12.17
	26.12.19
	26.12.21
	26.12.23
3–11	2.1.-28.2.17
	2.1.-3.3.21
12,1-48	1.-4.3.17
12,49–	
18,30	21.9.–
	18.10.17
12–18,30	14.10.-
	13.11.21
18,31–	
24	16.3.-
	19.4.17
	4.3.-7.4.21

Johannes
1,1-18	27.-30.12.17
	27.-30.12.21
1,19–	
3,36	2.-9.1.18
	3.-10.1.22
4	11.-13.1.22
4–10	9.7.-15.8.18
5–10	11.7.-13.8.22
11–21	26.2.-7.4.18
	2.3.-23.4.22
14–17	3.-16.3.16

Apostelgeschichte
1–16	15.5.-
	13.7.17
	17.5.-
	7.7.21
17–28	28.7.-
	26.8.17
	8.7.-
	4.8.21

Römer
1–11	9.2.-21.3.15
	21.1.-23.2.19
	13.2.-25.3.23

Bibelstellen-Verzeichnis 2015–2023

12–16	7.-21.4.15	2,5-11	16.5.15	**2. Petrus**	
	23.4.-7.5.19		5.5.16	1–3	14.-19.11.16
	11.-25.4.23	2,6-11	21.5.20		20.-26.11.20
				Jakobus	
1. Korinther		**Kolosser**		1–5	5.-17.11.15
1–6	15.4.-4.5.16	1–4	20.4.-6.5.17		1.-13.7.19
	20.1.-6.2.20		8.-21.4.21		16.-28.10.23
7–9	6.-14.5.16				
	7.-18.2.20	**1. Thessalonicher**		**Judas**	
10–16	17.5.-11.6.16	1–5	20.-28.11.17	1-25	27./28.11.15
10–12,31	19.-29.2.20		15.-23.11.21		20./21.11.23
12,31–					
14,40	2.-7.3.20	**2. Thessalonicher**		**1. Johannes**	
15–16,24	14.-22.4.20	1–3	29.11.-	1–5	16.-31.8.18
			2.12.17		25.4.-11.5.22
2. Korinther			24.-27.11.21		
1–13	17.10.-			**2. Johannes**	
	12.11.16	**1. Timotheus**			1.9.18
	7.9.-3.10.20	1–6	15.-28.1.16		12./13.5.22
			11.-26.5.20		
Galater				**3. Johannes**	
1–6	24.9.-	**2. Timotheus**			3.9.18
	10.10.18	1–4	29.1.-6.2.16		14.5.22
	20.5.-4.6.22		27.5.-5.6.20		
				Hebräer	
Epheser		**Titus**		1–13	30.4.-6.6.18
1,3-14	15.5.16	1–3	8.-12.2.16		16.9.-13.10.21
	31.5.20		6.-9.6.20		
1–6	9.-28.4.18			**Offenbarung**	
	8.2.-1.3.22	**Philemon**		1	17./18.10.22
			13.2.16	1–11	11.10.-7.11.18
Philipper			10.6.20	12–22	19.10.-
1–4	11.-23.5.15				19.11.22
	14.-27.7.17	**1. Petrus**		20–22	8.-17.11.18
	31.5.-13.6.19	1–5	29.3.-14.4.16		
	15.-27.5.23		23.4.-9.5.20		